知的トレーニングの技術

思維訓練與求知技術

HANAMURA TARO
花村太郎

鄭舜瓏 譯

完全自學版

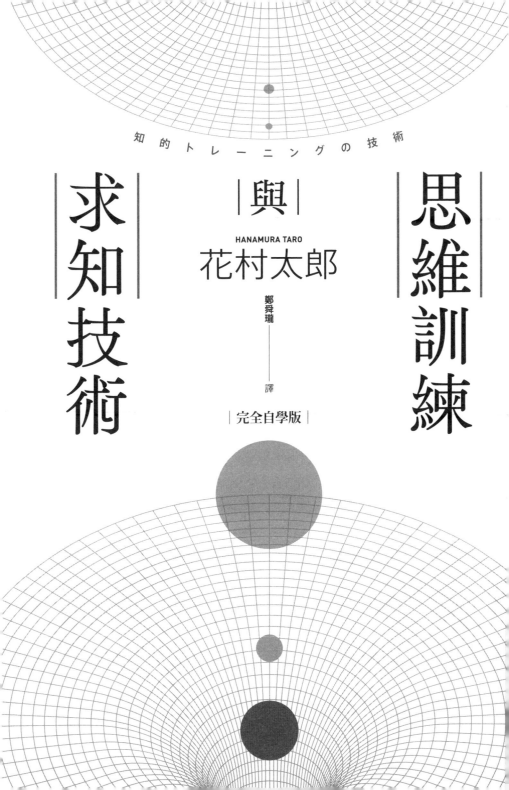

Contents

實踐篇 提升閱讀、思考、書寫能力的技術十一章

序言
知性啟蒙術——知識與知性鍛鍊的五個原則

這個世界是怎麼運作的？現在是什麼樣的時代？我到底是誰？我擁有什麼樣的可能性？歸根究柢，我到底想做什麼？我們每個人每天都抱持這些疑問度日。然後，在每天不斷重複過著平穩無事的學生生活或上班生活之中，突然有一股不安浮上心頭：我每天都在做這些事情，這樣好嗎？我活著就是為了做這些事情嗎？相信很多人都有體驗過這樣想法的一瞬間。我認為，這是我們的身體以疑問、不安、痛苦的形式表現出潛藏在我們心中對於「知」的渴望。我們希望能夠「讀懂」世界的動向，希望對人生「賦予意義」。

因此，這本書並不是教大家怎麼變成專家學者、變成世間所謂的知識分子、文化人的入門書。反而，或許這麼說好了，就某種意義來說，我們的目標必須訂得更高。為什麼？我認為，我們每個人都希望自己能更具自覺性、更聰明地去看待對於世界、時代與自己的人生，這種對於「知」的渴望，是超越用來作為職業的學問或知性，而是根植於更普遍、更根本的人類欲望之中。

本書《思維訓練與求知技術》的原型是刊登於一九七九年七月號《寶島》，經過大幅度增補之後，在一九八〇年四月以《寶島別冊》的形式發行。當時本書的書寫雖然是以年輕讀者為對象，但很幸運地受到各年齡層讀者的好評，因而不斷再版。這次，為了發行單行本，我綜觀整體，加入「分析術」之章，並增訂「執筆術」、「發想法目錄」等，更有系統地擴充本書。現在讓我們確認一下這本書的特徵，或說是知識與知性鍛鍊的原則吧。

第一，當我們在做知識與知性鍛鍊時，必須遵從下面這個原則：

創造為主，整理為從

這是為了避免把知識產出的系統弄得太過複雜，或執意追求情報的精準度，進而剝奪了知性創造的「思考」時間。

成為資訊的記錄狂、整理狂，埋首於堆積如山的資料，最後可能會忘了自己究竟為何要整理資訊，這是傳統知性訓練 know-how 最大的弊害。說得直截了當一些，這只不過是資訊整理的扮家家酒而已，就好像一個人永遠在做熱身運動一樣。比如說，顯示小數點後一位數就足夠的資料，硬是要追求到小數點後三位數的精準度，這種做法只是白費功夫而已。做這些計算的時間就這樣被白白浪費掉了。

為了避免這種徒勞，必須擁有足夠的聰明能夠自覺到知性創造的本質——也就是智慧的 know-how。無論是一天的時間表，或是一輩子的人生規劃，都要以這個原則一以貫之，這是知識與知性鍛鍊的根本。

所以說，再舉個例子，以讀書來說，用速讀法的練習作為讀書術的初期訓練方法是很愚蠢的做法。

速讀法的目的是為了快速清掉不需要的書，以及發現值得細讀的書，讀書術的根本就在於「慢讀」。缺乏慢讀能力的人，即使接受速讀訓練也無法把書裡的內容留在腦中。懂得慢讀的人，就有辦法分辨哪些書不需要，哪些書值得花時間細讀。

慢讀為主，速讀為從，若能領會這個原則，其價值等同於通達一半讀書術的 know-how。這也是為什麼本書特別強調並加以介紹需刻意放慢速度讀書的「慢讀術」或「默寫法」。

知識與知性鍛鍊的第二個原則：

從一己之身出發，打造名實相符的知性風格

每個人都不是在同一個知性環境中成長、同一個知性條件中生活，即使在腦中描繪出一個理想狀態，勉強自己去努力，最後必定遭遇慘痛的失敗。你需要的是，擁有並維持與自己關心的問題或知性格局相符的各種道具以及知識 know-how 體系。社會性的知性落差或資訊落差在各個個體之間必然存在，這是一個嚴肅的現實，絕對不可以裝作沒看見。從自己現實的條件出發，一點一滴地把

這個現實朝自己有利的方向改變，這是一場戰鬥，透過這場戰鬥，把自己的知性振幅從第一圈拓展到第二圈以此類推——這就是知識與知性鍛鍊的訣竅。

與此第二原則相關的，就是知識與知性鍛鍊的第三原則：

為了獲得「知」的整體，必須立志成為獨立自主的知識職人

這是為了在資訊的大洪水中，不迷失自己的主體性所採取的知識戰略。再怎麼單純、基本的資訊，我們都可以透過它建立知識的全體像、全體圖。比如說，哪怕是出版小型同人雜誌的經驗，只要有過一次這樣的經驗，它就能變成一幅鳥瞰圖，讓你了解整個出版的流程。因為所有印刷物出版的原理都是一樣的。而且，原理越是簡單，效果越強（容易拿來應用），這一點請大家務必牢記。

知性自立，特別在現今，是我們必要的目標。

這是因為在現代這個時代，我們的知性活力一反預期地持續衰弱，人類智慧的果實正面臨深刻的危機，現在根本找不到一位「智者」敢充滿自信地對我們描述這個世界未來會變得如何。這件事從世界史的角度來看，代表歐洲過去在近代文明扮演的角色已經接近尾聲。我們正闖進一個如果繼續抱持歐洲那種以近代知識的角度來看待事物，會變得無法認識這個世界的時代。在這樣的時代中，我們該如何鍛鍊我們的知性呢？首先，我們要有深切的自覺，了解在這樣的時代中，我們再也無法依賴大學教授、既有的學問、媒體，這一點非常重要。在這個資訊化社會，講解和評論十分氾濫，

正因為這是一個量產失去判斷力、未定型認同（identity moratorium）人類的時代，所以我們更不應該把思考這件事委託給別人，必須靠自己的頭腦思考才對。換言之，重新鍛鍊知識與知性的先決條件就是要有自學、自習的覺悟。

關於考試學習的弊害社會上已經有很多討論，確實這樣的學習方法會在不知不覺中深深限制了我們的創意和思考。但是，光是停留在批判考試學習的弊害，對去除我們已經生鏽的頭腦沒有好處，鏽還是沒去除。討論考試學習時，若還是停留在被害者意識，就表示我們對於「知」還是停留在被動的態度。想要批判透過考試學習的知性，就應該更澈底一些，從學校教育的制度、學問的職業性組織，到知識的通俗化（商品化）等現象，換言之，連知識的近代性樣式都要成為批判的對象。我們的批判性知性，在這一點上，與否定招致現代地球危機的歐洲近代實驗科學的方法，以及工業革命以來巨大工業化道路的生態學家或基進技術者（Radical Technologist）的見解一致。也就是說在「知」的領域中，我們的立場就是採取基進技術（Radical Technology）的邏輯。

基進（Radical）這個詞，有「根本性」與「激進性」兩個意思。隨著西洋文明的衰退，對於過往我們總是站在這個基礎上思考事情，並由此產生的創意發想法以及培養知識的方法，也應該要從根本開始反省，同時，我們必須打造一個完全嶄新的知性樣式。在這個意義上，我們必須同時保有根本性（或說是原始性）以及激進性（或說是未來性）——也就是要尋求「知」的基進主義的方法。

無論是學校教育或是研究機關，我們都應先把它們看作只是知性培養或知識產出的一種制度而已，然後著手打造出自己獨特的知性計畫或課程。關於世界和人生，提出自己的假設和戰略——這就是我說的自學、自習的覺悟。

製作道具（發明）以及純熟掌握（熟練），這兩種類型的學習，喜歡哪一種因人而異。然而，回顧現代社會的進程，前者之路就是透過技術革新（方法革新）取代透過感覺和訣竅的熟練勞動。但這樣的方法若發生在「知」的領域，結果就是造成知性活力退化。這是由於我們一味地仰賴制度、組織、系統，造成個人對於「知」的自主力量的訓練越來越缺乏所致。因此，作為本書航行的方向，除了採取基準技術這個現代最尖端的立場，同時還要對古典式的知性風格（手工藝）重新展開認識。融合現代最先進的思想以及古老的古典思想，本書就是基於這樣的基礎誕生出獨特的風格。

知識與知性鍛鍊的第四個原則是：

關注方法

方法遠比知識來得重要。我們的目標是學習過去那些擁有高超知性的大師們的方法。讓我們的整體知性、綜合性的知識，回歸到過去那些充滿活力、發展豐富的時代以及人物所採用的方法，從中替我們未來的知性風格尋求啟發。在這個尋求的過程中，我們帶著意外的心情重新認識到一件事——這些擁有高超知識與知性的偉大大師們所採用的方法精髓就是手工藝（handicraft）。我發現他們也是在從事勞動肉體的作業，只不過他們把思考當作「手」來使用而已。換言之，就訓練知性的方法的本質來看，其實不應該稱作方法，而應名符其實地稱作「手法」才對。

當然，我也參照了坊間大量出版的知識與知性鍛鍊工具書，自行試過，覺得可用的方法也會一同收錄在本書中。不僅如此，每一種手法我都會回溯到過去，讓大家可以一覽知性 know-how 的歷史。對於這些知性大師的手法，不可以把它當作是一般的軼事傳聞看過就算了，要根植於歷史脈絡檢討，這是本書獨特的企圖。透過軼事帶領讀者實際地領略歷史人物癖好的書很多，但透過軼事深入追蹤到該人物建構思想的方法（方法上的癖好＝手法）的書意外地少。

因此，我提出的知識與知性鍛鍊的第五個原則，作為知性入門來說，非常有特色：

從資訊到思想

這是我們要努力的方向。我個人認為，我們不能停留在資訊處理的技術，還要掌握到能夠理解思想，進而創造思想的技術，否則就沒有資格稱作知性 know-how。所謂的有效率處理資訊的技術，必須花費大把的功夫和閒暇貢獻在創造思想上面才有意義。因此，在本書的最後，我會試著思索生態學、地球科學、語言學、符號學、精神分析學、文化人類學等關於現代人追求知識的方法。我的解讀是，現代的知識動向很可能正朝向生態學以及符號論的方向呈現兩極化的發展。

最後容我再說明一些關於本書的結構，第一部分可以稱為「準備篇」，我會列出知識產出必要的物質性、精神性條件。第二部分是「實踐篇」，說明當我們準備好第一部分的知性資源之後，要如何運用這些資源，實際地去讀、思考、寫的手法。

打算透過讀這本書進行知識與知性鍛鍊的人，可以配合自己的目標，採用書上所寫的know-how即可，勉強的努力無法持久。訓練必須持續才能有成果，這一點希望大家能夠了解。

一九八一年十一月十六日

準備篇

知識產出、知性創造的必要基礎技術八章

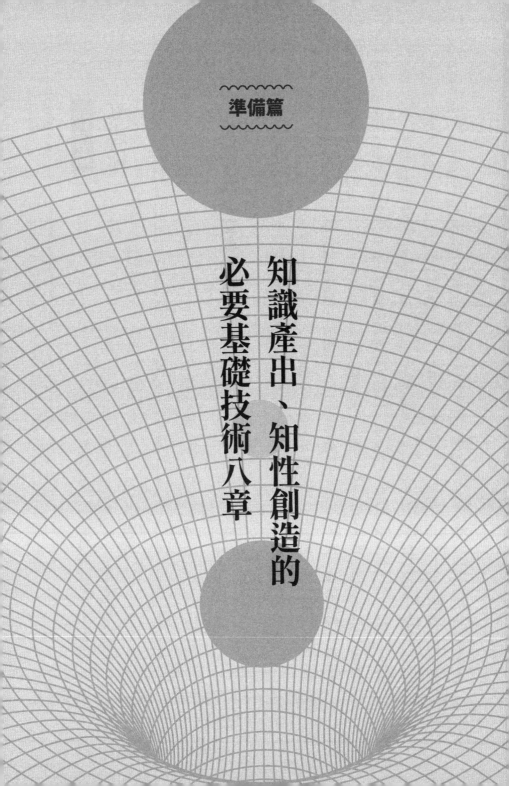

立定志向
立志術

這是從飄忽不定的青澀（moratorium）狀態跳脫出來的第一步。試著向中國賢人孔子的人生行程表學習。

1 知性啟航從立志開始

我們先從什麼是「志向」開始思考。

現代，是志向的價值不斷下跌的時代，已經很少人會大聲說出自己的志向。先別說別的，光是志向這個兩個字本身都已經快變成老掉牙的用語了。三十多歲的人，很少人在十幾歲的時候會去想像自己三十歲之後的人生。不，即使到了二十幾歲後半，大概也越來越少人會去思考自己三十歲以後的人生吧。但這正是現代年輕人最嚴重的盲點。如果一個人在年輕時完全沒有考慮自己三十歲以後的人生，就代表他對於自己想做什麼、自己畢生的事業為何完全不清楚，懵懵懂懂，讓自己置身在懸而未決的狀態。置身在這種未定型認同（identity moratorium）的狀態，一不小心就會被傳輸帶運送到平庸的人生當中。如果不想在青春的尾巴看到如此悲苦悽慘的下場，還是早點思考自己的志向比較好。

一般來說，「志於學」的時間點是十五歲。這是出自孔子在《論語》所說的話，用來描述他「立下志向的年紀」。這個年紀在古代來說是舉行成年禮的年紀，也就是已經算是可以獨立自主的成年人了。以現代來說，二十歲才算是成年人，但就知性的成熟度來說，十五歲時自我已建立，作為思考基礎的母語也已成形，可視為我們知性起步的時期。

孔子說他十五志於學，到三十歲做出第一個區隔，他說「而立」，意思就是，這個年紀他已經成家立業，在知性上已經可以獨立自主，所以以三十歲做一個區隔。從「志於學」到「而立」這十五年，可以說是為了知性啟航（take off）所做的準備期。從讀書法來說，這是一個廣泛閱讀的時期；從思想上來說，是遍歷徬徨的時期；從人生觀來說，這是把自己的生命投注在浪漫熱情的一個狂飆突進（Sturm und Drang）年代。在這十五年之間，自己的知性振幅能擴展到什麼地步，這個人的知性格局大概就定型了。孔子也是在這個時期，一方面勤習學問，一方面輾轉換了許多工作。他說：「吾少也賤，故多能鄙事。」也就是說，孔子對自己的弟子說，「我年輕的時候身分低賤，所以做了很多卑微瑣碎的事」。

無論透過何種形式，最好可以儘早釐清自己全生涯的知性規劃。要做到這一點，我認為應該參考那些值得尊敬的偉大先人的年譜。和長輩說話時，我們應該盡可能當個「聽眾」，請他們訴說對於老年的各種想法，儘早把「衰老」這件事情放進自己的時間裝置中，這一點非常重要。

我們先從中國賢人孔子的生涯開始學起。對於未來希望在學者、官僚、商業的領域中有一番成就的人而言，這是一套非常合適的人生規劃。

子曰：「吾十有五而志於學，三十而立，四十而不惑，五十而知天命，六十而耳順，七十而從心所欲，不踰矩。」（白話翻譯＝老師這麼說：「我十五歲立志求學問，三十歲獨立自主，四十歲不感困惑，五十覺悟到上天給我的使命，六十歲可以聽得進任何人說的話，七十歲隨順自己的心意做事，卻不會逾越規範。」）

這是長壽的孔子用謙遜的態度回顧自己生涯所說的一段話，我認為這是很理想的人生規劃藍圖。或許有人會認為，這是孔子這類古代哲人的人生規劃，但我認為孔子所說的話一點都不過時。特別是三十歲以後，每十年就升一級的概念。綜觀經濟、社會、文化的任何一個領域，在現代社會，幾乎每十年就會出現一個循環。我們絕不可以短視近利，應以十年為一個間隔，規劃自己的人生，這個想法非常重要。

2　如何不失去志向

把觀點轉換到藝術的領域，情況又有些不同。在這個領域中，我推薦的學習對象是《花傳書〈風姿花傳〉》。這是一本被稱為中世藝道論精髓，關於能劇的祕傳書。是由世阿彌整理自觀阿彌的遺訓所留傳下來的一本書。其實不限於戲劇領域，立志成為藝術家的人，應該都可以從中獲得啟發。下面列出的部分，被稱為「風姿花傳長年練功項目鐵則」（風姿花伝第一年来稽古條々），說明各個年齡的訓練重點，因為內容很長，所以我替大家做重點摘要。

七歲——此門技藝大約可以從七歲開始訓練。此時，讓小孩自由嘗試，不要規定什麼動作是好，什麼動作是不好。若強硬規定，他的本領將停留在某一個層次。

十二、三歲起——這時候，他的聲音已經可以跟上調子，對於能劇的自覺性越來越高，可以用漸進的方式，教導他各種技術。讓他從近似少年的裝扮、姿態，自然地醞釀出「美」的感覺。但切記，這不過是這個年齡獨有的美「時分之花」（譯註1）。

十七、八歲起——這時候已經過了變聲期，體態也改變，「時分之花」的少年美消失了，而且無論是技術或聲調時常不到位。這個時期不要施以過分勉強的訓練。過分勉強的話，他的身體動作容易養成不好的習慣，嗓子也會隨著年紀逐漸敗壞。因此，這個時期的訓練重點在於讓他在心中提起願力：我這輩子最關鍵的時刻，就在此時（一生的分界於此）。讓他下定決心，一輩子都不要放棄能劇。

二十四、五歲——此時，初次決定他應專攻的技藝。以訓練來說，這個時期是很重要的轉捩點。聲音和身體都非常完備，容易吸引人的目光，具備這兩項優勢的他，有可能在「競演」中，勝過名人。但一而再再而三讓他參與競演，對他反而有害。因為，明明還沒達到「真之花」（譯註2）的境界，卻在心裡輕視原來能劇的技藝不過如此。歲月飛逝，他終究會上了年紀，若他上了年紀後仍無法意識到自己在年齡上的優勢早已一點一滴失去的話，他甚至無法保住年輕時的技藝水準。在能的領域中，二十四、五歲的時候被稱作「初心」，是能劇演員一生中最重要的時期。此時最好保持正確的心態，即使被人稱讚，或技藝勝過比自己年長的人，都要知道這只是曇花一現、短暫的燦爛，應該多向名人請益，「精進練功」。

三十四、五歲——這時候，他的本領達到顛峰，應該已經精通能劇所有技藝，而且獲得天下的名望。假使這時尚未獲得良好的評價，不應怪罪世間人的壞心眼，而是要自我反省：原來我還沒達到「真之花」的境界。這個時期若還沒達到「真之花」的境界，那麼四十歲以後，功夫將會逐漸走下坡。雖然這樣的演員很可憐，但這也是沒辦法的事。總而言之，透過訓練獲得功夫的極限，是在三十四、五歲左右，所以在這個年紀之前，一定要拚命熟練各種技巧。

四十四、五歲——此時開始，他的技藝進入了老年的準備期。因此，即使是獲得天下名望的演員，也需要擁有相當有能力的合作夥伴，不要選擇太過艱難、精緻的技巧，應考慮與年齡相符的技巧，保有餘裕地演出。如果硬是要挑戰與年齡不符的技巧，最後可能落得出醜的下場。到了這個時期，若他還保有風華的話，就可以達到「真之花」的境界。

五十多歲——這時候的訓練重點在於，不要耗費多餘的力氣。引人注目這件事就交給「初心」的演員來做，老木即使枝葉蕭條，還是可以保住「真之花」，不令其凋零，這叫做「老骨殘花」（老骨に残りし花）。

以上，我們看完一位能劇演員一生所經歷的演技訓練過程，但其實不限於藝術的領域，如果把它看得更廣，寓意於按年齡區分的人生規劃，會非常有意思。

換言之，人生只有一次，時間過去之後，就再也無法回到相同的年紀，大家在做人生規劃時，一定要記得加入這一條每個人都必須承受的絕對性條件。所以立志術的關鍵就在於，儘早自覺到這一點，想想哪些事情只有在哪個年紀時可做、應該在哪個年紀之前精通什麼技能？

無論是孔子或《花傳書》，都是以十年為單位劃分人生各個重要的時期。但是，我認為不必要拘泥於十年這個單位。比如說，島崎藤村就是以七年作為劃分人生的單位。

藤村，大家都知道，他是時常在日本近代文學中扮演領頭羊的小說家。他，①二十歲畢業於明治學院，跑去女校當老師，失戀後在關西展開漂泊之旅。②之後，二十六到二十八歲發行第一本詩集《若菜集》（詩人地位確立）；以及詩集《一葉舟》、《夏草》；前往信州的小諸義塾（譯註3）赴任，前後在此待了七年。③三十四歲到三十五歲，離開東京，發行《破戒》（轉向成為小說家）。④四十二歲，前往法國。⑤四十八歲，發表《新生》。⑥五十八歲開始撰寫《黎明前》，七年後完成。他回顧並以七年為單位整理出自己人生中劃時代的事件，留下遺訓給自己的孩子，「用七年為間隔，思考自己的人生吧」。這說明了每個人的生理節律可能多少有些差異。

立志術的第二個重點在於，**志向要遠大**。

江戶時代國學者本居宣長的《初山踏》，這本書堪稱是針對國學初學者講解的入門術，他在裡面第一件強調的事情就是，「志應高大頌揚，而後勤學也」。因為本居宣長認為，若志向太淺短，有可能會過度貶低自己的能力，成為逃避的藉口，勢必會在中途產生倦怠，難成大器。

關於志向遠大，早熟的鬼才芥川龍之介在寫給後輩的信中，也時常強調這件事。他說他在年輕的時候，把過去的作家們比喻作天體，對於歌德或托爾斯泰這類大師（太陽）充滿憧憬，而其他像是蒂克（Ludwig Tieck）或霍夫曼（E. T. A. Hoffmann）等許多小作家的小行星則不放在眼裡。雖說這樣的說法有些自戀，但年輕的時候這麼做沒有問題。目標太高，現實的能力太低，這種情況稱作「眼高手低」，但我認為這個成語用來形容知性青春期的本質非常貼切。眼（志向）和手（實力）之間的落差，可以激發出成長的熱情以及能量。

立志術的第三個重點，立志之後，要**大聲公開自己的志向**。

這樣才可以聚集志同道合的夥伴，最重要的是可以透過立下承諾，逼迫自己要完成這個志向。「我現在正在拍八釐米的影片，但我立志將來要成為世界最有名的電影導演。黑澤明之類的我根本不放在眼裡！」像這樣，清清楚楚地把志向說出來。不斷重複這句話，不知不覺它就會深深烙印在你的內心，成為濃烈的自我暗示。

3 理想的人物模範就在書中

在過去，所謂的「立志」很難跳脫特定的人物類型。比如說，亞里斯多德時代的「哲人」，斯湯達爾《紅與黑》中的「軍人」或「僧侶」，只要選擇對社會共同體來說是理想的立志模範即可。但現代社會的職業多樣化，甚至可以自己站出來樹立新的領域，過去的那種「以後我想當博士、大官」或「我想當將軍」的志向宣言，開始變得越來越陳腐，這也是現代立志術最困難的地方。

也就是說，現代的個人沒有被規定人生的目的和本質，等於是完全自由（無規定）的存在個體。

可以成為任何人物，但沒有決定性的理由告訴自己應該成為什麼人物。說到底，立志術說明了立志的方法，但關於志向的內容卻無從置喙。人自呱呱墜地起就是孤獨的，死的時候也是一個人，除此以外，沒有任何命令烙印在我們年幼的頭腦裡面。我們每個人都承受著這種存在的宿命。如芥子般渺小的個人，要在這個宇宙中立志，結果就是，我們只能找出接受這個命運的方法，也就是接受我們本質性的賢明、智慧引導，做出正確的行為。

但其實我們可以不用去思考如此存在性的問題，以青年來說，他們主要從書本中找出我想這麼做、我想這麼過生活的志向即可。儲存關於古今東西模範人物的載體，沒有比書本更多的了。

拿破崙就是不斷重讀記載許多古羅馬英雄事蹟的《希臘羅馬名人傳》後才立定志向。漱石和藤村則是讀了拿破崙傳記後立定志向。所以我們在立定志向時，或許也可以參考他們的做法。

小說也可以提供我們立志的範本。年輕時的武者小路實篤、芥川龍之介等作家和江戶時代文人的風格完全不同，他們熟悉歐洲近代文明的根基，同時對日本的文明開化感到絕望（連絲毫的期待或幻想都沒有），擁有澈底冷靜的眼光，這樣新一代的知識分子，憧憬的人物形象便是漱石的《從此以後》這本小說的主人翁——代助。代助不僅接觸外國最先進的思潮，也和日本的精英們來往，他不打算對社會做出任何貢獻，滿腦子關心的都是自己的戀愛，是個澈澈底底「自我本位」的人。他的生活態度和明治社會那種高度成長期的發想，以及其根本的功利主義產生非常尖銳的對立關係。我們可以透過這個現象，試著闡述現代社會對於「知性」的看法，以及與其相關的本質性問題。

相對於代助，另外一個往社會的功利主義靠攏的「知性」人物代表，則是代助的朋友寺尾這位新聞記者。

寺尾雖然立志要成為出名的小說家，但由於忙於工作，一直不敢面對自己的志向，總說為了餬口，不得已才做翻譯或寫其他東西，「他開始寫小說已經三年了，現在還是沒沒無聞，生活困苦，持續過著寫稿的生活」。

寺尾的語言能力大概也不太好，時常跑去代助家請教他問題。身旁的友人看到寺尾也是搖頭，覺得這個人最後大概什麼成就也沒有。寺尾為了「餬口」改變志向後的下場，讓人再怎麼寬容地看待他，還是覺得寒酸。讀這本小說時，我們應以寺尾的例子作為警惕，期許自己成為社會精英，而不是空口說白話的知識分子。

譯註1：世阿彌在《風姿花傳》中將演員的境界、狀態分類為各種花，其中「時分之花」（時分の花）表示青少年特有的青春可愛，但稍縱即逝，並非真花。

譯註2：真之花（真の花），經由嚴格的練習以及下過很大的苦功後，美感達到真誠無偽的最高境界。

譯註3：小諸義塾是位於長野縣的私塾，後改制為舊制中學校。

規劃人生

青春病克服術

建構出革命性的「相對論」之後，愛因斯坦的知性默默地持續走了三十年的死胡同。

1 「衰老」的問題也要列入計畫考量

談論完立志術後，接下來我們再對知識與知性鍛鍊與人生規劃的關係做更深入的剖析。

首先，以知識產出來說，必須注意「衰老」的問題。愛讀書的人到四十歲左右就會得老花眼。拉丁美洲大作家豪爾赫・路易斯・波赫士（Jorge Luis Borges），甚至因為讀太多書而失明。絕世稀有的讀書家幸田露伴在二十幾歲時就讀完集佛教經典大成的《大藏經》，四十三歲時罹患眼疾。以《古文研究法》這本考試必讀參考書成名的小西甚一，曾利用學生時期的暑假，讀完整部《大藏經》，這件事蹟在他的母校東京教育大學內流傳已久。的確，如此龐大的巨著，還是趁年輕的時候，半強迫地逼自己讀完才好。

除了肉體的老化，我們最好也要理解智能老化是怎麼一回事。

對於肉體能力要求較高的職業來說，生物學上的退化是不可逆轉的現象，很早就會衰老。而智力勞動和其他職業相比，生理性的凋零雖然不是決定性的，但還是無法避免老化的影響。只是老化的影響會和你專攻的學問領域有關。

西蒙．波娃在《論老年》中對於老年與知性創造性的問題做過十分有趣的考察，其中她對於「科學家很少在老年的時候做出獨創的發明」這個現象，做了以下的陳述。

「在化學界中，科學家大多在二十五歲到三十歲時找到最重要的發現，以發現的數量來說，則是三十歲到三十五歲最多。在九百九十三項發現中（由 Hilditch 教授的《化學小史》中所列舉的實績），由七十歲以上的人發現的，僅有三件。在物理學界，最容易獲得新發現的年齡是三十歲到三十四歲，而天文學則是四十歲到四十四歲。」

由此可知，在自然科學領域，智能老化的情況非常明顯。舉一個例子來說，堪稱二十世紀最強知性人物愛因斯坦的例子只能用悲慘來形容。

愛因斯坦發現了相對論之後雖然成名了，但他並不因此滿足，而是保持追求真理這個純粹動機，持續鑽研學問。於是，悲劇發生了。他的後輩們受了他相對論的革命性影響，開始發展量子理論。但愛因斯坦對量子理論沒有好感，在他後半生的三十年間，他不聽任何人勸阻，把所有精力都用在「統一場論」中。但結果背叛了他的期待，只是白忙一場。幾乎所有人都一致認為，他把他生涯最後三十年空耗在無意義的研究上。

「這不是像被遺棄在大馬路中的大石頭，而是宛如過去遺物的老人與自覺到自己思想有多麼大膽的新世代之間的背離。他的悲劇在於，幾乎他的所有朋友，以及周遭的年輕人都十分肯定地告訴他，繼續走那條路到不了任何地方，只會鑽進死胡同。他仍不顧自己年事已高，固執地持續走向那條人煙稀少的道路。這是人間悲劇。」

傳記作家安東尼娜．瓦倫丁（Antonina Valentin）引用曾在數學上協助愛因斯坦的英費爾德的話，做出以上描述（《愛因斯坦的悲劇》〔The Drama of Albert Einstein〕，譯文根據上述西蒙．波娃的著作）。

在數學領域中，集合一流數學家、加入條件非常嚴格的尼古拉．布爾巴基（Nicolas Bourbaki）這個團體，據說他們會限制會員年齡必須在五十歲以下。

這個團體在結構上和他們提出的數學上的「結構主義」理念很相近，總是由更年輕的新血不斷更新。

但根據西蒙．波娃的《論老年》的研究結論顯示，文學和人文科學領域的知性活力老化問題，幾乎只有口齒不清等個別性的差異。因此，若你立志要探索人的內在，在人文、社會科學領域中發揮自己知性的力量，大概只要注意身體的狀況，做好健康管理即可。

2 「早熟的天才」的求生方法

除了思考「衰老」的問題，相反的也要思考「早熟」或「天才」的問題。

有些人會煩惱：說不定我有很厲害的才能，只不過在平凡的學校生活中被磨鈍了而已。每天和這些平庸的同學在一起，上一些無聊的課，自己的天才性已經被消磨殆盡。內心不斷焦躁的結果，最後變得神經衰弱——我想各地的高中或大學中，一定都會有這種想法的學生。因此，當你自以為「自己是天才」時，務必要理解到，並非只有你有這種想法。過度評價自己的才能並非壞事。光是對偉大的事物或崇高的事物產生憧憬，就能讓那個人的品性變得更純粹。這是一種暗示的效果。

其實「天才」的觀念並非自古即有，它是歷史的產物，先經過近代文藝復興的「全人」（萬能之人——就像李奧納多·達文西那樣）觀念，再加上浪漫主義的思想才開花結果。在十八世紀左右，從中古老舊、因循成習的觀念獲得解放才能成為自由的個人，這樣的思想使得人們對於擁有個性和獨創性的表現給予最高評價。因此藝術上的天才和過去的「工藝師」不同，不是根據訂單來製作作品，而是根據自己的內在衝動與靈感來創作，指的是一種完全自由的人。這種浪漫主義就像歌德或席勒（Friedrich Schiller）成為「狂飆突進運動」時代的典型人物那樣，透過沉浸於憧憬、幻想、夢想的世界，達到一種非合理性、自我破壞性的傾向。青春期的幻想癖、內心不安、死亡的誘惑等，會讓人產生精神衰弱的症狀，這種歷史性的浪漫主義也會發生在個體身上。因此，「我搞不好是個天才，如果不能跳脫平凡無意義的日常生活，我就會變成廢物」，會有這種想法的人，我覺得不用緊張，把它視為「青春期」的症候群即可。

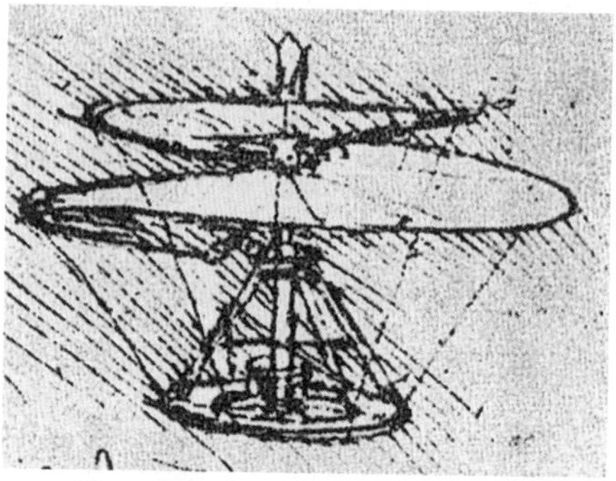

達·文西的素描（巴黎手稿 B）

問題在於如何度過這樣的症狀。如果不好好處理，甚至會陷入自我毀滅的狀態。年輕人自殺是所有先進國家共通的現象，而且人數不斷增加。我認為其中一個原因是，越來越多年輕人不曉得克服這種「青春病」的方法，只能靠自己發現，而不能靠醫師或教師。即使把原因歸咎於社會險惡或現代人的疏離狀況等原因，到頭來你還是得自己面對這個本有的、誰都無法代替的「青春病」，請一定要牢記這點。連野坂昭如（《螢火蟲之墓》原作者）的歌詞都說「大家都是在煩惱中長大」，因此在本質上我們和歌德煩惱的問題是一樣的。解決問題的阿里阿德涅之線（譯註4），總歸一句話就是智慧。接下來，我們先向歌德與福樓拜請益，看看有哪些解決方法吧。

3 歌德藉著「逃避」讓自己免於毀滅

歌德是終生追求女性倩影的戀愛至上主義者。戀愛會讓歌德的精神無可救藥地完全燃燒，每一次的戀愛都會讓他的精神更加豐富、提升。

但是，並不是每一次的戀愛體驗都讓歌德感到快樂。他是真真正正地把全身心靈都投入戀愛中，而且不可自拔，甚至有好幾次他差點無法自制，陷入自我毀滅的危機。這時，多虧歌德內在有某種回饋機制運作，讓他得以躲過危機。這個方法讓他既可將身心全部投入當下這個瞬間，又可讓他面對未來時能脫出困境。什麼方法？就是直接選擇逃避、逃亡。這是人生的兩難，男人愛著少女，少女理所當然期待結婚，但男人害怕結婚後會失去自由。面對這個問題，最後歌德選擇從戀人身邊逃離。

這樣的逃亡在他的人生中重複過好多次。「任何的愛情、習慣、興趣絕對都無法完全地擄獲他……他會在最甜美的時刻，奪取最有價值的財寶，然後立刻逃走。」保羅．瓦勒里（Paul Valéry）一針見血地指出，歌德從戀愛體驗中吸取最大限度的養分，使得他的精神一天比一天壯大。這個逃亡法，他不僅使用於戀愛，還包括他逃離威瑪共和國的行政實務，跑去義大利旅行等，在他的各種人生狀況中都看得見。

歌德時常去登山。就像現代人的內在有欲望增生與擴張自我的衝動（浮士德式衝動），造成自我好奇心與欲望不斷地膨脹與擴張。歌德也是一樣，這種內在的衝動會化身為惡魔，對歌德低語，就像受到強烈好奇心的衝動以及巨人般的自我擴張欲望驅使的浮士德博士，受到梅菲斯特的誘惑一樣。不過，歌德最後透過登山，終於克服了這個困擾他終生的課題，也就是來自惡魔的誘惑。

4 如何克服浪漫主義式的神經衰弱

歌德時常提到惡魔般的人物，這些人物的原型似乎是來自拿破崙。在法國大革命前後的時代，人才輩出，這些人在無意識中受到內在惡魔驅使，就像受到梅菲斯特幫助的浮士德一樣，一帆風順，輕輕鬆鬆就讓他們完成世界性的歷史使命。但是，一旦這些使命被成就，惡魔就會捨棄這些人。英雄沒落的命運就會降臨到這些人身上。像普希金（Pushkin）因為決鬥受傷而死去，克萊斯特（Kleist）最後自殺，雪萊（Shelley）在海上遭遇暴風雨死亡，拜倫（Byron）在外地因為水土不服倒下，濟慈

（Keats）、諾瓦利斯（Novalis）、舒伯特（Schubert）因為身體虛弱夭折，不然就是像賀德林（Hölderlin）、尼采（Nietzsche）那樣最後發瘋。同時代的這些惡魔般的人物之中，能成功逃離危機的，只有歌德一人而已。在歐洲，「山」是惡魔的住所，歌德登山就意味著戰勝惡魔。

想要認識這些「青春病」以及治療法，可以參考小栗浩的《人間歌德》（岩波新書），史蒂芬・褚威格（Stefan Zweig）的《與惡魔的搏鬥》、阿諾德・豪澤爾（Arnold Hauser）的《藝術的歷史》。

法國近代文學鼻祖福樓拜，也是受到青春期浪漫主義式神經衰弱侵襲的人之一。直到二十歲為止，他也曾是一名毫不顧及社會、生活現實的青年。他在晚年回想，當時自己和身旁的友人做事實在太過莽撞，甚至還把自殺當作兒戲，遊走在非常危險的精神狀態。他逃離危機的方法就是「為藝術而藝術」，他澈底冷靜分析神經衰弱的症狀，最後把它形象化為《包法利夫人》這部小說。

「包法利夫人就是我」，作者福樓拜的這句話，正意味著他已經超越因自我分析產生的危機了。後來，這被稱為「包法利主義」（bovarysme）的神經衰弱症狀，「隨著浪漫主義的基礎變得不穩固，害怕承擔活在當下以及只想逃離當下應負的責任，一心嚮往不是當下的自己應該待的地方，總是夢想著遙遠的彼方」，這是現代人共通的毛病，「其結果就是，自己無法對於自己的存在負責，習慣把責任推卸給別人，不正視自己原本的樣子，總是朝著自己期望的樣子望去」，也就是有著一種非常主觀、感情過剩的傾向（參照豪澤爾的《藝術的歷史》）。

即使是現代的我們來讀《包法利夫人》，仍不禁覺得自己似乎被福樓拜看穿了。福樓拜透過看到包法利夫人最後悲慘地服毒自殺的結局，克服了原以為自己不應活得這麼卑微、不應向現實低頭的這種青春期的浪漫主義觀念。

5 煩惱自己是「早熟」還是「晚熟」

「天才」的問題除了可以從歷史的角度去分析，還可以從另一個角度，那就是「早熟」或「晚熟」的問題。為什麼這麼說？因為天才大抵都是早熟。有些人不是煩惱自己是不是天才，而是懷疑沒有早熟的自己，會不會是世界上最沒有用的存在，這樣的想法也是青春病的附屬品之一。

像詩人韓波（Rimbaud）或數學家伽羅瓦（Galois）等，世界上有非常多早熟的天才。相反的，也有像夏目漱石在虛歲四十那年才寫出暢銷作《我是貓》的晚熟天才。

關於早熟和晚熟的問題，我總覺得，命運捉弄的成分較大，非人為所能干預。有一點要注意的是，早熟天才通常在很早的時間點就完成他的大業，之後剩下的生涯幾乎都是一片空白。撰寫《伽羅瓦的一生》的英費爾德（Infeld）借用希臘劇作家米南德（Menander）的一句話「受眾神寵愛者總是薄命」，為伽羅瓦的傳記下標題。

天才詩人韓波的情況更悽慘。他在十七歲就創作了名留千古的詩作，但在二十一歲就完全放棄寫詩。而且，他在之後所寫的書信中，隻字不提文學。捨棄文學的韓波過著流浪的生活，為了討生活，他做過許多工作，包括外語老師、街邊小販、馬戲團臨時工、農場的臨時工、船員、荷蘭軍志願兵、技師、研究旅行者、食品商等等。某次他還在非洲的某處染上傳染病，在馬賽的某間慈善醫院被截去一條腿，最後於三十七歲在焦躁和恐懼的痛苦中死去。身為現代詩創始者之一，當他在非洲獲知自己得到這個評價時，他絲毫不關心，只說了一句：「詩根本是鬼扯。」這是一種非常令人毛骨悚然、恐怖的虛無主義。他這種極端的自我否定程度之深，甚至會讓人懷疑，「這世上被稱為是韓波所作的詩，會不會是出自他人之手，而韓波自己根本連讀都沒讀過吧？」（豪澤爾《藝術的歷史》）。

我們不是要否定「天才」的觀念或「早熟天才」的存在。而是透過觀看歷史前例的下場，為現今在更為艱困的時代中罹患青春病的人，找出一條可能超越的道路。這意味著，作為立志術的根本，我們應該強調的是，**必須擁有強大的意志，追求讓自己能面對人生與命運的智慧。**

譯註4：源自古希臘神話，用來比喻走出迷宮的方法和路徑，解決複雜問題的線索。

培養幹勁

幹勁術

保羅．瓦勒里（Paul Valéry）把自己的知性習慣稱為「早晨的儀式」，我認為這個可以作為幹勁術典型的範例。

1 知性能力從意欲中而生

知性能力從意欲中而生。也就是志向——我們在前章中已提過。志向越遠大越好。既然要做，就要做最正統的工作；既然要當，就要當第一流的人。對於僅有一次的人生，應抱持巨大的野心。最後你會發現，這是所有成就的原動力，也就是心理學說的「賦予動機」。

有了目標之後，還必須要有能持續達成目標的意願和欲望。以力學來說，就是遵從「慣性法則」。換句話說，要**養成習慣**。

法國詩人、思想家保羅．瓦勒里在受到那次被稱作「熱那亞的危機」（大概跟他的戀愛事件有關）的深刻精神衝擊體驗後，在二十年間完全保持沉默。最為人津津樂道的就是，他在這段時間中學會高等數學、物理學等最先進的科學。被他稱作「早晨的儀式」這個知性習慣，可作為我們幹勁術的典型範例。

瓦勒里每天在黎明前起床，趁著好幾個小時的孤獨時光，一個人靜靜地思索和冥想，反覆構思，讓他的知性在自由的世界中翱翔，然後把這段時間內所產生的想法都記在筆記本中，而且從他二十三歲開始直到他死亡為止，努力讓這件事成為他每天必做的功課。這些記錄後來被集結出版為《筆記》（Cahiers），總共有兩百五十四冊，共三萬頁。這套筆記不僅在文學上、哲學上有參考價值，更廣義來說，裡面充滿了許多十分富有創意、關於人類思考的方法。他自己曾透露，他把這個早晨儀式的目的定位為「閱讀自己的精神」。

在這套充滿創意的筆記裡面，到處都看得到充滿洞見的箴言，例如「書本和人類擁有同樣的敵人。火、溼氣、蟲、時間。還有他們自身的內容。」或是「演說者的肢體動作，就是一種比喻。無論是用拇指和食指捏著什麼展示給他人看的動作，或是把手舉起來，用手指在空中揮了揮，他所指的東西，他所捏的東西，現在看來都是虛構的東西。但它們曾經都被認為是真實的行為，在那個語言等於肢體動作、肢體動作等於語言的時代。」

保羅．瓦勒里

這種把知性訓練習慣化的方法，簡單來說就是讓人每天持之以恆，是多數先賢們會採取的方法，而且通常可以產生豐碩的成果。

歌德在愛克曼（Eckermann）的《歌德談話錄》中強調，不要一開始就想寫長篇大作，應該一步步確實地前進，事實上他自己也實踐了這樣的方法。他最受不了就是那種好高騖遠，沒實力又不努力，老愛擺出一副自己是「天才」模樣的浪漫主義者。完成每一瞬間的事情，這是歌德留給我們的訓練知性的方法。

歌德對於史詩巨作抱持戒慎的態度，他這麼說：

「當下有當下的權利。每一天有每一天詩人希望表達或應該表達的，衝撞他內在思想、情感的東西。但若他的腦中一直想著長篇大作，就不可能還有其他東西浮現，所有的思想都只能退居二線，甚至連生活的閒暇都不可得……對於如此的勞苦和犧牲，其結果換來的通常不是喜悅，而是令人不悅的精疲力盡。」

「你們（年輕人）應該聽聽我這老人的忠告，奮力朝正確的道路前進。光是一步步走向終點還不夠。應該把每一步都當作目標，每一步都走出它的價值才行。」

2 學習森鷗外的生活風格

日本的森鷗外受到歌德影響甚鉅，他也是奉持「每天持續」這個方法為圭臬，學習語言學、佛教和哲學。終生身為高級官員的森鷗外，每天從政府機關回家後，只有幾個小時的自由時間可運用，卻可以寫出這麼多具有分量的小說、評論，以及科學、醫務、軍事的論文，還翻譯了《即興詩人》、《浮士德》等著作。我記得他兒子曾在文章中寫道，如果單純把森鷗外一生的執筆量除以生涯的日子，換算下來他一天平均寫三張四百字的稿紙。他除了把「生理的需要時間」（睡眠）壓縮到馬克思所說的最短時間（三到四個小時），還要節省生活的需要時間（洗臉、吃飯等），並在通勤電車中就把政府機關的工作解決。

在他搬至小倉的時期，森鷗外的生活風格可從《雞》這篇小說的主角石田少佐的生活窺見一斑。「石田來到後面的房間。這裡有放置水壺、漱口杯、裝好熱水的金屬製臉盆、水桶等物品。這是從他第一天來到這裡開始，每天固定會做的事，早晚都一樣。

「石田先使用牙刷，然後漱口。接著用熱水洗臉。肥皂用的是七十錢左右的舶來品。有人問有必要這麼奢侈嗎？他回答，肥皂一定要用真的肥皂，如果要用贗品，那不如不要用。洗完五分頭，光著身子，仔細用肥皂抹身體。然後洗下半身，洗腳。要是人家說，你這個人真卑鄙（譯註5），我就可以說，我的身體乾淨得很。把剩下的熱水倒進水桶。把毛巾放進水桶搓揉，洗乾淨。把毛巾擰乾，擦拭金屬臉盆，再擰乾毛巾，把毛巾掛好。每天，同樣的事情要做兩次。我不上澡堂。」

盛在一個金屬臉盆的熱水居然可以用在那麼多地方，真是了不起。身體的每一個動作也沒有絲毫浪費的部分。幸田露伴的女兒幸田文曾在《這些事情》這本回憶錄中，描述幸田露伴教她掃地的方法、整理桌子的方法、水的使用方法等，仔細的程度堪與森鷗外匹敵。

「要把掃帚當作筆一樣使用，毛尖要先理順，用起來才順手。若看到人家門口掛著一把像被風吹亂似的開花掃帚，就代表那戶人家的太太功夫還不夠」、「像水這類會不斷擴散的東西，一定要靈巧地使用。而且水桶底部窄，開口大，所以使用的時候，要像用手指和抹布把水捆起來的感覺，這就是為什麼我說水桶的水要裝六分滿的理由」，露伴是這麼教他女兒的。而女兒幸田文回想她父親時說：「父親使用抹布的姿勢非常俐落，後來我看了某齣戲劇，才發現原來自己對父親的動作的印象，就和舞台上演員的動作一樣，有一種尋覓多年，終於找到的感覺。」看來幸田露伴日常生活的動作，其合理性已經達到上舞台表演的程度了。

再回到森鷗外的《雞》。石田吃飯的速度很快，「在桌子前坐好，飯菜一上桌，再怎麼久，他吃飯都不會超過十五分鐘」。

在同樣是回憶小倉時代的《兩個朋友》中，可窺見森鷗外的學習態度。

「自我搬到小倉京町的家，安國寺先生就每天登門拜訪。我從公家機關下班回家，一進門一定會看到安國寺先生在房裡等我，直到晚飯前。這段時間，我會翻譯一篇德文的哲學入門讀給他聽。安國寺先生則會替我上一堂唯識論的課。把安國寺先生送出門後，我開始吃晚餐，然後前往馬借町的教會，向那裡的傳教士學習法文。」

無論是他與佛教徒交換學習的方法，或是學習法文，對於知識的渴求程度真的稱得上是浮士德式的貪婪。

3 養成持之以恆的祕訣

這種每日主義我們也可以在年紀比森鷗外小五歲的漱石或露伴的牛步主義中看到，大家對於明治時期知性風格的訓練法似乎是共通的。

漱石對年輕的芥川龍之介作品〈鼻子〉讚不絕口，並寄了一封鼓勵的信給他。漱石在信中說道：「變成牛這件事情是必要的。我們都想變成馬，但很不願意變成牛。即使像我這種老油條，頂多也只能當牛和馬交配生下的混種而已。

「不可急躁。不要讓自己變笨。拿出你的毅力來。我知道這個世界在毅力的面前也要低頭，但在煙火面前只會給你瞬間的記憶。你必須孜孜不倦地超越，直到你倒下為止。絕對不可以設想要超越對手。因為對手會源源不絕地出現，讓我們煩惱不已。而牛要超然地超越，不斷前進。超越什麼？我告訴你，超越人，而不是超越文士。」這應該可以堪稱是持之以恆的祕訣吧。

露伴把自宅稱作「蝸牛庵」，把蝸牛的牛步主義奉為圭臬。

養成持之以恆的習慣最大的祕訣就是，習慣「什麼事都要立刻去做」。為此，桌上不可以放置不必要的東西，以免還要花時間收拾整理。把雜物全部排除，讓自己一坐上桌，就可以直接開始工作。四處都要設置照明設備，讓自己在屋子內任何一個地點都可以立刻著手工作，這也是不錯的方法。除此之外，若想讓自己一坐在書桌前就拿出幹勁，可以先做些知性上的熱身運動，像是先花一點時間學習語言，作為用功的開始。

除此之外，我們應多接觸大自然，培養自己的精力。我到中國去的時候，有人跟我說，毛澤東年輕的時候會特地選在暴風雨的日子去爬山，讓自己承受風吹雨打，鍛鍊意志力。作家庄野潤三在中午前都會去爬自家的後山，養精蓄銳之後再開始執筆。樹木確實會帶給人活力。德國哲學家馬丁．海德格（Martin Heidegger）也是住在鄉下，喜歡一邊散步一邊思考。他有一本論文集名為《林中路》

（Holzwege），就是源自老子的話語。從賀德林、伊東靜雄的詩中也讀得到大自然。大自然作為身為存在者的人類的故鄉，同時也是人類「聆聽存在的聲音」（海德格）的場所。

想要讓幹勁持之以恆，還有一個好用的方法，那就是定期和朋友開研討會。在開研討會之前，一定得做功課，自然而然就會養成習慣。讀過森鷗外的歷史傳記作品《伊澤蘭軒》等作品就知道，江戶時代的文人們也會組成研究社團增強訓練。從朋友獲得知性上的刺激會比從書本來得更直接，透過健全的競爭意識引發自身的幹勁，這就是古人說的「切磋琢磨」。

幹勁的持續可以透過外在的加強獲得效果，但面對內在的不安，我們就不一定有足夠的抵抗力了。面對精神上的危機，我們要如何持續知性訓練呢？下面這個方法可以作為參考。

4 活下去的欲望和幹勁都屬於內發性的力量

最近，越來越多年輕人覺得幹勁不足，提不起勁，希望知道可以用什麼方法提起幹勁。教育家和心理學家針對提不起勁的小孩提出各種「賦予動機」的方案。其實，對於這個問題，科學家們也是束手無策。我們似乎很難透過醫學或教育來教導沒有幹勁的小孩，活著是多麼棒的一件事。

活下去的欲望，幹勁，無論在什麼狀況下都是源自人內發性的力量。應該說這正是人的存在本質，是自由與孤獨的證明，這一點千萬別忘了。現代人總是認為，只要透過環境和各種手段給予刺激，就可以引發人的幹勁，這是現代人自以為是的錯覺，也是依賴型文化的表徵。

即使如此，人還是會有失去信心的時候，比如說，因為失戀的痛苦，全面性喪失幹勁的時候。當然，這種喪失幹勁的情緒，是有可能像歌德創作出《少年維特的煩惱》一樣，被轉化成偉大的創作。但這個方法不適用於一般人。一般人若這麼做，反而容易自我中毒，陷入多愁善感，並讓病痛不斷拖延下去，我個人非常不推薦。

特別是失戀時，腦中已經千頭萬緒，文學性的東西反而會讓病狀加重。我在經歷這類經驗時，會盡量離這些充滿文學性、陳腔濫調的人生論遠一點，越遠越好。在這種心亂如麻，心情難以平復的時候，我會讀馬克思的《資本論》。結果我發現，沒想到這本全世界最難讀的書，在這種時候讀起來特別流暢。這種理論性的書和小說不同，裡面出現的任何字眼，都不會傷到自己的心。由於這種書閱讀起來很安心，所以越是悲傷的時候，越是能集中精神讀這樣的書。人心的運作很特別，當人有痛苦產生，直到發狂之前，它會發揮反饋的功能，讓人的注意力移往別處。這時候，《資本論》可以幫上這個忙。因此，對我而言《資本論》可以說是當我面臨危機時，拯救我的靈魂的鎮定劑。

當你心情苦悶，覺得活著很痛苦的時候，可以像我這樣，盡量接觸一些和你平時生活無關的未知領域，找一些理論書、數學書來讀，或學習外語等，都是很好的方法。

5 傳記是提起幹勁的興奮劑

如果你希望平時可以保持在意志和欲望最強的狀態，也就是保持幹勁十足的狀態的話，我建議你可以從自己最有興趣的領域中，找出一本擁有一流成就的佼佼者的傳記來閱讀。這樣你不僅可以從中了解到，原來不是只有你在同樣的領域中遭遇同樣的困難，受著同樣的苦，還可以知道真的有人可以克服這些困難，使你心中浮起勇氣和希望。

透過傳記提起幹勁，似乎是明治人的知性精力泉源。像斯邁爾斯（Smiles）原著，中村正直翻譯的《西國立志編》（原名自助論〔Self-Help〕、明治四年出版）這本書以「古云天助自助者」為開頭，介紹許多偉人傳記和處事術，還有《名將言行錄》等書，都曾撩撥起當時在第一線活躍的人的欲望和野心。我曾買過一本明治十四年出版的拿破崙傳記（《第一世拿破崙言行錄》）的二手書，前一位書主在他覺得感動的地方用朱砂筆和漢文寫下感想「夫然豈其然乎」、「男子平生之事當注意於此」等，看得出來他反覆讀過很多次。

不要把傳記當成是小朋友看的讀物。對於「如何活著」這個身為人永遠會不斷追問的問題，傳記可以提示我們各種典型的人生態度，以及齊全的人生know-how，我們應該謙虛地回顧先人的人生態度。

如果能用這種心情閱讀傳記文學，那麼像白水社出版的《居里夫人傳》，這本被芹澤光治良多次引用，從戰前到現在受到許多精英愛讀，以及從女性的人生態度的角度來看，至今讀來仍可感受到嶄新魅力的傳記，無疑是真正的大人讀物。

其他的傳記文學名著還有很多，但到了二次大戰後，傳記文學不再受大人們青睞。探究其背景因素，主要是傳記所傳達的出人頭地的志向受到批判，再加上歷史學的發達導致英雄史觀遭到否定，把人放在該時代和該社會條件中評斷的風潮越來越興盛等。

但是，戰後的民主主義雖然否定舊有的道德，卻無法基於活著的意義，成功提出新的道德規範（無力、無思想、無節操，這樣的三無主義，不只年輕人，更是許多世代共通的毛病）。而歷史科學太過強調社會性條件，卻又沒能成功描繪出個人的人物形象（主體性）。

因此，一些保守的企業家還是會回頭去讀《孫子兵法》、《作戰要務令》，或山岡莊八的《德川家康》。換句話說，關於人如何活著這個原來由傳記文學負責的位置變成一片空白，只能由受到大家喜愛的司馬遼太郎的歷史小說來暫代，這就是目前的狀況。

其實，還是有人克服了明治初期一味讚揚出人頭地的傳記讀物（立志讀物）的庸俗感，像幸田露伴開拓的歷史小說、史傳讀物的世界，以及更進一步透過細緻嚴密的考證科學，加深傳記文學深度的森鷗外的史傳讀物等，這些成果到了戰後居然沒有被繼承下去，這一點我個人覺得相當不可思議。我甚至開始擔心是不是我們的知性水準，無論是傳記文學的作者以及讀者，這兩者同時出現了退化的現象。

譯註5：原文「穢い」同時有骯髒和卑鄙的意思。

愉快地做

情緒管理術

究竟是什麼原因讓漱石感到絕望的「不愉快」？有沒有什麼方法可以把「不愉快」轉化成知性創造的能量？

1 躁動感和鬱悶感會影響心情

思考幹勁的問題，最後一定會面臨「情緒管理」的問題。生理節律有所謂的「情緒曲線」，但我們要談的不是這個，而是更接近人的身體性的部分，在這裡面，情緒分成好幾層沉澱在其中。而這樣的情緒會控制我們的潛意識，讓我們提起幹勁或失去活下去的欲望。

心理學家克雷奇默（Kretschmer）把躁動感和鬱悶感交互出現的情緒循環稱作「躁鬱症」，並依照人不同的體型加以分類，但這個分類不是我們現在討論的重點。我只想透過「並不是只有某種類型的人容易陷入躁狀態或鬱狀態」這樣的觀點，來追究情緒的問題。

只要翻閱波特萊爾的詩集《巴黎的憂鬱》就知道，近代的都市生活是如何帶給人們憂鬱和倦怠（ennui）。

這種近代人的憂鬱也在明治時期的時候傳入日本，形塑了日本知識分子共通的情緒。

漱石在東京帝國大學緊接在列夫卡迪奥・赫恩（小泉八雲）之後，負責教授英國文學，他講斯威夫特（Swift）的《格列佛遊記》，主題是「斯威夫特與厭世文學」。

漱石評論，斯威夫特對於人的看法可說是徹頭徹尾的「不愉快」。他認為《格列佛遊記》傳達的訊息是「陳列人性的醜陋愚劣」，「人類直到世界末日為止都是不幸的」，我們人類永遠都沒有希望等等，沒有比這更令人不愉快的內容，這是他上課時不斷強調的重點。

我個人很好奇，當時的精英們聽到漱石這種執意對於不愉快做考察的課時，會有什麼反饋。無論如何，可以確定的是，漱石這個人一直讓自己澈底沉浸在不愉快的心情中。比如說，無論閱讀他哪本小說，很容易就會看到「不愉快」這個關鍵詞，再加上讀到他兒子夏目伸六和女兒筆子寫的回憶錄，感受就更深刻了。

和妻子起了一點小爭執，就端出「夢幻女性」的形象來責備妻子，彷彿在告訴對方，其實我根本就不想和你這種人在一起。作為文學家的女兒筆子透露，自己聽到這件事時非常悲傷。兒子伸六對父親的印象是：

「那時，母親不斷對著黑暗中的佛壇禮拜。家中鴉雀無聲，彷彿一根針掉到地上都聽得見。但這時，我腦中忽然浮現一個景象，在隔著一扇紙門的父親書房中，父親像老虎一樣蹲坐著。我記得在佛壇前祈求的母親好像在哭泣。」

根據伸六的回憶，漱石只要心情不好大爆發，就會使得全家陷入愁雲慘霧之中。換句話說，全家人在一起生活時，都得不斷意識到家裡有一隻「不愉快之虎」的存在。

把漱石的不愉快歸咎於他有胃病、神經衰弱等身體性的問題是很容易的解釋，但我認為他是因為受到斯威夫特的影響，導致他對於人、人生，還有整個社會感到澈底絕望，最後產生厭世觀。而這也是現今的我們容易產生憂鬱情緒的源頭。明治時期的知性人很快地就把這種情緒所衍生的問題，用生活方式或透過文學的領域提出來。

認為人生一點希望也沒有的漱石在東大講授斯威夫特的時候，同時也講授文學的樂趣。他的理論是，人生雖然不愉快，但閱讀斯威夫特的文學是愉快的，因為他把這樣的不愉快體無完膚地揭露在我們面前。這個理論是理解漱石文學與他真實人生之間關係的重要關鍵，也算是提供我們一個如何在心情感到鬱悶的時候，把它轉化為知性創造能量的解決方法。

2 創造「愉快」的智慧

以上就是受格列佛影響的漱石所提出的心情轉換法。接下來我要介紹另一個和漱石不一樣的情緒管理法，那是由和漱石同年齡，也同樣擁有厭世觀的幸田露伴採用的方法。露伴和漱石正好相反，他受丹尼爾・笛福《魯賓遜漂流記》的影響很大。魯賓遜的傳記早在幕末時，就已經發行荷蘭文譯本（《魯敏遜漂行紀略》）。漱石很討厭魯賓遜，覺得這個人總是在收集糧食、製作椅子，腦袋想的全是一些無聊透頂的生活瑣事。露伴則認為動手做東西是至高無上的愉悅。因此，露伴小從飼養蚯蚓的方法，大到都市計畫（他的《一國之首都》，是日本第一篇講都市計畫的論文）都有涉獵，興趣廣泛。所以，在露伴所寫的作品之中，「愉快」就成為關鍵詞。

格列佛漱石的不愉快和魯賓遜露伴的愉快，構成明治知性的兩極情緒。如果有人專門從這種情緒史的角度來研究後來的文學和思想的流變，應該會對我們的情緒管理法很有幫助。

首開先河的論文就是大石修平的〈魯敏孫—露伴〉（《人文學報》東京都立大學，一九七三年，收錄於《感情的歷史——日本近代文學試論》，一九九三年發行，有精堂）。

哲學家兼劇作家的山崎正和在《不開心的時代》（一九七六年，講談社學術文庫）這本書中，處理的正是情緒史的問題，但他只考察了「不愉快」，缺乏了對「愉快」的考察。在漱石的門徒志賀直哉的文章中，常會出現「真令人不悅」的字眼，換句話說「不愉快」也是他作品的關鍵詞。但志賀直哉也自有一套把這份不愉快的心情轉化為愉快的方法，這樣的智慧我們也不能錯過。

情緒的問題和身體的問題、居住的問題、風或味道的問題有密切的關係，所以我建議想要闡明這個主題，還必須從建築學、都市論等領域著手分析才行。

問問題

發問、發想訓練法

問題從知性好奇心產生。知性好奇心從知識的空白部分產生。因此，我們要先畫出自己的知性地圖。

1 在自己的心中畫出世界級的知性地圖

學生時期，我們都曾經有過考試讀書的經驗。當時學習的方式都是大同小異，就是老師問問題，學生回答。

「教育」的原點可追溯到希臘哲人蘇格拉底的「蘇格拉底式助產術」。這個方法就是教師不斷丟出問題，然後學生為了回答問題，必須經歷「陣痛」的痛苦，所以被稱為「助產術」。問者和答者之間是透過對話進行，因此具備辯證法的性質。

真正的蘇格拉底式助產術的辯證法，推進到最後應該要變成問者與答者位置互換才對。也就是學生提出問題，讓老師感到苦惱，這才是真正的教育。

能夠自己提出問題，才能成為知識的助產士，這是知性自立的終極目標。已經習慣為了考試而學習的我們，思考方式不知不覺變成習慣讓別人來問問題，而且認為有某種標準解答的存在。因此為了鍛鍊自己問問題的能力，我們必須有意識地做能夠增加知性敏銳度的訓練。

提出沒有人可以解答的問題，然後把這個問題放在自己心中，繼續活下去。這過程會經歷痛苦，也就是陣痛的苦惱，但想要真正成為「懂得思考的人」，別無他法。

問題從知性好奇心產生。知性好奇心是從自己內在的知識空白處產生，換言之是從缺乏的感覺中產生。

我們應該在自己的內在製作出一份世界級的知性地圖。把自己至今所擁有的知識，用自己的方式，配置在這份地圖中。為此，我們必須把學校的學科和圖書分類，重新編輯成自己的東西。用這種方式製作出自己的知性世界地圖，就是知性自立的第一步。然後，養成習慣，對於這個世界或自己的生活面臨的所有問題，都根據這份地圖來說明。

這麼一來，你就會對於自己缺乏的東西、知識空白的部分產生自覺。此時，想要知道更多的欲望會伴隨著痛感湧現。然後，每學習一次新的知識，就可以再重新編輯你的世界地圖。連書架上書本的配置都可以隨著改變。

這感覺就像一種裝置——繞著所有方向編織出細密的網，任何一個地方稍有震動，知性態度就像蹲踞在蜘蛛網中的蜘蛛一樣，能立即感受得到，稍微一點刺激就能夠在自己心中喚起知性反應。回應之後，地圖的空白部分不會變得更狹小，反而會越來越擴大，所以即使你不斷加入新的東西，也絕對不會產生知識容量不足拒絕接受的情況出現。換句話說，你可以隨持保持在最佳的知性敏感度。

2 把問題轉換成容易回答的形式就是創意術

透過發問訓練，我們就等於在自己內在裝設了一套知性發問機。你也可以把它稱作是陣痛機器。那麼這部陣痛機器到底是怎麼運作的呢？就算你咬緊牙關，皺著眉頭拚命思考，創意也不會因此產生。我們需要的是創意訓練。

創意術的王道，我覺得應屬「哥倫布立蛋」的傳說。這個傳說很值得我們分析。簡單來說，只要把對象（蛋）變形即可，這種活潑的創意發想很值得我們學習。

很多時候，如果不去更動問題，讓它維持在靜止狀態，很難找到解答。以數學來說，如果要求出方程式的根，我們必須把算式做因式分解。也就是說，把問題的形式變形成另一種容易回答的形式。同樣的，當你被給予某個主題（問題），把**這個主題分解、置換成容易回答的形式**，這樣的訓練就是創意法的根本。又稱作主題分析法。

如笛卡爾說的「把困難分割」。假使今天有人丟給你一個大哉問「如何因應日本的能源危機」時，不必慌張。首先，能源分成很多種，有人力、水力、風力、煤炭、石油、核能等，我們可以先把能源的來源分割成許多部分，再一一加以考察。對於水能、風能、太陽能等能源利用的可能性，我們還有許多未知的部分。關於這一點，艾默里・洛文斯（Amory Lovins）對於目前我們所處的，使用一次性的煤炭、石油這種硬質能源（hard energy）的文明，構想出另一種透過水力、風力、太陽熱等可以再生使用的軟質能量（soft energy）發展的文明（艾默里・洛文斯《軟質能源途徑》〔Soft Energy

Paths: Towards a Durable Peace〕）。除此之外，你還可以分析能源的生產、流通、消費的機構，進而指出產油國面臨的問題，或是控制了能源國際流通機構的跨國資本的問題。或者，把能源的用途分割成燃料部門和原料部門，然後衍生出新的問題，比如說把石油作為燃料使用太過浪費，有沒有什麼方法可以長期限定只使用原料部門的能源。即使是石油，在技術、經濟、政治、社會、文化等各種不同層面，都會衍生出不同的問題。

還有一個很重要的創意發想方法，就是把問題翻轉，「日本真的有能源危機嗎」，反過來對問題提出質疑。然後開始循著這個路徑思考，是誰、為了什麼目的、提出日本有「能源危機」的看法？

把問題稍微移位、置換、分割，簡單來說就是挪動它，這種活潑的創意發想法適用於各種領域，對於催生新發現是很有效的方法。

比如說，愛因斯坦就是因為跳脫了透過固定觀測主體來處理「對象」這種古典力學的方法，而是連觀測主體的運動都一起考慮進去之後，才發現「相對論」。又或者，觀測的操作本身就已經在對象中加入變形的條件，這種「不確定性原理」的認識，則是把過去古典科學、哲學的根基「主體—對象」的固定模式完全瓦解。

以我來說，當我一走進咖啡店，就會開始想像，如果這間店交給我經營，我的室內裝潢應該會這麼做、會這麼經營等，開始做創意發想的訓練。與別人談話時，可以試著和對方調換立場，猜想對方接下來應該會這麼說或那麼說。這種主體交換的創意發想法不只可作為讀心術的訓練，也可作為賽局理論或戰略論的訓練。

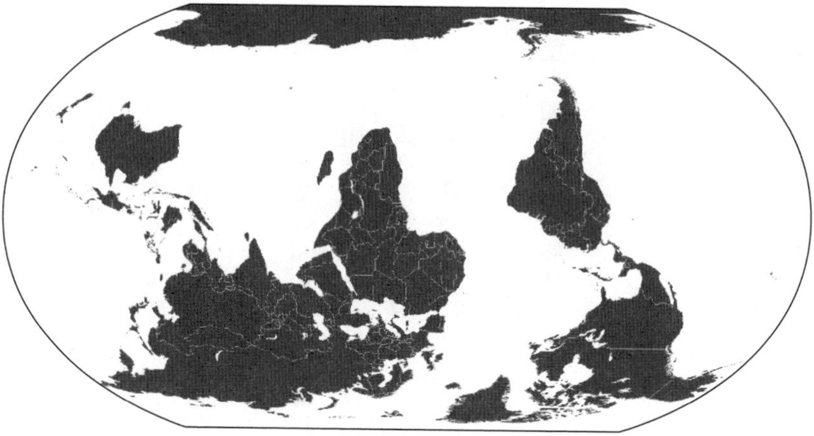

把世界地圖倒過來看

打開世界地圖，日本和中國的地圖位於正中央，這是我們目前使用的世界地圖，很容易讓人以為這應該是世界通用的地圖。我們應先從破壞這份先入為主的觀念開始。這是明朝時利瑪竇獻給中國皇帝的地圖，所以是以中華思想為主所建構出來的世界觀。若問歐美人對於「世界」的印象，他腦中浮現的地圖一定是以倫敦的格林威治天文臺為中心，左右分別為西洋和東洋的世界地圖。而中、近東的蘇伊士運河附近，從歷史來看總是兵家必爭之地的理由，就是因為它處於「世界之臍」。因此，從西洋的世界觀來看，「太平洋戰爭」在他們的印象中，不過是東邊盡頭的海上有一群人正在吵架打鬥，至於詳細狀況並不是很清楚。至於「大東亞戰爭」到底大在哪裡，他們更是無法理解。

小松左京提議，我們可以試著把世界地圖倒過來看，可以翻轉我們過去總是以北半球為中心的觀點。從這個圖，我們可以看到亞洲、非洲、拉丁美洲等第三世界的國家，以不一樣的形態一個接著一個在我們眼前冒出來。

3 創意發想訓練需要什麼呢？

在做創意發想訓練的時候，不只可以如上述改變觀點，還可以試著改變場所。

假使呆坐在書桌前很久也想不出什麼好點子的話，試試看移動到別張桌子，躺下來伸直雙腿，出門散散步之類的，試著變換各種場所，慢慢地你就可以找到適合自己創意發想的場所。大抵來說，最好的場所是可以讓你舒緩緊張心情、放鬆，享受孤獨的地方。

當我需要思考一個問題的時候，就會去澡堂。放鬆肌肉的緊張，獲得一些喘息的時候，新的點子就會接二連三地浮現。當我意識到「澡堂真是一個適合我創意發想的地方啊」後，往後每當我需要思考，都會刻意選擇在澡堂。在芥川龍之介的小說中，瀧澤馬琴在澡堂的喧囂聲中構思，回家之後，靜靜在書房內撰寫《南總里見八犬傳》。我讀到這一段的時候覺得十分有趣，澡堂是一群裸體居民聚集的場所，馬琴筆下那種超越世俗的觀念，我想就是濃縮了澡堂這地方所帶來的最世俗的喧囂，以及帶有某種緊張感的氛圍吧。

在澡堂中，我比較容易浮現哲學性的想法，而在散步中的十字路口，反而容易浮現詩句。大概是因為風的關係吧。混雜各種味道的風從四面八方吹過來，在十字路口匯合。十字路口從以前就是武士試刀（辻斬）（譯註6）和意外事件發生的場所。而轉角，總容易讓人聯想到愛情劇。

就像詩人萩原朔太郎喜歡在群眾中尋求孤獨與喘息，我們這些習慣在都市中生活的人，雜沓喧囂的場所正好可以提醒我們每個人都是大眾社會中活生生的個體。

4 有一群人的話，正好可以做腦力激盪

如果想要多人一起進行創意發想訓練，可以使用腦力激盪法。針對一個主題，即使是無意識的聯想也好，參加者可以暢所欲言，說出腦中浮現的任何想法。這和開會不同，不一定要導向某個結論。進行的時候有點像大家在閒聊的感覺即可。

腦力激盪要成功有一個條件，那就是參加者都要保持心情愉悅，以及保持頭腦的靈活度。大家可以坐在柔軟的沙發上，或來點啤酒。接著，參加者也要毫不保留、勇敢地把自己的點子說出口，即使是看似愚蠢的點子。因為這個方法的目的就是，盡可能地引導出每個人潛意識中的想法，並加以活用。

聽到別人的點子，自己的腦中會浮現與它相關的點子，不斷持續，讓各種點子以滾動的方式呈現，最後可以整理出許多令人出乎意料的想法。學習（学ぶ）這個詞的語源，原本就是模仿的意思，因此，在做模仿和變形的訓練時，就等於在培育自己的創意發想的獨創性。

如果熟練腦內激盪法，自己一個人也可以進行。你可以在電車中，一個人進行腦力激盪。比如說，一邊看著週刊雜誌的吊牌廣告，一邊在心裡盤算，如果是我來寫文案應該會這樣，排版應該要

這樣等，想出各種點子，就當作消磨時間也好，滿有趣的。這樣的訓練獲得的成果，可以幫助你運用在其他許多場合。在展示各種廣告的電車中，讓自己成為一個非常具有獨創性的文案人員以及編輯人員。當你覺得疲乏的時候可以看向窗外，然後開始進行都市計畫的腦力激盪。

學習他人的創意發想法，然後模仿，不斷更新自己的創意發想裝置。看到他人記筆記的方式或書房，就要立刻搜尋有沒有可以偷學的地方，增強自己的創意發想法，要隨時保持這樣的貪婪。

譯註6：辻斬指武士為了試刀，在十字巷口或馬路上隨機砍路人的情況。從戰國時代開始流行，到江戶時期因為情況嚴重，受到德川家禁止。

了解自己

〔基礎知性能力〕測定法

要培養真正的知性「腳力」，漢字知識不可少。想要讓知性有飛躍性的成長，必須先把漢字學好。

1 檢視你的知性腳力

為了擬定知性訓練的課程，你必須先了解自己目前的「基礎體力」。

這個基礎能力大致包含以下的框架：自己的年齡，也就是說自己還能花費多少時間在知性活動上；收入，也就是預計花多少預算在知性活動上面。我們只能努力在時間、費用，以及自己擁有的條件之下，盡可能讓它發揮最大效果。

更重要的是，自己作為知性能力基礎的「腳力」有多少，這才是我們應了解的重點。比如說，文字能力、計算能力、速讀能力、語言能力、各學問領域的專有名詞的知識、寫作能力等等。這些都是我們平時應檢視的重點，看看自己的空白部分或弱點在哪裡。

比如說，減少漢字使用的方針表面上看起來是很方便沒錯，但我仍持反對意見。我認為**漢字應**

該要記得越多越好。而且最好連舊字體都要學。為什麼？因為就知性創造而言，光是閱讀戰後發行的讀物絕對不夠。不管是翻閱字典類的書，或文章類的書，想再深入查詢，就非得搬出中世、近世辭典《節用集》，或明治到大正時期編纂的非常好用的百科類書《古事類苑》或《廣文集》等這些現代出版社絕對企劃不出來的巨著。

比如說，我想要查清楚羅城門的階梯到底有幾階，這一定得查古文獻才知道，但我連它會出現在哪本文獻都不曉得。這時候這一類的百科類書和文庫就能派上用場。但就算把原文一字不漏地抄下來，你還是得讀懂這些漢文才行。所以首要之務應該是把漢字學好。

如果不查閱古文獻，只想透過戰後的出版物查資料，那麼就等同於讓自以為是的視野偏狹症封閉自己的知性。在這樣的狀態下，想獲得知性的飛躍是不可能的事。

2 克服漢字、漢文的自卑感

多記一些漢字、舊漢字，越多越好。要怎麼記呢？戰前大多數文章的漢字，都是全標示讀音，因此同樣的書不如買戰前的版本。比如說，若你想要戰前出版的小說的話，乾脆就買戰前的版本。像很多二手書店都有賣改造社的円本（譯註7），大概兩百日圓左右就可以買得到。讀漢字全標示讀音的文章，不僅可以降低對漢字的恐懼感，還可以不用因為翻查漢和字典，打斷閱讀的樂趣。當你讀過很多本之後，自然就會記得漢字的讀法。認得一定程度以上的漢字後，不知不覺你就會理解漢字的構詞法，識字量也會跟著獲得飛躍性的成長。

漢字學好之後，再來要學漢文。戰前日本文化的根柢，是由漢文脈絡的思考方式貫穿。夏目漱石既是作家，同時也是非常優秀的漢詩詩人。初期的社會主義者幸德秋水的文章也是漢文訓讀調。昭和年代初期自殺的芥川龍之介也是，心中稍有所感，就會把它寫成漢詩。

漢文訓讀是古代日本人發明的獨特翻譯法。它的翻譯原理也適用於明治時期的歐文和譯。只要在原文旁加上一些簡單的輔助記號，就可以轉換成日文，這樣的翻譯方法，我認為非常了不起。這樣的翻譯原理不只適用於語言學，連我們閱讀現在的日文文章，也是採用這樣的原理。柳田國男指出，他認為我們現在看漢字的語彙還是透過訓讀（翻譯）了解。因此，日本人讀日文文章這個行為本身有點特殊，因為它同時包含翻譯的作業。

湯川秀樹（日本首位諾貝爾物理獎得主）的祖父是漢學家，他從小就被嚴格訓練漢文的朗讀，他說這個訓練對他發現基本粒子有很大的幫助。《莊子》裡面有一段這麼說：「南海之帝為儵，北海之帝為忽，中央之帝為渾沌。儵與忽時相與遇於渾沌之地……」湯川先生重讀這一段時把它解釋成儵與忽相遇可看作是基本粒子的衝突，然後混沌可以看作是受容基本粒子的類似時間與空間的東西。這段話出自湯川先生的《書本中的世界》（《本の中の世界》岩波書店）。湯川先生作為一位讀書人，把自己從小到大讀過的書本都慎重地保存下來，並時時拿出來溫習。光是看到他如此寬厚、惜物的作為，也不自覺地洗滌了我們的心靈。

學習完漢文之後，再來要學會看書法字以及木板印刷書的活字。岩波書店出版了一套八冊的《國書總目錄》。這套龐大的目錄，網羅了江戶時代以前日本所發行以及現存的所有書籍，裡面提供了作者、發行年份、內容分類、目前收藏者等許多資訊。

看了這套目錄才曉得，原來現存翻印的活字本中，有被登錄在這套目錄中的書籍非常稀少。換句話說，當我們想讀明治以前的書本，只能靠現代活字重新翻印的書閱讀，而這些書只是占古籍中的冰山一角而已（現在，國文學研究資料館已在「日本古典籍綜合目錄資料庫」這個網站上公開，這個資料庫是繼承《國書總目錄》系統並持續進行擴充）。

想要學會讀懂木板印刷文字、手寫文字，跟著老師學習是最快的方式，如果找不到老師，可以從草字（崩し字）解讀字典、異體字類等字書著手，便能讀懂一定程度的古籍。

3　語言學是肉體訓練的累積

接下來要談語言學。馬克思曾說「外語是生活的武器」，我認為它同時也是知性生活的武器。秉持著只信任原著這種做學問的良心的人，必須擁有一定的語言能力。以世界大百科的編纂者、文藝復興研究者聞名的林達夫長年實踐「對照原著」主義。林氏曾經指出某著名教授翻譯的岩波文庫出版的書中誤譯之處，引發物議。

翻譯出現誤譯是常有之事，公開指出誤譯之處才是讀者之福。但這件事不能一直依賴別人，最終還是要靠自己判斷。一個解決的方法就是，讀翻譯書的時候，一併讀原文書。看翻譯出現不懂的地方，立刻查原文書。雖然這種做法很麻煩，但可以加深自己對於原著的理解，也可以增強外語能力。

語言學習除了可以擴大知性視野，還可以讓自己擁有比較文化的視角，好處很多。學習外語，還可以透過外語來思考，重新省思原來限定在母語的思考內容。

增強語言學習的方法用兩個字就可說完，背誦。練習日譯的時候，應該把一小段原文記在腦中，然後再查閱字典，否則你會花很多時間查字典。翻譯成日文後，再把日文還原成原文。把譯文與原文比較，檢討錯誤的地方，你就會發現日文和原文在結構上有哪些差異。日本著名的德文學者關口存男在 Athénée Français（譯註8）學習拉丁文時，據說就是採用拉丁文↓日文↓拉丁文這種訓練方法，幾個月後不僅精通，還可以教人。

考古學家謝里曼（Schliemann）在他的自傳《對古代的熱情》中詳細說明他的語言學習方法。他的方法也很有名。謝里曼了解學校的語言教育只會讓學習者和文法苦鬥，花很多時間查閱字典，但最後卻連一封信也寫不出來，所以對於學習語言，他採取澈底的背誦主義——「大量朗讀，但絕不翻譯。每天練習一小時。經常針對有興趣的主題作文，透過老師指導訂正。把前幾天老師訂正過的文章背起來，然後在下一次上課時背誦出來。」熟記的時間選在晚上比白天好。照著這樣的做法，他在六個月內精通了英文、法文、近代希臘文等，六週內精通荷蘭文、西班牙文、義大利文等。為了實現挖掘特洛伊遺跡這個少年時期的夢想，籌措資金，他前半生都作為一名商人，而非考古學家。他提議大家可以把他開發的語言學習法運用在學校教育上，他還拿自己的妻子當作實驗品。這個方法的根本精神是持續保持熱情。

精通一國語言的人，可以把同樣的經驗運用在其他國語言的學習上，所以學習時間會快速縮短。因此，我們一定要深刻反省第一次學習外文的經驗。

若有學歐洲語言的需要，建議先從拉丁文或希臘文開始學起，幫助會很大。拉丁文在文法上是歐洲各語言的起源，了解它，就可以了解各國語言的文法是經過了怎麼樣的省略和變形（進化）才變成現在這樣。在語彙方面，共通的部分也很多。在森鷗外的小說《舞姬》中，主角豐太郎的語言能力（德文、法文）很強，是以語言達人之姿登場。豐太郎在德國留學時，被德國人讚嘆他的德語很強。他教導戀人愛麗絲日文，也因為和愛麗絲的戀愛醜聞遭到免職，當他已做好在德國終老的心理準備時，能夠剛好抓住一個回國的機會，靠的正是他超群的語言能力。森鷗外自身也是如此。他能熟稔歐洲各國語言歸功於他從小學習荷蘭文。其實，應該說歸功於他父親合理的教育方針才對。森鷗外年輕時就已經把德文字典整個抄寫過一遍，他也是靠著每日主義的學習法，獲得非常扎實的語言能力。

其實，與其說語言是頭腦訓練，不如說是動手動眼動唇的肉體訓練。

接下來我們來看看學識橫跨文理，在國際享有盛名的日本知性代表南方熊楠，他是怎麼學習語言的呢？

南方熊楠（1920 年）

熊楠在英國的時候，不僅能自由地讀懂英、法、義、西、葡、希、羅等歐洲各國語言的文獻，也通達漢語、梵文、亞美尼亞、阿拉伯、波斯等東方各國的語言，他閱讀躺在大英博物館從來沒人去讀的珍本，製作大量的摘要筆記，堪稱是日本歷史上絕無僅有的外文天才。熊楠學習語言的方法，根據他在信中描述如下：

「在下學習新語言，約只要半個月時間，就可以到該國旅行，日常生活溝通無礙（中略）。物之名、事之名，只需問人『你們管它叫什麼』，人皆告知。一些前置詞，如日本人用的テニヲハ等詞，只約六、七十種需暗記，其餘即使不翻書也能聽得懂。若想要提升閱讀能力，歐美大多有對譯本，一頁英文，一頁義文等，用兩種語言寫出同一篇文章，若能通讀一本這類的書，就可具備該語言的閱讀能力。往後如果遇到更難的字，只要查字典即可。」（《全集》卷八）

換句話說，熊楠學習外文的方法是把對譯本從頭到尾讀一遍。因為一本書的內容，大概都包含了該國語言必要的文法、基本語彙，如果能夠完全讀通一本書，其他也可以讀得懂，確實非常有道理。剩下不會的部分，只要查字典即可。

我們也可以像熊楠一樣，「半個月」兩週的時間就學會一國的語言嗎？不知道。但這個方法很合理，值得一試。我曾向翻譯許多超現實主義書籍的巖谷國士先生請教學習法文的心得，我記得他也是建議我，（不要從文法書學起）把原文書和翻譯書交叉對照讀即可，他也是這麼學會的。

4 把我們的知性空間擴張到宇宙那麼大

與語言相關的知性基礎能力之中，最重要的是足以堪稱第二外語的學術用語。在儼然形成各自獨立的翻譯文化的日本各領域學問中，專有名詞大多是翻譯詞彙，而且大多被翻成漢語，和我們日常使用的日文相距甚遠，也無法從一般的日文類推。

各種學術都是封閉性的，彼此之間的差異性如同各種外語。同樣是subject在哲學術語被翻為「主體」，在語言學被翻為「主語」，在文學被翻為「主題」。甚至，語言學說的「辨異性」，和數學說的「微分」，光是看日文，根本不曉得它們是源自同一個單字différentiel。

但是，當我們要踏入一個新的學術領域時，必須要先明確地掌握該學術的基礎概念。因此，用日文做學問的第一步就是學會專業術語，要把它當作在學習一種語言一樣。

這時候最好用的，莫過於在教科書旁擺上一本專業術語事典。如我前面說的，日文的學術用語是各自屬於封閉的體系，正因如此，專業術語事典的利用價值才大。雖說這樣的說法有些諷刺，卻是事實。一個用語的解說中，若看到其他不懂的用語，可以用順藤摸瓜的方式，一個接著一個查閱。如此追根究柢地查閱下去，一定會來到一個盡頭（因為它的體系是封閉的），這時候就代表你已經學會這門學問的基礎概念了。

專業術語事典一定要選擇後面附有歐語索引的。理由就如前面所述，不僅可以了解日文各種專業用語的起源，在翻譯的時候，或和其他學術領域交流時，這樣的事典能幫上很大的忙。把日文還原成歐語，再和其他領域交流，感覺好像中間隔了一個歐語的口譯一樣很奇怪，但這也沒辦法，我們只能以此遷就這種日本學術的特殊性格。

如前所述，從漢字漢文、手寫文字、外文，到擴大知性宇宙，這樣一步步追求下去，你會發現我們平時所思考、呼吸的知性空間是多麼狹小的小宇宙。而且，這還只是書本的範圍。因此，會誇耀自己博學的人，我認為他應該是沒有親身感受過知識的博大精深。

5 純熟掌握使用字典的能力

最後，我想談談字典。中國人把字典、事典這類的書稱作「工具書」。意思就是像木匠使用鋸子或鉋子一樣，把這些書當作知識產出的道具。

道具和機械不同，它並不是自動運作，這是它的特點。換言之，道具會根據使用者的能力，發揮不同的效用。因此，純熟掌握使用字典、事典類工具書的能力非常重要。熟練它是首要之務，這一點請大家務必記得。

大家在尋找、收集作為道具使用的字典、事典類的書本時，務必配合自己的知性格局和用途，而不是把它當作裝飾品。比如說想要讀懂草字的人，可以選擇兒玉幸多的《草字解讀辭典》（近藤書店）、《五體字類》（西東書房）；想挑戰歐洲語言的人，Liddell & Scott 的《希臘語（希英）辭典》（A Greek-English Lexicon）或 Lewis & Short 的《拉丁語辭典》（A Latin Dictionary）（兩本都是牛津版，也有初學者用的簡明版）是必備的工具書（用日本的《羅和辭典》反而幫助不大）。

不管是英文或法文，要閱讀古文獻時，身旁一定要備有牛津的英語辭典（OED）或Robert的法語辭典，裡頭會依照時代順序，列出語意的變遷，和典故出處，是一本讓日本人看了羨慕不已的大字典。

有一些看似簡單的英文，但光靠一般的英和辭典並沒辦法正確理解，還是要靠OED。舉例來說：

An ant is a wise creature for itself, but it is a shrewd thing in an orchard or garden.

這句英文中，shrewd 這個單字一般字典的說明是「精明的」、「聰明的」、「敏捷的」。但這樣解釋，在這句話的意思就不通。前面明明用了 but 這個轉折的連接詞，後面接的應該要和 wise 或 shrewd 在意義上是對立的用詞才對。

查 OED 就曉得了，shrewd 有 hurtful、injurious 之意，換句話說，還可以被用作「有害的」的意思。因此，這句英文的意思應該是，「螞蟻就牠本身而言是非常聰明的生物，但對果樹園或庭園來說則是有害的昆蟲」。這是法蘭西斯・培根（一五六一年～一六二六年）在他的文章中用譬喻的方式攻擊利己主義者的一段話，意思是深愛著自己的人，只會讓世人不斷墮落下去。shrewd 被用作「有害的」的意思，只到十七世紀的前半左右。所以這一類的英文還是得靠OED才能查到正確的意思。

關於漢和辭典，我有話想對出版界說。近來，自從國語辭典開始附加漢字的字首說明之後，漢和辭典就失去它的利用價值了。

但我的意思不是我們再也不需要漢字辭典了。國語辭典收錄的字數只限於常用漢字。遇到漢字很多的文章，我們還是需要漢字字典。但是，我想要的不是漢和辭典，而是漢和「字」典。換句話說，成語的說明等這些在國語辭典中也查得到，從個別的文字中，大概也可以猜到裡面的意思，不需要列出來。但文字的說明應該要盡量多收錄一些，包括讀音（音讀—平仄和現代中國音）與意義（訓讀），最好連字源都要附上，這樣漢和字典才有它的價值。現在一些攜帶型的漢和辭典，裡面的成語不但與國語辭典有許多重複（而且例句很貧乏），而且比國語辭典重很多，字首卻比較少。查不到的漢字，最後還是得靠諸橋大漢和（諸橋轍次《大漢和辭典》全十五卷，大修館書店）。

於是，我開始尋找有沒有只收錄字首（單字）的「字」典。最後我在二手書店找到戰前三省堂出版的、宇野哲人的《明解漢和辭典》。這本辭典比現在攜帶型的漢和辭典輕便很多，可以放進口袋帶去圖書館。對我來說最重要的是，它收錄的字數比較多，還有收錄舊體字，成語則只收錄最低限度的常用成語。

它還有一個特徵，那就是字首的排列方式並不是依照部首，而是依照五十音，這一點非常便利。漢字有百分之八十都是「形聲字」，所以光看聲符幾乎就可以猜到它的字音。比如說，你碰到了「貔」這個字，從它聲符的「比」來看，可以猜到它應該讀做「hi」（譯註9），而從意符「豸」來看，大概可以猜測這是猛獸的一種。所以如果查閱這本漢和字典，它會和國語辭典一樣按照五十音排列，你只要從 ha 行找「hi」的項目即可，你會在「比」的附近發現這個字。和部首索引比起來，字音索引只要一個步驟，就可以快速、確實的查到。這本是戰後不久就出版的字典，所以有很高的機率可以在二手書店內找到。

後來，我又發現一本，收錄一萬五千個字首（攜帶型的漢和辭典大約只有一萬字左右），可以放進襯衫口袋的，塚本哲三的《袖珍漢和辭典》（有朋堂，大政四年），這本是部首索引。

因此，我很希望戰後的出版界也可以發行一本口袋版的單字漢和辭典。在這之前，我則推薦《康熙字典》。堪稱世界第一的諸橋大漢和價格不菲，而且是大部頭，使用起來還要費點功夫（需要體力）。從這點來看，號稱收錄所有漢字五萬字全一冊的《康熙字典》實在是很有用的小幫手。而且，它連俗字、異體字都有收錄，閱讀古文獻的時候很方便。想不到中國皇帝的文化統治，為後世留下了這麼一個好用的學術史副產物。（古文字的解讀可以在東京大學史料編纂所的網站，選擇「電子草字字典資料庫」進行檢索，可以用圖片瀏覽草字的列表，非常方便。漢字的字典，可以看白川靜的三大字書《字統》、《字訓》、《字通》，從民俗語彙的角度解釋漢字，是一部眾所盼望的字典，可以把它拿來和藤堂明保從古代音韻學的角度編纂的《漢字源》對照來看，很有意思。比如說，「道」為什麼會有「首」在裡頭？白川認為是拎著異族的首級用來辟邪，而藤堂則認為是往頭（首）朝著的方向前進，解釋完全不同。）

譯註7：一九二六年，即將面臨倒閉的改造社，以一本一圓薄利多銷的方式發行《現代日本文學全集》，採預約月配制，結果讀者反應良好，引起各出版社競相模仿，掀起一股円本熱潮。

譯註8：Athénée Français，位於東京都千代田區，一九一三年創立的語言學校。

譯註9：日文的「比」和「貔」都讀做hi。

選擇朋友、選擇老師

知性交流術

結交與自己不同領域的朋友，召集專長相同的人協力合作。然後召集不同領域的人成立跨學科團體。

1 擴張自己的知性能力的三種交流術

透過前面的訓練，相信你已經提升自己的基礎能力了。接下來，我要把焦點放在人際關係上，教大家如何透過知性交際法，結交許多知性能力很強的朋友，拓展自己的知性能力。

首先我們可以分成兩方面來思考，一個是知性分工，一個是知性合作。換言之，一個是結交與自己的**專長不同領域的朋友**，一個是**召集專長相同的人同心協力**。其實，還有第三種可能，那就是透過知性分工達到知性合作。集合許多不同領域專長的人，共同研究一個主題，也就是「跨學科」（interdiscipline）的方法。

首先講知性分工。由於一個人不可能成為所有領域的專家，所以就產生了分工的需要。當個人不斷鑽研自己的專長領域時，一定會碰到必須參照其他領域的知識或方法的時候。這時候，如果你剛好有該專長領域的朋友，問題很快就能解決。即使是同樣的領域，大家的專攻或研究主題也會不同，這也算是一種知性分工。

對方如果對該領域越專精，你就能從他身上得知該領域尚未在書籍或論文上發表的流動狀態，獲得許多有益的情報，像是關於某個問題尚未釐清，或誰誰誰對某個問題有很深入的研究。你還可以獲得許多有用的建議，像是研究這個主題可以買哪本書來參考。除此之外，你不必為了充實自己的藏書，蒐集所有高價的專業書，只要有朋友擁有那些書，你就可以從預訂購入品項的清單中移除。

如諺語說的，做糕餅還是要交給做糕餅的人來做（譯註10），與其花很長的時間獨自努力學習非自己專長的專門知識，不如直接問專家。

第二，知性合作是一種切磋琢磨的關係。針對同一個主題互相交鋒爭辯，讓彼此成為充滿緊張感的競爭關係。在這樣的關係中，情報交換與討論會以更強烈、競爭的方式呈現。在某個領域中，大家能夠透過知性合作完成某個共同研究那是再好不過的了，但一旦談到論文執筆，個人的業績主義就會探出頭來，勢必會牽扯到許多敏感的問題。最常遇到的問題就是，剛才在討論中出現的見解是自己的還是對方的，變得很難區分。

知識產出的主體存在於自己與他者之間的互為主體性之中，但最後卻只能以物理性的方式歸結為某人所做的論文，變成一種個人業績主義。這種現象在人文科學的領域特別常見。引用、剽竊的問題時常受到大家議論，但這樣的討論即使檢討了道德問題，卻完全沒檢討互為主體性這個關於知性方法論的問題。結果，這類引用的糾紛，因為語言同時帶有個體性與共同性的雙重問題，成為懸而未決的問題。

我們應該考慮這類的引用糾紛，再深入思考「知性合作」應有的方式，讓我們的訓練過程不要導向個人業績主義的方向，同時又能讓志同道合的人在訓練過程中充滿緊張感。

第三，透過知性分工達成知性合作，換句話說就是採用跨學科的方法。這個方法在文化人類學等處理具體事物的領域中，正頻繁地被使用。即使不是大規模的研究，我們平常在和不同領域或不同發想的人交流時，還是可以不斷建構這種跨學科的關係。如果能從這樣的關係中，孕育出一個不屬於任何領域的第三發想，即可把它稱為透過跨學科方法展現的成果；如果不行，那就只屬於第一種在知性分工中所獲得的情報交換而已。

如果把學術視為以各自獨特的用語體系為基礎所建構的知識體系，那麼剛才說的第三發想或高次統合（synthese）的假設，因為沒有「跨學科」的語言（專業術語以及使用方法），所以彼此之間沒有語言上的基礎，只能說期許的成分居多。「跨學科」這個一時蔚為風潮的用語，卻沒有立即出現顯著的成果。現在所謂的跨學科，大概是指各個不同專長領域的人，提供各自的專長（知識＋方法），然後完成一份共同的計畫。這當然也不是壞事。和不同領域的人見面可以提供自己的領域更多啟發，也可以作為反省的材料。

但現在，學術被分化成各種學科，想要超越這種知性分工體制，各領域本身的樣貌也應該進行變革，從根本上澈底重新檢討自己的學術理論才行。

看過知性交流的三種模式後，有一件事是確定的，那就是自己要先強化自身的專長領域，這是前提。沒有專業知識的交流，只會淪為瞎扯淡或街談巷議而已，無法孕育出成果。想要讓交流帶來互相啟發與生產性，我們必須要先建立「在這個領域，我不會輸給任何人」這樣的知性自覺才行。

除此之外，還要有一個自覺，那就是知性交流一定要透過具體的人際關係才能運作。一定要大家互相拿出自己最擅長的東西，互相分享，強化彼此的友情關係。直率地讚賞對方的知性長處，給他鼓勵，這樣可以增強對方的信心，最終也可以增強自己的信心。

2 選擇朋友，打造友情共同體

介紹給大家一個在一九三〇年代充滿知性創造性的友情案例吧。這是德國劇作家貝托爾特·布萊希特（Berthold Brecht）與評論家華特·班雅明（Walter Benjamin）之間的友情往來。兩人都是猶太人，同樣逃亡到丹麥南部菲因島的斯文堡（Svendborg）。

班雅明在某封信中，這樣描述他和布萊希特一起逃亡的生活。

「布萊希特知道我需要一個人獨處的時間。真是太感謝他了。就算他沒察覺到這一點，和他相處也已經夠愉快了，多虧他替我考慮到這點，讓我可以埋首於工作。（中略）陪我下一兩局西洋棋，是為了替我的生活多少帶點變化，但這樣的變化和時常保持黯淡色彩的海峽一樣，變化不大。因為，我很少贏他。」

班雅明對於布萊希特的戲劇或詩都很了解，也曾做過評論。他說自己和布萊希特的友情不是有空的時候才過來關心一下的那種，而是「把最大的關心看作稀鬆平常的小事」，不會讓你有絲毫黏膩感，「他並非消除人與人之間的距離，而是活用它」。

但這樣的友情關係並不是一體適用於任何人。建立友情之前，必須選擇對象，確認對方的資格（野村修《斯文堡的對話》，平凡社）。

這個例子可以作為我們選擇朋友，打造友情共同體的範例。

接下來，我們來談談，和朋友製作一些小冊子之類需要共同作業時應該要注意什麼事。就像開會要有一個主持人一樣，進行共同作業時，一定要有一個推進者（司儀）。這個推進者不接觸具體的作業，只檢查成員的作業，並視情況變更行程表，整頓出一個可以讓成員順利進行作業的環境，激勵他們，幫忙他們，偶爾還要板起面孔來催促他們。如果不這麼做，工作永遠做不好。我自己就曾有過慘痛的經驗。大家共同製作一本書，每個人都負責撰寫其中一部分，沒有人扮演編輯的角色，大家就這樣有一搭沒一搭地進行，最後就失去熱忱了。一艘船上，船老大太多辦不了事，都是船員也成不了事。

正在享受下西洋棋的布萊希特（左）與班雅明（右）

關於知性交際法，明治二十四年出版的《成功遂志・勤學要訣》（美國 John Todd 原著、吉田巳之助譯）這本知性入門書中介紹一個有趣的方法，教你當遇到友人在大家正用功的時候開始插話閒聊時，應該要如何擊退他。

「諸君若無法控制舌頭，難忍談話之念，應以用功中之事為話題，此乃九死一生之法，即兵家所謂背水之陣法也。」也就是說，當你無論如何都想閒聊的時候，那就聊你自己正在研究的內容，給對方上課，順便讓自己複習。這該稱作是美日合作的妙法嗎？

3 另一個同樣重要的選擇就是擇良師

和選擇朋友同等重要，堪稱是知性交流另一個重要的選擇就是，找老師。這也是很困難的問題。為什麼困難？第一，沒有良師；第二就算有良師，也找不到（比如說身邊沒有這樣的人）；第三，就算發現，但老師可能不收自己為徒。因為，和朋友相比，老師的數量少得多。

相反的，對老師來說，也希望自己能教到有能力的學生，最好有一所可以移動的大學，在全國各地抓人（挖角），得天下英才而教育之。當然這只是玩笑話，我們還是來談談徒弟怎麼找老師，也就是拜師學藝吧。

一旦找到良師，只能不斷拜託讓他收你為徒。像學燒烤這類的技術，比較容易找到包吃住的練功環境，但在學術的領域，老師大抵都在大學，所以必須先通過大學入試的選拔。假使是個人乞求老師教導，老師也不太可能讓你住在他家，所以只能多參加他的演講、研討會。至於作家要怎麼找老師，我不知道，也沒想過。我認為創作沒有指南，只能靠自己創造。

無論如何，現代人要拜師學藝，為了對老師不要失禮，乞求教導的時候，一開始最好先透過寫信而不是打電話。

若老師答應收你為徒，我們當然就要當一個好弟子，好好努力，讓老師願意傾囊相授。一位良師擁有的實力，一定超越他所寫的書。你可以從他的肢體表情、手勢、舉止態度，感受到他知性創造的 know-how。對於某個問題，我們可以從老師的表情或是沉默中，讀取出他的評價。當你開始學習老師翻頁時的手勢、說話的語氣等言行舉止後，慢慢地你就能窺見到，你的老師是如何產生創意發想的。

拜師學藝的祕訣就是保持忘我，潛入老師的思考空間。像老師一樣說話、思考、閱讀，澈底模仿老師。照著老師的指示學習，不要夾雜一絲己意。最後你會發現，原來這才是進步的捷徑。千萬不要懷疑，為什麼要做這麼無聊的事，這是拜師學藝的禁忌。這些疑問在你進步之後，自然會消失不見。正因為有知性上的落差，所以師徒關係才會成立。在某個領域中甚至東西不分的初學者去思考為什麼要做這件事，即使想破頭也得不到答案。有人認為只要問「為什麼」，就一定有人可以告訴自己答案，會這麼想的人，只能說他對於知性一無所知。任何一個「為什麼」，想要理解它的答案，都必須具備一定的年齡和能力，甚至，有的「為什麼」是沒有解答的。

4 學成欲歸時，難道這就是師徒關係的宿命？

關於進步的過程，我覺得中島敦的《名人傳》所描述的最有意思，而且它還提供了一個可以讓我們深思的案例。

它的故事是這樣的。

趙國邯鄲一位名為紀昌的男人，立志成為天下第一的射箭名人。他到處物色有資格作為自己師父的人。說到射箭，當今名手飛衛，大概無人能及。據說他是能百步射柳葉、百發百中的高手。紀昌大老遠地跑去拜訪飛衛，成為他的入門弟子。

飛衛對於新進門徒的第一個要求就是，先學會不眨眼。紀昌回家，鑽進妻子的織布機中，然後翻身、躺下、仰望。機躡（譯註11）匆忙地上上下下，不斷掠過他的眼前，為了練習瞪大眼睛，他必須忍住不眨眼。他的妻子不知道他為什麼這麼做，嚇了一跳。別的不說，被良人從這種奇妙的角度窺看實在很困擾。縱使妻子不願意，紀昌仍斥責妻子，要她繼續織布。接下來的每一天，他都保持這個奇怪的姿勢，不斷做不眨眼的修練。兩年後，匆忙往返的腳踏板即使掠過他的睫毛，他也不會眨眼了。終於，他從紡織機底下鑽出來。這時的他，即使被人用尖銳的錐子刺他的眼瞼，他也不會眨眼。不管是星火不小心飛入他眼中，或是眼前突然揚塵四竄，他也絕不眨一下眼睛。他的眼瞼已經忘記該用哪條肌肉閉上眼睛。晚上即使熟睡，紀昌的眼睛依然瞪得大大的。最後，甚至有一隻蜘蛛開始在他眼睛的睫毛與睫毛之間結起蜘蛛網。這時他才獲得自信，跑去告訴師父飛衛這件事。

結果，師父飛衛說：

「光學會不眨眼，還沒資格叫我教你箭術。接著你要學會看。熟練看，把小看作大，把微看作顯，練好了再來告訴我。」

紀昌返家，從內衫中找出一隻虱子，用自己的頭髮綁住，吊在窗戶上，終日盯著牠看。三年歲月流逝，某天他回過神來，窗戶那隻虱子看起來已經跟馬一樣大了。

紀昌趕緊把這件事報告師父。師父朝他胸口捶一拳說：「幹得好！」接著立刻開始傳授他箭術的奧義。

由於之前累積了五年的眼睛基礎訓練，紀昌的射箭技術一日千里。十天後，紀昌測試自己是否能隔百步射穿柳葉，沒想到他已經可以百發百中了。二十天後，他試著把裝滿水的酒杯放在右臂上，並拉硬弓，不僅分毫不差地命中目標，杯中的水更是不起波紋。兩個月後，他就出師了。故事到這邊還沒結束。

已經盡得師父真傳的紀昌，某天腦中忽然冒出一個不好的想法。現在，拿起弓，有資格成為他敵人的，全天下只剩下他師父飛衛一人而已，若想得到天下第一名人的稱號，必須去除這個障礙。就這樣，師徒兩人在荒郊野外中進行死鬥。但他們實力旗鼓相當，「兩人互相朝對方射箭，箭皆在中途碰撞落地」。最後，兩人丟下手中的弓箭，跑向對方，在原野正中央相擁，師徒惺惺相惜，流下愛的眼淚。

接著師父告訴紀昌，真正的箭術大家，是住在太行山脈的甘蠅大師。紀昌去找甘蠅大師，最後精通「不射之射」的奧義後回到家鄉，故事到此結束。

光是看，就花了五年時間的預備訓練，徒弟在最後兩個月的正式授課時，才了解前面訓練的真正用意。成長後的徒弟為了超越師父，必須獵殺師父。

我認為，這則寓言用最純粹的方式提供了拜師、熟練、出師等所有關於訓練共通的一般性原則。拜師學藝的期間一結束就算畢業了，這之後的師徒關係會變得如何呢？我自己還在拜師學藝的期間，所以不知道會變得怎麼樣。

有人是這麼評論尼采的：

「尼采是最具獨創性的哲學家，他的生涯歷史其實就是一段令人感動的『徒弟』的歷史。當我們想要思考弟子與老師這種宿命性的關係，希望找出人在生命中最大可能的精神性，而且是最純粹人際關係的典型的話，尼采是我們不得不關注的對象。」（原田義人《尼采的話》，角川文庫）

尼采的老師是叔本華和華格納，尼采在《人性的，太人性的》中，對於師徒關係吐露出下面這段話：

「所有的老師都只有一名徒弟。而徒弟終究會對老師不忠誠。為什麼？因為他注定也要成為老師。」

這種類似於父子的關係，與其說是師徒人際關係的宿命，不如說是「知」本身的宿命。也就是說，任何一種知識，都會隨著時間變得老舊。當然，這不是隨著一般自然時間的行進就會有這種變化，而是當徒弟在知性上超越老師的時候才會發生。

譯註10：「モチはモチ屋」，意指術業有專攻，事情還是要讓專業的來。
譯註11：機躡，古代織布機的踏板。

擁有知性空間

知識的空間術

書房，是知性能力的空間性擴張，換句話說，是頭腦和手足的延伸。因此必須要讓整體的空間有利於思考。

1 書房是一部巨大的百科事典

前面已經討論過知性能力的訓練，以及知性交流法，告訴你如何結交知性合作者，拓展人際關係的網絡，提升自己的能力。接下來，我們要回過頭來看看自己的書房。

不管空間多麼狹小，我們都應該有一個書房。什麼是書房？就是一個人固定在某個封閉的知性空間讀書、思考、寫作的地方。為什麼需要獨自一人的封閉空間，因為**知性作業追本溯源，它就是靠一顆頭腦進行的孤獨作業**。太過注意他人的存在，就沒辦法讓自己沉浸在內在的世界。當一個人在思考的時候，是處於毫無防備的狀態。為了降低警戒心，讓自己進入內在世界，遮斷他人的視線就成了必要的工作。

我曾在電視上看到山本七平拜訪住在耶路撒冷、身為猶太人地位最高的律法學者的書房。「這位律法學者，只要打開書本，目光移至書頁，就成為書中世界的人了。甚至，連我進來了都沒發覺。」山本先生對於這個人非比尋常的強大專注力感到訝異。看到這一幕的我若有所悟地想，假使書房不是那麼「安全的」場所，他就無法保持那麼高的專注力吧。

書房一定要是固定的場所。這和心情與思考的場所性有關。如果老是換地方，身體和頭腦在還不習慣新場所的狀況下，必須花很多時間才可能開始進行知性作業。而且，場所的不穩定性會讓心情不穩定，妨礙思考的持續。散步的路線也一樣，不需要每次都一樣，但至少要事先決定好。

書房就是自己的知性能力的空間性擴張，頭腦和手腳的延伸。對於這點，我們一定要有自覺。把放在書房內的書本，都把它「事典」化，照你的邏輯排列好，需要的時候就可以（抽出來）查閱。把書房當作是一部巨大的百科全書。即使不記得某些知識，但擁有這些書，保持隨時可以使用的狀態，就已經是很好的知性能力了。如此一來，你就可以慢慢抓到一種感覺，知性作業不光是用自己的頭腦思考就夠了，而是**整個書房一起思考**。

我曾拜訪過某位哲學家的家。當我們談話中出現某個書名時，他就會起身走到擺放那本書的書架前。隨著談話進行，他來來回回許多次，要告辭的時候，桌上擺了一堆書。

換句話說，**書架就是記憶的儲藏庫**。記憶在頭腦達到飽和時，可以外化於物品（書本）之中。頭腦本身就是一種索引，書房空間是思考的身體而且是主體。因此，所謂的思考，是指在書架前「來回踱步」這樣的身體行為。我和這位哲學家在對話時看到的光景讓我恍然大悟，原來整間書房就是他的思考裝置。

2 與其學圖書館的陳列法，不如學書店的！

接下來是書本在書架上的排列方式，也就是陳列法。

陳列法，與其學習圖書館的十進分類法，不如參考書店的上架分類法。書店會把最想賣的書排在客人容易拿取的位置。大多數的書店不是根據固定的類別陳列，而是根據可變性的話題（主題）分類。

我們推薦的陳列法也是不照書本大小，而是依照內容來分類。我們腦中各種主題意識，或說知性地圖就相當於書店的販售戰略。把自己主題意識最強的類別的書集中起來，排在最顯而易見的地方。以此為中心，再把與此主題相關的領域擺放在其周圍。這麼一來，配合你關心問題的強度，鎖定某幾個焦點的知識目錄牆面就完成了。

在思考這種陳列法的時候，首先要把自己有興趣的主題全部寫出來，然後把整個書架像空白地圖一樣畫在紙上，按照主題分類，開始分配書的位置。製作這樣的設計圖，不但可以整理自己現在的思考狀況，還可以作為獲得知識的全體性、系統性的訓練。除此之外，事先在紙上模擬，還可以輔助記憶，當你想找哪本書放在書架的哪個區域時，它可以派上很大的用場。配合設計圖，逐一審視每本書應該被放在哪個角落，這樣的思考就等於在判定某本書對於自己的知性世界觀來說，具備什麼樣的價值，當然，你對每一本書的印象也就會更加深刻。

和書店不同，書房裡的書不可以平放。平放雖然可以增加書架的容量，但由於很難取出，結果就是變成「封藏」書了。

還有，分類的鐵則之一就是，要保留空白的「零項目」。根據自己的主題意識建構的陳列法，雖然可以配合我們的知性世界觀的變化，視情況改變陳列，但最好還是留個位置擺放與目前正在做的工作相關的書籍。因此，空間夠的人可以留下兩格空白的書架。或是去買書店用來擺放平裝外文書的旋轉式書架，我自己就很想買一個。但我沒有那樣的空間，所以用的是從二手書店買來的折疊式小推車，當我要針對某個主題寫稿時，就把相關的書全部找出來，然後放在推車上，擺在書桌的左手邊。當我在構思文章，寫東西的時候，不用空出書桌的位置擺書，而且只要坐著就可以隨手拿到需要的書本，不用中斷思考，非常方便。工作結束後，再把這些書放回書架上即可。

3 容易上手為第一考量

書房的書架和圖書館或書店不同，不是為了讓眾人取用，而是只服務一位讀者。書房的這種以自我為中心的陳列法，就是自己的知性世界觀的投影，只要把它想成是自己頭腦的延伸，就可以理解了。

因此，讓別人看自己書房的書架，就等於讓別人看自己的世界觀。有這個自覺非常重要。下面我介紹大家一個小故事。這是愛書人山口昌男在《書的神話學》（中央公論社，後轉為岩波現代文庫）中引用的一段故事。

探究二十世紀的知性起源，一定會接觸到德國的威瑪文化。在威瑪，有一間以美術史學家亞伯拉罕・沃伯格（Abraham Warburg）收集的龐大文獻為中心所創設的沃伯格研究所。哲學家恩斯特・卡西勒（Ernst Cassirer），在一九二〇年某天，去沃伯格的書庫找書。「與哲學相關的書被擺在占星術、魔術、民俗學的旁邊，而美術類和文學類、宗教類、哲學類混雜在一起。」卡西勒第一次看到沃伯格這種非正統式的書本陳列法時，感到很新鮮，觸動了他的內心（彼得・蓋伊〔Peter Gay〕《威瑪文化〔Weimar Culture〕》）。

這種陳列法與透過符號（象徵）形式掌握人的卡西勒的哲學性意圖完全一致，呈現出一幅壯大的全景圖。對於這種「與哲學相關的書被擺在占星術、魔術、民俗學的旁邊」的陳列法，山口先生把它看作是「西歐思想史中相對於亞里斯多德式形而上學的另一道暗流，是一種新型的柏拉圖主義與煉金術的傳統」。

我們也可以不時站在自己的書架前或是找機會欣賞朋友、老師的書架，期待自己的世界觀能夠因此產生巨大的變革。

4　書本的所有者、藏書，有它獨特的意義

把自己的藏書借給朋友時，一定要寫借據。隨便一張紙都可以，把書名、借出人姓名、年月日寫下。與其說這是用來作為借出的證據，不如說是用來提醒自己，到底借了哪些書出去、借給誰？

當下借出的時候會記得沒錯，但如果沒有記錄下來，不僅最後會忘記書借給誰，甚至連這本書的存在都忘了。全集若是少了一冊，就失去全集的利用價值了。有些書即使有錢也買不到，所以把書借出要比把錢借出去更謹慎看待。

借書不僅是自古以來書本獨有的流通形式，很多人際關係的紛爭也是由它引起。借貸很容易發生所有權的改變。

林達夫就有過這樣的經驗。他曾把別人贈送給他的書借給朋友，結果不知怎的最後流落在二手書店的架上，而且還被贈送者（平野謙）發現（《書本的另一個世界》）。

這對贈送者來說是非常失禮的事情，但他認為書本借貸不只會引發道德問題，裡頭還蘊含更深遠的問題，它會觸碰到「藏書」這個觀念中非常纖細的特質。

從知識的生產、流通、消費的所有過程出發，分析學院風氣與新聞媒體業問題的日本馬克思主義哲學家戶坂潤，就是從這個觀點來思考書本的借貸關係（〈作為世界一環的日本〉，一九三七年，收錄於全集第五卷）。

他曾拜託某位有錢人家的青年讓他翻閱某本書卻遭到拒絕，確認了「書籍的所有之社會性關係」這個範疇的存在。

他深深感受到，「學術的公共性」、「學術上的公平競爭」、「應賦予社會性公共性的研究資料」等理念，即使在表面上受到大家的認同，實際上卻無法作為市民道德加以貫徹。他指出，一個人有沒有重要的資料，換言之有沒有擁有「研究上的勞動工具」，將影響那個人知識產出的成果。

戶坂潤引用上述例子，說明他發現了書本的所有者，也就是藏書這個行為所具有的獨特意義。

「不用說，書本並不單純只用來閱讀而已。因為書並不是只有在被閱讀時才有它的價值。隨時可以讀得到，不，應該說隨時可以輕鬆地看得到，也是書本的效用之一，換句話說即使不讀它，光是擁有，書本就會產生意義。書本是隨手可用的道具、材料，光是把它備在那裡，就擁有書的價值。」

書本是道具，它與擁有者之間建立了身體性的親密關係。我認為，無論圖書館系統變得多麼發達，這個特性依然不會改變。

「閱讀書本」之前，要先「擁有書本」，換句話說藏書有它獨特的意義，這一點請大家務必先理解，這對我們未來開展知識產出，具有重要的意義。

專欄 ❶　圖書館是擴張知性能力的空間

進入二十一世紀，圖書館的便利性又更加提升。利用網路搜尋就可以請圖書館把自己最想讀的書本或雜誌寄送到鄰近的區域性圖書館領取。即使是地方政府圖書館沒有收藏的書，也可以透過館際互借制度，借到大學圖書館等機構的書。網路上還提供諮詢參考文獻的服務，細讀他們的回覆，還可以得知該圖書館員採用什麼樣的方式回答我們的知性疑問，非常有趣。即使是收藏專業學術書籍的大學圖書館的書，現在一般人士不僅可以借閱，還可以自由進出書庫。還有，過去一般圖書館最為人詬病的就是雜誌類的收藏不完整，現在國立、公立圖書館都設有據點館，重點收集保存從週刊雜誌到學術雜誌等各種雜誌，不管是做調查或研究都很方便，各種服務非常周全。

其他像是各大報的報導、國內外的各種雜誌、論文，國內最高級的線上百科全書（JapanKnowledge），都可以透過館內的電腦連結。沒有比把圖書館當作是擴張自己知性能力空間更好的方法了。

最後一個問題，私人圖書館也就是「藏書」該怎麼辦呢？我過去不斷強調「藏書」非常重要。我曾讀到一篇報導說，某位歷史學者K先生把他一半的藏書賣掉，「請讓書本獲得解放。你的上一本書可以在市場遇到新的主人，空出來的書架可以讓給新買的書擺放」。對於了解藏書的憂鬱的人來說，我覺得這是一個既大膽又爽快的提案。

實踐篇

提升閱讀、思考、書寫能力的技術十一章

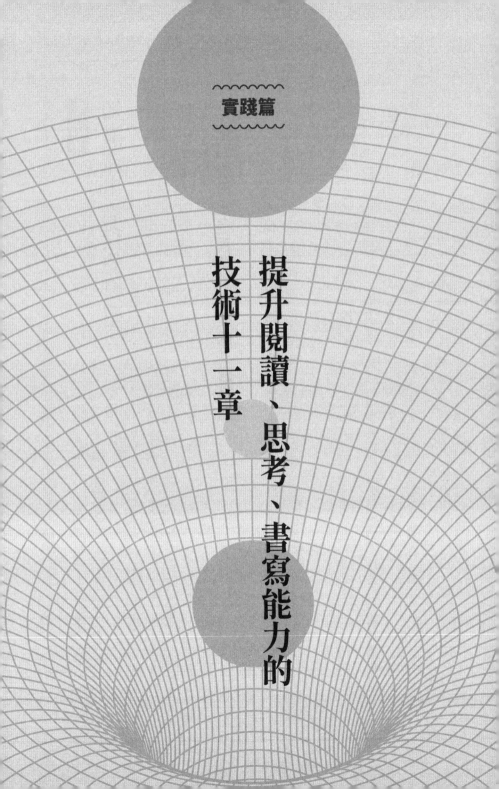

知識產出過程的模型

瓦勒里說：「方法的代價十分昂貴。」配合這裡介紹的模型，試著找出屬於自己的方法吧。

1 把知識產出過程單純化後的共通模型

知識產出本來就是類似手工藝的活動，它的構造非常複雜，會因為個人或專業領域不同產生非常大的差異。再加上有些對工匠氣質非常堅持的人，比如說保羅·瓦勒里這樣的人就認為「方法的代價十分昂貴」，所以不想公開自己的方法。

正因如此，我們更應該了解知性巨匠們的方法，然後試著調整這些方法，活用於現在。下面我們要介紹的方法已經盡量經過單純化的處理，希望可以普遍適用於各種領域，打造出一個知識產出過程的共通模型。這個模型可以依照不同的領域與個人的知性體質，適當地變化和改良，打造出屬於自己獨一無二的方法。

九十四頁的圖表，是說明我們在寫出一篇論文時，需要用到多少知識工程的一覽表。從提交給學校的報告到畢業論文、出版一本書，都可以使用這個模型，而且不限於「論文」。這個模型是最好理解的一種，所以只要稍加變化就可以適用於其他領域。

重要的部分我後面再詳述，先向各位說明概要。

一篇論文從開始撰寫到「定稿」至少要經歷三個階段。收集思考時必要的材料做「輸入」的階段、針對收集而來的資料做深入探討並重新建構的「加工」階段、最後是把腦中加工過後的半成品轉換成完成品表現出來的「輸出」階段。

寫小論文時，對熟練的人來說，他只要逐一通過這三個階段就能完稿。但是開始執筆之後，一定會碰到某些想法過於曖昧，需要重新調查的時候。勉強自己刻意把這些曖昧想法串連起來，反而只會消耗過多的勞力和時間。特別是長篇的論文，最少要重複這三個階段兩輪（Ⅰ～Ⅲ、Ⅳ～Ⅵ），才不會做白工。

這總計六個階段的作業工程，從A～L分做十二個步驟。A～L就不用說了，連每個階段的細項都可能發現不完備之處，不大可能一氣呵成。要保留一點心理上的餘裕，隨時回顧前面的步驟。

2 知識產出有十二個工程

接下來，我來為各位簡單介紹各項工程。

A＝產生問題意識・主題設定……這一部分我們在「發問、發想訓練法」已說明過。這時，所謂的主題仍處於模糊的狀態。只要有直覺、有預感某個部分好像有點問題即可，這樣就代表這個主題有探索的價值。當你有直覺或預感的時候，最好把它記錄下來，因為在下一個B階段，這些記錄可以幫助你的主題變得更明確。

B＝主題分析……把現在自己手頭上擁有的知識全部動員起來，思考自己為什麼會想到這個主題、這個主題值得你來思考嗎、弄清楚這個主題要做多少作業、可以再把它分割成幾個更小的主題嗎等等，慢慢地把主題的輪廓釐清。主題分析的具體例子可以參考前面「發問、發想訓練法」所舉的例子。把大主題分割成幾個小主題群，然後針對每個小主題區分出自己現在可以掌握與不能掌握的部分，進一步鎖定主題（請參照「〈基礎知性能力〉測定法」）。

關於這些作業，你可以製作一本「研究筆記」，把詳細過程記錄下來。當進行接下來的研究作業窒礙難行時，你就可以透過這本筆記，幫你的思考維持流動狀態，帶回到出發點，保留重新出發的可能性。關於這本研究筆記，我會在其他章詳述，簡單來說，它是用來記錄從發想到原稿執筆的階段為止，自己在方法論上的變化，因此你可以用非常赤裸裸、直白的話語將自己的思考過程寫下無妨。

主題分析結束後，可以在這筆記本上提出主題名稱（論文的暫定標題），然後寫出小主題的作業一覽表，也就是「研究計畫」。這是關於主題的概略圖，也是最初始的論文目錄。隨著研究推進，這份計畫應該會有很大幅度的變動。你可以用這份研究計畫和朋友或老師討論。

研究計畫中一定要載明從論文的截止時間（time limit）往回推（這非常重要……是計畫術的精髓）的時程，製作時間進度表。

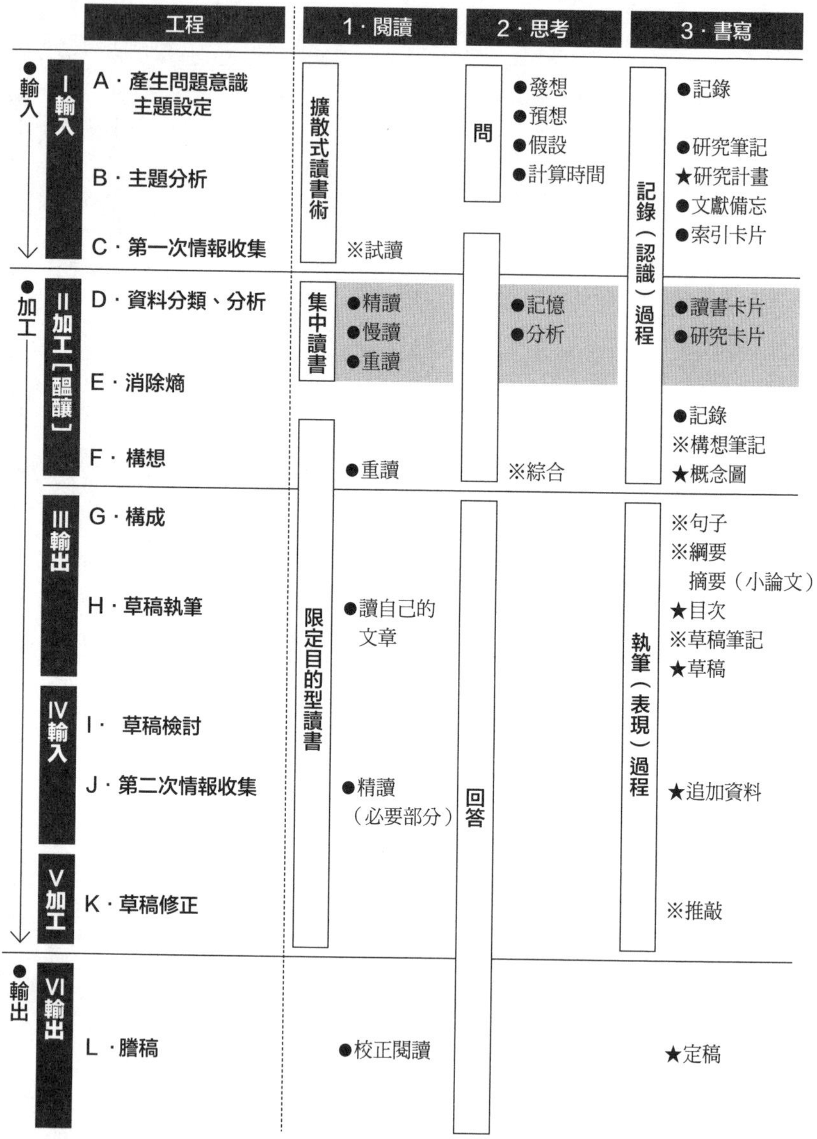

知識產出工程模型圖

● 在生產的過程中
※ 困難的部分
（灰底）最困難的部分
★ 生產物

C＝第一次情報收集……與主題相關的必要資料，務必做到「一網打盡」的程度，完整收集。限定某種目的的蒐集這個動作，我們刻意在這裡把它稱作「收集」。即使是有限定目的的蒐集，都有「蒐集術」，更何況是期待「一網打盡」的收集，這是非常耗時的作業，一定要先做好心理準備。在收集文獻的時候，不可能一篇一篇仔細閱讀，所以要用「試讀」的方法，確認文獻和主題是否相關。

你可以製作文獻備忘或索引卡片，把收集途中在圖書館或書店偶然看到的文獻記錄下來。

D＝資料分類、分析……資料收集完成後，要細心地一篇篇研讀，排除不適用的資料。然後精讀挑選過後的文獻資料（必須再讀、三讀，還有「慢讀」〔書寫・背誦〕），在書本上畫線或寫注解，把索引附在封底，最後把它加工成容易重複看的形式。除此之外，還可以根據目的的不同，把資料與文獻主題相關的部分，製作摘要、摘錄、評論等（或合併的）讀書筆記。

在這個過程，你會從這些必要的資料中看出幾個相關性（雖然可能錯綜交雜），透過這些相關性把資料內容分類。當然，這時候看著資料，腦中會浮現比B步驟的「主題分析」更具體的（即物的）分析作業。分析的時候，有必要的話可以替文獻內容下標題，方便日後索引。除此之外還可以試著製作標明出處的「研究卡片」，或是進行統計調查。總之，在這個階段，就是在資料（物）與頭腦（觀念）之間不斷地往返運動，不斷地試行錯誤。沒有人可以保證有沒有辦法做出結論。

E＝消除熵……D的分類、分析作業不知何時才能有成果（有時候是因為精力和體力消耗殆盡），但總有停下腳步的時候。常常是結論還沒出來，但可以想得到的試行錯誤都做過了，變得有點走投無路的感覺。這時候就要像愛因斯坦在《物理學的演進》中提到的，像他最愛的名偵探福爾摩斯一樣，坐上安樂椅悠然地抽菸，因為「這些事實大多時候表面上看起來就像是完全異常的、支離破碎的、毫無關係的東西。但名偵探這時候不需要再做過多的調查，只要安然地思索，就可以把目前已知的事實，建立好所有的關係」。

據說，法國總統戴高樂非常珍惜「發呆」的時間，發呆很重要，因為可以舒緩緊張感。暫時把所有資料放在腦中慢慢發酵，只管發呆就好。這時候，這些資料會慢慢在腦中醞釀成熟，你只需要等待即可。就像柏格森（Bergson）說的，想要喝紅茶，就要等砂糖溶化。

把這些不斷增長的知識的熵，透過時間的淘洗，這些資料就會慢慢地轉化成近似於「構想」的形態。到你可以完全抓住它的那個瞬間為止的等待——我想這應該是教育的助產士蘇格拉底所說的「陣痛期」吧。記得，要把最後生產出來的東西記錄下來。

F＝構想……打開在B步驟寫好的「研究筆記」，再做一次主題分析。由於前面已經做過分析與綜合，這些重新被輸入的所有資料，會依據主題重新構成，因此可以製作出延伸至細部說明的概念圖。這並不是文章。而是區分出各小主題群，再用線條連結而成的思考地圖、觀念設計圖。這份地圖能否延伸到細部、具體的資料說明，必須仰賴繪圖者耐心地重複模擬描繪，直到它成為一個堅固的結構體為止。

G＝構成……概念圖還沒變成文章的形態。為了將地圖變成用文字說明的文章，必須把面轉換成線。就像用語言說明風景一樣，文章有另一套秩序——順序和故事。因此，要轉換成文章的話，就要把觀念上的結構體轉換成分成各個章節的「目次」。

「目次」的結構是否適切，將會左右執筆過程的難易度。因此，應該先測試，試著依照目次寫下各章的概要（一章以一個句子作為綱要）。假如章和章之間無法順利銜接，執筆過程會窒礙難行，所以可以趁這時候回到前一個步驟重新檢討。簡單來說，就是要和自己思考的產物進行對話。如果不能把它馴化成語言，即使完稿，別人還是讀不懂。

H＝草稿執筆……準備好寫目次和執筆需要的書、筆記、卡片（把這些東西依照目次的順序排列）後，就可以正式寫稿了。如果預計要寫第二輪的草稿，那就可以先不理會文法或文體，儘管往下寫，不用回頭看。篇幅較長的引用文可以影印貼上，或只要留下出處和標題，然後直接跳過往下寫，一口氣把它寫完——這種瘋狂似的專注和速度是重點所在。如果不這麼做，中途會不斷產生挫折感，論文就很難成形了。

I＝草稿檢討……草稿寫完後，接下來要仔細重讀好幾遍。要採用精讀法，針對自己寫的東西，試著從各種角度詰問（可以請朋友幫忙看）。檢查出所有可能被挑毛病的地方，並回到D和F的階段重新思考。

J＝第二次情報收集……這個情報收集是為了補足草稿階段發現的不完備之處，是限定目的的收集，所以可以參考「搜尋術」。

K＝草稿修正……配合追加的資料，再做一次D～G的步驟，思考應該對草稿做出多少程度的修正。有時候稍加修改草稿就可以成為定稿，有時候草稿可能要全面修改，都有可能。這一部分請參照「推敲訓練」。

L＝謄稿……在完成稿中，「前言」的部分留在最後寫即可。在謄稿途中，可能會發生思考的意外事件，確定透徹了解全文後再來寫前言。

3　「閱讀」、「思考」、「書寫」

以上，最好照著模型圖檢查各作業步驟，瀏覽作業的細節。

「閱讀」、「思考」、「書寫」這三種作業所耗費的時間是最密集的，換言之，是最累人的作業步驟，所以我在圖表中加了網底。這三個項目共通的密集作業就是D的「資料分類、分析」。換句話說，這是「研究」性質最濃厚的部分。因此，若能在這樣的作業中加入各種創意的功夫，我們就等於獲得了屬於自己的知識產出風格。

若單看「閱讀」的作業，可分成三個階段，每個階段的讀書態度都不同。到C的「第一次情報收集」為止，都是擴散式的讀書，而D則是全面性、專注性地讀書，F之後就變成只要讀必要之處的限定目的型讀書。

「思考」以A～B來說就是思考自己既有知識的階段，C～F就是消化、吸收新知識，成為自己血肉（重組）的階段，G～L就是展開自己思考的階段，相當於蘇格拉底式助產術的三階段，詢問——思考（陣痛）——回答。思考的過程似乎不分古今中外。「書寫」可大約分成兩個階段，從A～F都是不公開的記錄過程，可以直接將思考化為文章，G～H則是設想有別人會讀的書寫過程。

我們不時要把這張知識產出工程模型圖拿出來看，一邊思考哪個工程位於哪個位置，然後再進行搜尋術、速讀術、推敲術等訓練。記得不時地提醒自己應做一個知識的職人，努力發揮自己的創意。

收集

蒐集術

針對某個主題的收集量達到一定程度後，就能產生自己的意見。蒐集，自然就成為你能力的一部分。

1 收集是分析的第一步

收集是分析的第一步。

不管是物品或情報，在收集的過程中，不知不覺就能培養出鑑定力。通常對於某個主題的收集達到一定的量之後，就能表達出自己的意見。換句話說，能收集到比別人更多的情報，就是那人擁有實力的證明，也是他的能力的一部分。

因此，以知識產出為志向的我們，決定了一個主題之後，就要成為該主題的收藏家。這是成為該主題的權威者最快的捷徑。另外，蒐集對一名愛好者來說是永遠做不膩的事情，所以並不算辛苦的作業。相反的，把蒐集來的資料慢慢堆滿自己房間，這種愉悅感是任何快樂都無法比擬的。

比如說，有一名設計者專門蒐集戰爭時期的海報類與政府廣報（又稱作《週報》）供「鄰組」（譯

註12）傳閱、蓋章用，這個人只要看到現代的廣告，就會在心裡喃喃，哈哈，這是模仿德國納粹舉辦奧運時做的海報、這個商標是模仿自納粹等等，對於一九二〇年代以後的廣告海報，培養出頂尖的鑑定力。這些資料在二手書店都買得到，而且還不算太貴。我個人非常期待，希望他以後可以以自己的收藏為中心，成立「戰時文化研究資料館」。

收藏的優點如同我在「藏書」中指出的，即使不讀，光是擁有它，就提供了一個隨時可以使用的可能性。**擁有物品，是擁有知性的起步**。你永遠不知道什麼時候的思考需要用到這本書。總不能半夜上圖書館查閱書籍吧。

除此之外，光是看這些觸手可及的書本上的書名，就會產生一種親密的關係，書名也可能為我們的知性世界觀帶來啟發。而且，這些辛苦蒐集而來的資料會讓我們產生一股幹勁，誘發我們探索知識的好奇心，有時候還會在心中浮現某個主題（疑問）。更不用說如果是自己擁有的資料，就可以放心地在上面畫線，甚至把書變形加工，把它變得更容易使用，適合作為自己知識產出的道具。因此，假設經濟條件許可，收藏可以不限定目的，完全跟著知性興趣走，不斷向外拓展，累積自己的藏書。

平面設計師看雜誌如果看到有趣的圖案，就會直接剪下來。因為這些收藏會變成他在製作作品時候的「創意百寶箱」。對於鑽研蒙太奇設計的設計師來說，這些蒐集作業的巧拙，是決定自己工作品質的生命線。

2 「全部」收集很重要

蒐集術的鐵則是，「全部」收集。因為「分析要從體系完整開始做起」（羅蘭．巴特《流行體系》（Système de la mode））。如果研究對象支離破碎，研究方法也會不完整。蒐集這個行為基本上是永無止境，但收集量達到一定程度之後，你幾乎就可以一覽無遺地俯瞰「整體」了。而且可以明確知道剩下的空白部分，作為接下來蒐集的重點，可以大幅提升效率。換句話說，在知性上你已經擁有這些收藏的對象了。

蒐集到了這個階段，可以和研究做一個區隔，反過來把收藏對象當作是一個封閉的體系。

比如說，法國的符號學家羅蘭．巴特想要做流行的研究時，是先從剪貼、蒐集流行雜誌與圖片做起。一開始他是從現實的流行（眼睛可見的衣服）分析起，但中途卻把分析的對象限定在流行的描述。因為他發現，流行自己創造了一套封閉式的描述方式。因此，他蒐集整理一年份包括「賽馬場中，宣傳單滿天飛」、「長度及腰的土耳其藍的服裝，搭配高領外套」等在法國流行雜誌（《ELLE》、《Le Jardin des Modes》、《Vogue》）中會出現的特殊用語，然後進行分析，最後整理出《流行體系》這一本十分具獨創性的研究。

這是將永無止境的蒐集作業給予一定的框架（透過放棄蒐集流行照片），確保研究對象的體系性這個方法的最佳例子。賦予框架之後，反而可以明確地限定主題。

因此如果只是基於興趣的蒐集那就另當別論，以知識產出為目標的蒐集，必須要具備一定的體系性與整體性。

比如說，毫無目的地蒐集電器產品目錄，這樣就不能算是知識蒐集。但若只蒐集電動推剪的目錄，然後想從中找出它和理髮店的設計潮流有什麼關係。又或者專門蒐集電晶體收音機，然後心裡浮現一個疑問，收音機的操作鈕什麼時候開始變得這麼多，更進一步地，若能聯想到它與宇宙火箭的控制儀錶盤之間的關係，就可以發現新的主題，比如說阿波羅計畫帶給工業設計的影響。當你針對這個主題開始研究，就可以知道下一個階段的蒐集重點要擺在哪裡。假如你從操作鈕變多了聯想到年輕男性的話，蒐集方向就不是朝歷史的方向，而是以年輕男性為訴求的電器產品的目錄，也就是朝同時代的方向蒐集，透過比較這些目錄，你可以從精神分析下手，也可以從社會學的分析進行研究。

在文學領域，如果想研究一位作家，應該購買他的全集作為研究的出發點。以尾崎紅葉來說，縱然他是大作家，但出版社只出版收錄不完全的全集的話，就應該把遺漏的作品補齊（一九九三年岩波書店發行《尾崎紅葉全集》全十二卷，不過是新字體）。但不是說一定要蒐集完全才能開始分析。可以就目前蒐集的部分做一個綜觀，比如說只限定該作家的小說（所有的小說），或是把重點擺在紀行文章的部分，這樣就可以決定目前的研究方針。但是，無論如何，研究的出發點一定是蒐集，而且是蒐集「全部」，這一點依然不變。

3 想找到好書有訣竅

怎麼下定決心買書呢？當然這必須根據自己的需求度以及預算範圍，就蒐集的好處來看，早晚一定要用到的書，最好趁早買齊。很多書只印兩、三千本，不要以為那些書會一直躺在書店等我們去買。當然，有些書買來讀過之後才會發現沒必要買，這樣的事情很常發生。可是沒辦法。先買↓再讀，我們無法逆轉這個順序。讀書這件事，很難避免購買上的浪費。這是成為聰明讀者的必經之路。哲學家戶坂潤也說：「讀書本身就是很不經濟的做法。」

一般來說，購書的鑑定術包括下列七項：

①從書名、前言、後記了解該書鎖定的主題。

②透過自己的知識以及「作者簡介」，鑑定這位作者是適合寫這個主題的人嗎？

③即使對該作者不甚了解，也可以從與自己擅長的領域或想知道的問題相關部分著手讀起，判斷該書的內容與自己的期待有多少程度的符合。

④看它的注釋或引用文獻，有多少引用自古典的文獻或外國的文獻來判斷。不過有些書雖然引用很多注釋和文獻卻缺乏獨創性，我們可以從這些引用與主題的相關性來判斷。

⑤了解作者為了寫這本書耗費多少腦力與精力（投入的勞動時間）。是只花了幾個月，還是幾年？若這本書是作者耗費龐大的精力，而且是只有他才寫得出來的一次性作業的話，那麼隨著時間流逝，這本書的價值只會不斷增加，知性耐用年限當然也比一般的書來得長。

⑥錯字、誤植太多的書就是偷工減料，可以用來鑑定編輯者的誠實度。
⑦書的訂價與內容的鑑定無關。若是好書又印得少的話，價格一定高。

4 試著回顧蒐集知識的歷史

最後，讓我們來為蒐集這件事，尋找它的歷史定位吧。

恩格斯透過圖表，把科學的歷史從蒐集的科學變成整理的科學，同樣的變化也可以應用在個人的知識成長上。小時候我們總是對於大人認為是破銅爛鐵的東西感興趣，像寶物一樣放入箱子收藏。文化人類學者李維史陀從小就喜歡去博物館，每天盯著裡面的化石看。據說，他家裡的地下室收藏了他從世界各地蒐集而來的「破銅爛鐵」，並樂此不疲。蒐集這個行為可以引發知性的原始狀態，那是一種純粹的喜悅。

古代的帝王不只把權力和財富集中到個人身上，還會蒐集珍禽異獸，蓋動物園。像清朝的乾隆皇帝，就是蒐集中國全境的所有書籍，打造了一套近八萬卷的《四庫全書》這座巨大的書本金字塔。

蒐集的知性欲望在文藝復興時代逐漸變得大眾化，並隨著旅行的流行，使得被班雅明稱之為「撿破爛」的愛德華・福克斯（Eduard Fuchs，風俗史家）這類的收藏家，或是跳脫書本的世界，轉而大量閱讀涉獵世界這本書，行腳天下「用腳思考」的人類學家人才輩出。

在日本，自明治三〇年代開始，從都市到地方旅行的流行，正好呼應遠方俄羅斯「走入民間」（

Khozhdeniye V narod）的運動，並使得自然主義文學、寫生文（言文一致）、民俗學等蒐集的知性應運而生（柳田國男《旅行與歷史》）。

戰爭使得科學、技術獲得發展，那些經由自然災害或戰爭災害破壞變成的廢墟，又再次喚醒了人們原始的蒐集知性。關東大地震、第二次世界大戰、伴隨高度成長帶來的列島破壞，各地的廢墟也帶來了蒐集的文藝復興。

換句話說，透過「收集」的意義，我們可以透視知性歷史的根源。談完收集，接下來要談如何透過自己的收藏，展開知識產出。

譯註12：鄰組，昭和時期，由官方主導的編組制度，通常以五戶到十戶為一鄰，方便掌管國民的物資提供與配給以及空襲警報的演練，同時控制國民的思想，使他們彼此互相監視。

搜尋・調查

搜尋術

認識各種分類系統，並熟悉使用它的話，只要是任何有解答的問題，都可以滿足我們的知性好奇心。

1 熟練使用各種分類系統

「收集」這個行為本身的性質是擴大性，但「搜尋」、「調查」行為的性質剛好相反，是限定性。蒐集必須盡量擴大範圍，直到遍及「全體（全部）」為止，而搜尋則是慢慢鎖定焦點，以「追究查明」作為終點。

搜尋需要**分類學式的發想與推理能力**。所謂分類學式的發想是指，能知道自己想了解的知識屬於已知體系中的哪一項能力。

古希臘時期以來，西方就試著把人的精神活動分類成幾種領域。其中，三分法的傳統性似乎很強，像培根把人的知識能力分成「記憶（歷史）」、「想像（詩）」、「理性（哲學）」，或像康德則把人的認知能力分成「感性」、「悟性」、「理性」等。編纂《百科全書》的達朗貝爾（Jean le Rond d'Alembert）採用的「記憶（歷史）」、「理性（哲學）」、「想像（藝術）」也是類似培根的三分法。而且，達朗貝爾把它取名為「人類知識的系統樹」，會用樹木比喻，採用植物名稱的意象，起源當然來自於植物學和分類學之間密不可分的關係。

不只是書本的世界，還有很多有趣的分類法。像是垃圾分類或廢棄物回收也是，可以從中看出關於物品的獨特分類學。翻開電話簿，就會出現職業、產業、日常生活的分類。我們可以從這樣的分類方式，找出自己覺得有趣的部分，作為鍛鍊分類學式發想的訓練法。

搜尋除了需要分類學式發想，還需要推理能力，也就是化身成為知識的偵探。

比較有意思的說法是，分類學式發想相當於一本書的目次，而推理能力就相當於書本末的「索引」。讀過的內容可以放在哪一章的哪個項目，這就是分類學式的發想，以書本來說，這樣的分類表所提供的功能，就相當於「目次」。假設你記得讀過某本書大概的內容（明確知道自己想查什麼），也記得在哪本書中讀到的話——比如說，未開化民族的首長看到李維史陀在寫筆記後，也開始模仿他寫字。我明確記得這段描述是出自《憂鬱的熱帶》這本書，但不記得是哪一個部族、首長的行為帶給這個部族什麼樣的影響，想查出明確內容的話——只要翻開「目次」，就可以找到「一堂書寫課」這個項目。越是接近學術論文的書，它的「目次」就越精緻，越具備分類學式的體系，搜尋起來相當便利。以李維史陀的這個例子來說，只能靠著「目次」這個分類表繼續往下搜尋，由於我不記得南比克瓦拉（Nambikwara）族這個名字，所以即使有「索引」（專有名詞索引更是如此），也沒辦法派上用場。

2 搜尋還需要推理能力

相反的，分類學式搜尋也是有派不上場的時候。比如說，當你想查明的東西，還沒有明確化到可以透過圖書分類表或目次尋找（只有得到部分的情報），或是沒被標注在分類表上，或可能同時隸屬於多個分類項目的時候。在這種情況下，沒辦法從分類表著手，無法從整體逐步鎖定部分資訊找到標的物。偵探在完全不知道凶手是誰的狀況下，只能從凶手留下的痕跡著手，靠自己的推理能力找出凶手。

比如說，我知道法國的象徵主義詩人馬拉美（Stèphane Mallarmè）有一段軼事與椅子有關，但是什麼樣的事情，以及在哪本書讀到的，我已經沒有印象。這時候，我唯一的線索就是「馬拉美」和「椅子」這兩個詞，以及隱約記得這段軼事和馬拉美本身與「法國文學」、「建築學」這兩個類別沒有直接關係。

也就是說，我想找的與其說是馬拉美的軼事，不如說是引用這段軼事的人。因此，真凶不一定隱藏在馬拉美的傳記或馬拉美的研究書當中。

像這種時候，由於搜索的範圍實在太大了，如果無法從全體鎖定部分，那就只能針對部分澈底搜索了。也就是說，只好以「馬拉美」和「椅子」這兩個詞為線索「四處打聽」。這時候我要打聽的對象就不是「目次」，而是「索引」。從馬拉美可以聯想到的書籍，以及從那本書可以聯想到的另一本書……像這樣，採用順藤摸瓜的追蹤方式不斷追查下去。

我用這個方法不斷追查，最後終於在離馬拉美相當遙遠的《漱石全集》（岩波版）的專有名詞索引中，找到「馬拉美的窘境」這個項目。當我看到它時，腦中靈光一閃。

原來是漱石的小說《行人》中引用的軼事。馬拉美的家時常聚集許多年輕的崇拜者，都是來找他聊天的。但即使再多的人來他家，也不會有人去坐暖爐旁的搖椅，因為那是馬拉美習慣坐的位子。但有一晚來了一位新客人，他不知道馬拉美的習慣，直接就往那張椅子坐下。那晚馬拉美顯得很不安，無法像平時一樣集中精神在談話上，使得現場的氣氛很尷尬。而漱石藉著作品中人物之口對這件軼事下評語：「這是多麼困窘的事啊。」

重讀這段軼事，使我再次確認漱石文學的本質就是不愉快，並感受到這段馬拉美與漱石的奇妙組合的意義。

這樣的搜尋過程，最後是靠著索引才成功。但很遺憾，在日本，書末附上索引，或是出版作家用語辭典（Concordance）的情況並不如字母系統的語言圈那樣發達。只能靠著二手資料作為線索，從書末的「注釋」和「參考文獻」去推理。另一個方法是，**自己編字典**。如果希望記住某些資訊，可以把它的出處簡單地記錄下來，附個小標題，照拼音順序排列。換句話說，自己製作專門用來推理和聯想搜尋用的索引裝置。

3 透過「目次」的搜尋與透過「索引」的搜尋

前面，我們把搜尋術分為根據「目次」的分類學式搜尋，以及依據「索引」的推理、聯想式搜尋，分別做過檢討。在實踐的層面，這兩種方法當然最好同時搭配運用。

在使用「目次」搜尋法與「索引」搜尋法之前，應該了解它們之間的對立性質再分別使用，像是垂直／平面、樹狀／網狀、單一／分散、經濟／生態、文法／語彙。

翻開一本書就知道，「目次」就像一間中央司令室下面部署了各個局處，一層一層往下配置，呈現一種合理的官僚主義的形態。相反的，書末的「索引」中，每個項目都是對等的，按照五十音順序或字母順序，以中性的基準配置所有項目，每個項目和相鄰項目並沒有必然的關係。甚至，某個項目可能和相隔遙遠的項目產生共鳴，就像是中醫說的穴道或經絡一樣，呈現一種有機性的靈活感。若「目次」的終極理想是合理性、科學性的話，「索引」比較像是認同五十音或字母各自擁有神祕力量的言靈學派，帶給我們一種超現實、煉金術式的魅惑。

有些作者，對於目次這種官僚制度、理論崇拜，以及帶有機械性的特質感到嗤之以鼻，因此故意把書的目次索引化，並成功實踐了。法國的評論家羅蘭・巴特在《文本的愉悅》、《戀人絮語》中，把每章標題的第一個字母，按照字母順序排列，作為目次、結構。法國的書，「目次」本來就是放在書末，所以他們比較容易產生這樣的發想。即使如此，這樣的改變在法國也只是被當成改變「書」的概念的新鮮嘗試而已。

最後，我們來做一個融合目次搜尋（分類學）與索引搜尋（推理）的搜尋術應用訓練吧。

首先是問題——最近流傳一件消息說，一名去法國旅行的日本人走進時裝店買東西，接著就行蹤不明了。這個傳聞是真的假的？假使是真的，它有記錄嗎？該怎麼解決這個問題？

我曾採用艾德嘉．莫杭（Edgar Morin）在《奧爾良的流言》（La Rumeur d'Orléans）中使用的方法，針對日本一九七三年發生的，民眾瘋狂囤積民生用品的「謠言恐慌」事件進行調查。而在調查的過程中，我必須解決上述這個問題。

去法國旅行的日本女性在時裝店失蹤——姑且不論它是不是事實，應先確認這個謠言從哪裡冒出來的。但這個問題太過籠統，一定要先縮小搜尋的範圍才行。

首先，我發現這則傳聞和莫杭的書調查的傳聞一模一樣。莫杭調查的傳聞是一九六九年五月位於法國中央的地方都市奧爾良發生的事件。女性在時裝店的試衣間被人用迷藥摀住口鼻或遭到注射昏倒，然後透過地下人口販子，被賣到外國的紅燈區。

於是，我決定把搜尋的時期鎖定在一九六九年以後。

然後檢視我目前要處理的項目，女性、誘拐、流言，以學術分類來說，應該是屬於「社會學」。但像這種最近才發生，而不知道是不是事實的傳聞，就算翻遍日本的社會學文獻，很大的可能只是徒勞無功，浪費時間而已。於是，我不得不放棄仰賴自國會圖書館以下的日本學院圈（學術的圖書分類）了。

也就是說，接下來我只能使用更大型的分類表。我把知識粗分為三個層級，學院（文獻中心）、媒體（新聞、雜誌、電視台）、日常生活（街談巷議）。學術與媒體基本上屬於語言書寫的世界，情報會透過文字或影像保存。至於庶民之間發生的無數對話、街談巷議等，除非有人在牆上塗鴉，否則不可能留下記錄。

按照這個分類，小規模的流言應屬於日常生活層級，被留下記錄的可能性非常小。如果沒記錄，就無從搜尋起。但現在就放棄還太早。

街談巷議是一瞬間一瞬間不斷消失的東西，如果有媒體會記錄這樣的東西，那真是再好不過了。如果真有這樣的媒體，一定是介於新聞報導世界與日常生活世界之間的連接點——位於邊界領域的媒體。因此，我把目光移向週刊雜誌、還有女性週刊雜誌。這類媒體的特色在於，他們專門處理像醜聞這種猥褻、曖昧的領域，那裡充滿了學院派，以及正統派的新聞記者不願意處理的、混雜了真實與虛偽的現象。

圖書館並不保存過期的女性週刊雜誌。這類的雜誌只能仰賴東京都世田谷區的大宅文庫了。

為了解決這個問題，我在大宅文庫把一九六九年以後的每本女性週刊雜誌的目次，都拿起來過目一番，只找到一則相關報導。我影印之後帶回家，拿它和莫林調查的奧爾良傳聞檢討比較了一番，看起來應該是同一個傳聞（故事）的變種（variant）。但我發現，奧爾良傳聞中糾葛不清的猶太人問題（在猶太人開的時裝店……）在日本女性週刊雜誌的故事中完全被刪除，這一點我覺得很有意思。

同樣的問題，我想一定有很多人比我的搜尋功力還強，可以用更聰明有效率的方法找到答案。我舉這個例子只是想告訴大家，搜尋的時候，只要充分運用分類與推理的方法，一定可以找到你要的標的。同時，也是告訴大家，學院並不是知識的全部。

分類．命名

知識打包術

收集情報後，如果不經過分類加工，維持在原料階段，一不小心你的資料庫就會變成一座垃圾山。

1 打造一個自己獨有的分類體系

當我們熟練使用分類表搜尋知識後，不應就此滿足，而是要一邊參考各種分類系統，然後打造出一套自己獨有的分類體系，讓自己更積極地學會分類學式發想。

這是為了配合我們的知性世界觀製作一份地圖，更具體來說就是，把我們辛苦蒐集而來的情報收藏切割成幾個部分，可以為我們的知識產出帶來一些助益。如果少了這道加工的手續，不僅讓得來不易的收藏停留在原料階段，一不小心還會讓它成為一座垃圾山。

廣義來說，收集這個行為也是一種分類作業。因為我們在收集的過程中，已經篩選過，確認資料符不符合自己的主題。等到關於某個主題的資料幾乎「全部」收集後，下一步要做的就是從頭到尾仔細檢討這些資料。如果是文獻，那就熟讀它，並做筆記（或是做研究卡片）；如果是物品，那就觀察和實驗，寫觀察記錄、實驗記錄。接著，要比較檢討結果（筆記、卡片、記錄），比如說從共通性與差異性（對立）的觀點，從結果中找出某種法則。這時候因為要轉變許多觀點去嘗試，所以要多一點耐心，讓筆記或卡片自己告訴你答案。慢慢地你就可以建構出一套整理資料的分類基準。分類基準不一定要和大家一樣。

分類基準訂定出來之後，就可以開始分類資料。把共通項目放在同一群組，對立的項目配置在最遠的兩端，和書架的配置法一樣。這部分要經過多次的試行錯誤才能做得好。

2 替分類好的群組取名字

分類最重要的就是替分類好的群組取名字。透過命名，讓對象呈現明確的樣貌。命名不僅可以加快整理速度、更確實地掌握（分析）資料，還可以幫助記憶。標題的標籤，就像是記憶儲藏庫的抽屜，可以幫助你回想。與其把一個群組內的項目全部記住，不如用一句話記住該群組，效率會更好。因此，**命名也可以說是一種知識打包術**。

命名的方法大致可區分為，用概念命名以及用想像命名。用概念命名的話，比如說「地球面臨的生態性危機」、「區域社會中家庭主婦的角色越顯吃重」、「漱石的永恆觀」等，雖然用很嚴謹的角度把群組內容濃縮成一句話，但相對來講比較抽象、枯燥。用想像命名的話，像是「宇宙船地球號」、「女人們的法西斯主義」、「投身鏡中」等，即使與群組的資料內容不完全相符，但比較具體，容易留下深刻印象。就像大家不一定會記得劇變理論（Catastrophe Theory）這個名詞，但很容易記得「燕尾點」（swallowtail）。肯定「原始社會」中人的思維的李維史陀，著作《野性的思維》（La Pensée sauvage），書名原文除了有「未開化思考」的意思，也帶有野生的三色堇的意思（法文的「思考」和「三色堇」拼音相同），巧妙地同時運用了概念與想像的命名法。說到底，我們很難明確區分概念化與想像化的命名，端看資料的性質與個人喜好的問題而已。

分別·賦予關係

分析術

分類、整理資料之後，就可以展開分析作業了。分析就是找出看不見的關係。

1 分析就是找出看不見的關係

分析，簡單來說就是區分、分解。為什麼需要分析？因為有時候問題太過複雜，無論你怎麼看，就是看不出端倪。這時候，想要掌握資料，我們就需要有些作為，做一些處理，把整個問題分成幾個小的要素，比較容易掌握資料的內容。若能進一步釐清各要素之間的關係，那麼分析的工作就算大功告成。這時你就已經掌握了問題的全貌。

我們在蒐集術中已經學會如何針對某個主題收集資料，接著再用知識打包術把收集來的東西分成幾個群組（範疇），貼上標籤。分類就是根據某個基準把對象區分，可以說是分析之中最單純的方法。有些研究甚至只要做完分類，就完成了。就這點而言，分析和單純的分類、整理不同，而是把重點放在**弄清楚被區分的各要素之間的關係，以及找出其中的規則性**。就像把採集而來的植物整理成同一套的分類系統，之後不管之後發現任何新品種，都可以把它歸類在這張分類表中的某處，這麼一來，分類學的使命就算完成了。但分析不僅止於此，我們還要調查清楚會行光合作用的植物和不會的植物之間的關係，比較鳥的翅膀與野獸的前肢之間的關係，釐清各種演化系統之間的關係，這時候就需要進行真正的「分析」了。分析就是看清楚各項目之間看不見的關係。

比如說，假設我們以「光」作為分析對象的話，應該怎麼做？首先，要分解它。以物理學來說，我們要透過三稜鏡分析它的光譜。讓太陽光線通過三稜鏡，就可以把光分解成紅、橙、黃、綠、藍、靛、紫的彩色光譜（而且是連續性的光譜）（牛頓《光學》）。白色光會因為波長的不同，可被分析出各種不同成分的色光。換言之，不僅要把全體（白色光）分解為要素，還要透過波長的不同掌握各要素之間的關係。

當然，假使無法從實體上分析對象也沒關係。只要在分析者的腦中——透過概念分析即可。比如說，不能用活人做實驗，或是以人的社會、藝術等抽象性的東西作為分析的對象，這些都需要透過概念分析。文法學者分析「句子」的時候，就會透過這句話的主語成立、不成立，修飾與被修飾的關係等文法概念的三稜鏡，把句子分解成各種詞類。

定性分析與定量分析

同樣是分析，在化學的領域中，分成「定性分析」與「定量分析」。換句話說，你想要重質或是重量。比如說，要指出空氣受到汙染，只條列出汙染物質的種類，說服力並不足夠。不如測量各汙染物質的量（ppm），用定量的方式強調空氣品質難以忍受的程度，效果比較強大。同樣的，當我們想要控制研究對象時，與其用「水由氫氣與氧氣組成」這樣的描述方式，不如使用「H_2O（兩個氫原子＋一個氧原子）」明示量的關係的描述方式更好。在地理學的領域中，常會用「分布」的方式，在地圖上表現出量的多寡，比如說「東京都綠地的分布與犯罪的分布」。社會學的人口動態分析也是使用統計調查這種定量性的分析手法。以經濟學來說，掌握價格的變動非常重要，所以它的分析基礎通常不會放在商品的品質，而是量的掌握上。有趣的是，馬克思曾以 $p' = \frac{m}{c+v}$ 這個方程式，預言資本主義的滅亡。這個方程式是「利潤率下降趨勢法則」，又稱作絕對貧窮化的法則，常被人引用來攻擊他的預言沒有成真，但我覺得最有趣的是他用力學公式來說明社會的運動法則。

一般來說，研究傾向從定性分析起步，朝定量分析邁進。但在做定量研究時，又會再發現新的質，展開新一輪的定性→定量，不斷循環下去。

看懂統計資料的方法

要做數量分析之前，必須學會看懂統計圖表的方法。請先準備好計算機和文具。首先，若是閱讀只有數值的統計表，重點在掌握其中具特徵性的數值。比如說，想知道人口變化的話，要先找出在哪些年份驟增、哪些年份驟減，粗略地找出幾個節點。接著用黃色的簽字筆在節點的數值上做記號。做完這個初步的掌握之後，你會發現這些原本枯燥乏味的數字排列，開始變得有意義起來，並且能作為進一步細部分析時的重要線索。當然在這個階段，比起精準掌握數據，更重要的是掌握概

智力檢查成績與年齡的關係

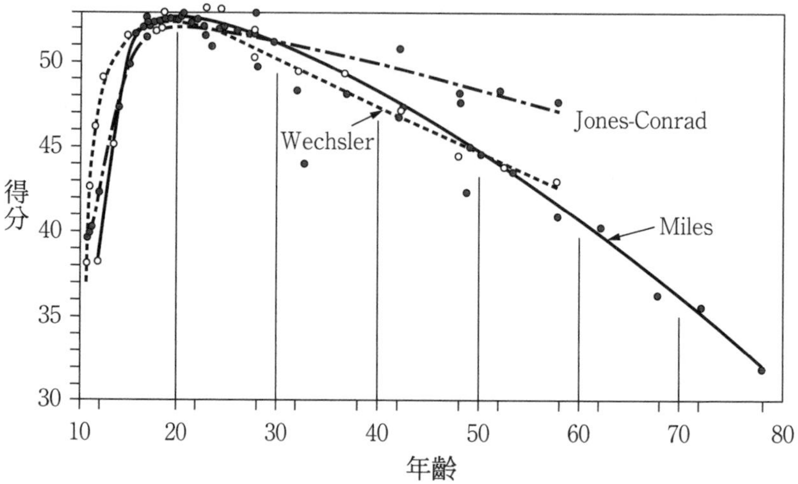

（圖表製作依據 Stieglitz, E.G.：Geriatric Medicine）

略的數目。比如說大正九年二十六歲的人口是八十一萬四千九三百三十人的話，只要看作約略八十萬人，同樣的昭和五十年同年齡人口為二百四十一萬八千六百六十六人的話，可看作約略兩百四十萬人等掌握概略的數目，就可得知該年齡人口過了半世紀多一點的時間就成長了三倍。當你只需要小數點後一位數的數值，計算到小數點後三位數是愚昧的行為。

閱讀統計圖表還有一個訣竅就是把它視覺化。把概略的數值（只列出適當間隔、具特徵性的數值）變成圖表。同樣的，圖表的內容只要是概略性的數值即可。

至於閱讀已經圖表化的統計，也是運用上述的手法。找出變化激烈的節點，做上記號。這個方法可以幫助你迅速掌握概要。關於這類圖表，我們除了要學習如何讀懂它，還必須理解它的呈現方式。橫軸是以什麼為單位、兩者之間真的相關嗎等等，必須先從範例了解製圖的規則。

上頁這張圖很常見，是把智力檢查成績依年齡分別所製成的圖表，猛一看會以為人的智力從二十歲之後就開始老化，不禁令人感到不安，擔心自己也會像這張圖顯示的那樣，知識能力不斷地老化。但在做這個判斷之前，有幾件事要釐清，這是同一人一生的智力變化嗎（這稱作縱斷面研究）？抑或是在某個時間點測量各年齡層人們的智力後，再製成這樣的圖表？把每個點（數值）用線連結起來，然後故事化為人的一生，這樣的解讀是很危險的。以最理想的狀態來說，必須把各群組的被實驗者的教育程度、職業結構等各層面調整到等質，但要集合這樣等質的被實驗者，實際上是不可能的事。先不說別的，光是一九六〇年代的人和一九一〇年代的人，接受的教育內容就不一樣。社會不斷往高學歷化、資訊化邁進，現在十歲的人等到變成六十歲時，很難想像他們做出來的測驗會低於這張圖的數值。

因此，為了不上統計圖表的當，對於熟練製圖手法（呈現的技術）的理解是必要的訓練。

只有數字的統計以及被製成圖表的統計，兩者相比，圖表比較快讓人一目瞭然，但以資料價值來說，只有數字的統計，壓倒性的高。數字可以根據使用目的轉換成各種圖表，但圖表無法還原成數字資料。數字列表是原料，圖表則是無法再轉變的完成品。因此，完全用數字列表的方式呈現的《日本統計年鑑》（總務省統計局），其利用價值非常大。這本年鑑從氣象到物價、學校數量等各種領域的統計數字無所不包，而且還附索引，非常方便，可供多個目的使用（目前已可在網站上查詢到統計資料）。

2 先從初步的分析術開始做起

分析方法的訓練之中少不了邏輯的訓練。邏輯學中有兩種推論形式：「歸納法」和「演繹法」，我們先來檢討一下這兩種方法。

所謂的歸納法，就是由特殊項目歸納出一般項目的方法。以個別的觀察或經驗為基礎，然後從中找出普遍性的法則。這是重視經驗的方法，所以日常生活中很常被使用。比如說，試過幾款P公司製的鋼筆後得到一個結論，「P公司做的鋼筆寫起來很滑順，但很快就壞掉」，這就是歸納法。實際上的運用，大多會透過比較的方式，比如說，試著使用其他品牌的鋼筆，然後把使用過的經驗歸類，P公司製的歸P公司製，M公司製的歸M公司製，找出同一群組共通的性質。

相對於歸納法的**演繹法，則是由一般項目推論出特殊項目的方法**，三段論證就是此方法之一。以數學來說，通常會從某個公理作為出發點，導出多個定理或線索，這就是演繹法。透過某個定理，解決各種問題同樣也是演繹法。比如說，某個石器是在立川壤土層挖掘出來的，所以可以推斷它屬於洪積世舊石器時代的物品。像這樣，從關於地層所知的一般事項，推斷出個別出土品的年代，這也是演繹法。還有，提出假設來解決問題也是演繹法的一種。因為以邏輯操作來說，假設被用來當作公理一樣運用。最有名的就是地球科學的板塊構造論，該理論認為地球的大陸或大海是乘著巨大的板塊移動。透過這個假設，合理地說明了大陸與各個島嶼的配置關係，以及火山、地震等諸現象的形成。

歸納法是從有限的經驗推論出一般性的結論，所以推論的方法本身就曾被批判犯了邏輯上的謬誤。不管收集了多麼豐富的事例導出的結論，都有可能因為不斷出現的新事例，永遠無法達到普遍性的結論。因此，科學研究大多會從歸納法出發，往演繹法邁進。經濟學或語言學的研究方法，也是從根據經驗和比較等歸納性的方法，轉而朝演繹性的方法靠攏。喬姆斯基的語言學（變形生成文法）理論則是演繹法的極端，認為人先天就擁有語言能力（普遍的結構），從這樣的能力而後衍生出多樣的各國語言。但我們也可以用歸納法來反駁演繹法。演繹的出發點常被視為普遍性的命題，但這命題本身也是從經驗歸納出來的不是嗎？進入二十世紀之後，就連牛頓或笛卡爾提出的、曾經被視為絕對性真理的數學公式，現在也不過被視為假設而已。比如說，歐幾里得幾何學一直以來被視為不證自明的真理，卻被黎曼（Riemann）所創造的非歐幾里得幾何學否定。甚至，哥德爾（Gödel）這位數學家證明了，任何公理都有缺陷（「不完備定理」＝不存在可以證明公理化集合論無矛盾的結構性程序）。相對於此，根岑（Gentzen）曾試著透過「超限歸納法」提出反駁，不過詳細情形我並不了解。

由此看來，表面上看起來再怎麼完美的演繹法，在其出發點，都無法抹去歸納法的痕跡。這是「假設」本身必然夾帶的風險。因此，我們在進行分析之前，最好先了解這兩種推論形式的長處和短處，再來使用它們。**歸納法是具發現性價值的方法，演繹法則因為保證思考的正確性，可以用最短路徑獲得解答，所以是具經濟性價值的方法。**歸納法帶有經驗主義性的性格，演繹法帶有先天主義性的性格，考量到這一點，當我們分析不同的領域時，著重的重點也應該不一樣。以人類學或社會學的調查來說，觀察的經驗絕對不能少。

不過，像「輿論調查」這類的市場調查，表面上看起來是完美的歸納法，但事實上並非如此。當調查者在設計問題時，就已經做出某種假設了。甚至，有些是意圖性地加入自己的假設。比如說，最常為人詬病的答案設計如下，題目是對現今日本的感覺如何，答案的選項為A「滿意」、B「尚可」、C「不滿意」，與A「沒有不滿意」、B「有些不滿意」、C「不滿意」，統計結果應該會完全不一樣。再者，若要將這個結果概略分為「滿意」和「不滿意」兩組時，隨著B項目的歸類方式不同，將會出現完全不同的結論。

關於市場調查的方法，請容我再多說幾句話。做市場調查時，設計問題的人應該先化身成為受訪者，試著自己回答這些問題。做完模擬回答後，通常會發現問題設計的不完備之處，然後回頭把問題項目，連同統計方式重新思考一次，再設計出更有效率的問題。問題項目並非越多越好、越細越好。而是要明確鎖定調查的目的。設計問題的時候，連回收問卷後的統計與分析可能遇到的狀況都要設想到，才不會後悔莫及。例如，你希望根據統計結果做什麼樣的分析、想得到什麼樣的結論等。因為我自己就曾經犯下嚴重的錯誤。總之，製作問卷也是需要演繹性的操作，也就是先設定假設，再從這個假設出發，推論出問題的回答選項。

3 熟練矩陣圖的用法

分析時，「假設」扮演非常重要的角色，所以接下來我們要談得更深入些。當研究對象很複雜的時候，我們可以使用矩陣圖（母體）。下面為各位介紹。

分析複雜的對象時，什麼準備都沒有就開始思考，或直接觀察，通常無法成功地處理它。比如說，在預測未來的社會時，時間軸的設計會根據短期預測、中期預測、長期預測而不同。有時候從經濟層面預測，和從文化層面預測，會得出完全不同的結論。在處理這種類似解決多元方程式問題的複雜對象時，我們可以打造一個可以模擬的對象、把對象單純化的邏輯裝置即可。我把這個裝置稱作矩陣圖。這是一種無論出現什麼答案，都有辦法把答案丟進去的空無一物的邏輯裝置。我認為這個方法和核物理學用的方法一樣，製作原子模型，進行模擬實驗，觀察基本粒子的動態。只是我所說的矩陣圖，是更單純的手作邏輯裝置。

以前，我曾和兩位熟識的設計師朋友一起製作全版報紙大小的攝影蒙太奇海報。他們的工作室在六本木，大家一起討論出粗略的意象之後，就各自回去蒐集資料，約改天再見面。他們在報紙尺寸大小的紙上畫線，準備了一些可以貼上照片碎片的小道具，然後不斷試著擺上不同的碎片，互相討論。這段作業彷彿永無止境一般。斜線的方向和角度，碎片放置的位置、構圖等，每改變一樣元素，整張圖像的感覺就截然不同。也就是說，與其動腦不如直接動手嘗試各種新的組合，把思考放在後面。經過如此長時間試驗過大量可能的組合後，才終於完成一到兩個原案。這是非常重勞力的工作，但我卻從中體驗到職人手工作業的樂趣。他們也是運用手作的模型進行模擬工作。

打造分析用的矩陣圖時，要導入不同次元與層次的想法。因為根據不同次元、層次的分析，會得出完全不同的答案。當對象的性質複雜又多元時，最好不要勉強把它還原成一個答案（本質），反而應依照不同的次元、層次的分析，得出多種不同的答案。次元與層次這樣的說法是借用自語言學的用語，語言本身也一樣，要從歷史性（歷時性）下手，或是從結構性（共時性）下手；從音韻的層次下手，或從單字、句子的層次下手，每一種角度所分析出來的樣貌都不一樣，是相當複雜的現象。

以社會作為分析對象時，我們通常區分為兩個層次，一個是在某個時間點的橫斷面中做結構性分析，另一個是在短暫性的時間中分析變化的歷史性分析。這兩種次元還可以再分成六種層次。對於各層次以及其分析最重要的指標為下列六項。

(1) 生態學的條件（自然、災害、人口、資源——糧食、能源、產業廢棄物）。
(2) 技術革新（電腦化、資訊化、核能、生物科技、重大科技、軟體技術）。
(3) 經濟成長（產業結構、成長率、市場系統與公共經濟、國際貨幣制度、跨國企業、資本主義／社會主義、南北問題）。
(4) 社會變動（家族制度、日常生活、溝通、工業化／都市化）。
(5) 政治變化（決策機構、民主主義、政黨、集權與分權、國家、世界戰爭）。
(6) 文化變革（價值觀、意識形態、生活型態、學校教育制度與大眾傳播、大眾文化／非主流文化）。

括弧內的指標依據主題不同，重要度也不同，如果出現新的指標，只要再加進去即可。關於引發各層次變化的動因，都有它們各自固有的邏輯，在此省略不談。

社會＝世界變動的矩陣圖

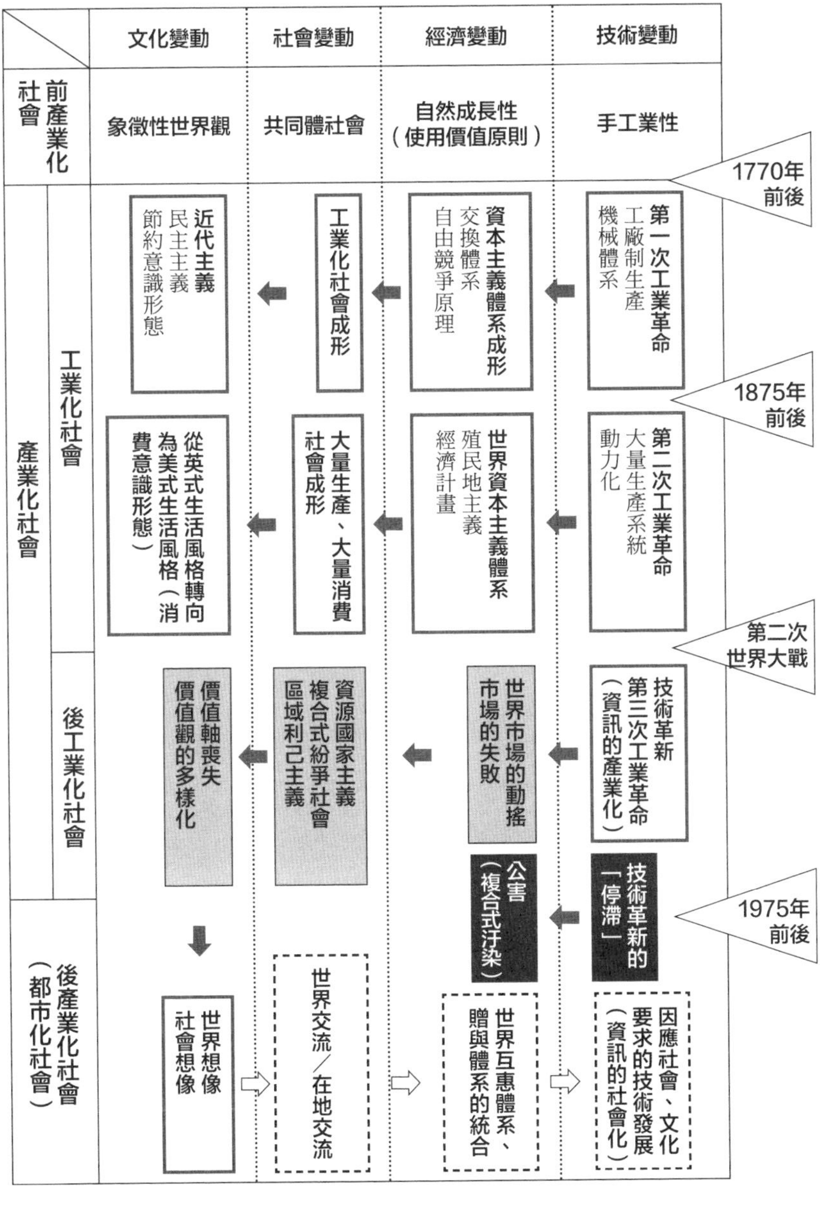

文化變動
社會變動
經濟變動
技術變動
前產業化社會
象徵性世界觀
共同體社會
自然成長性（使用價值原則）
手工業性
1770年前後
產業化社會
工業化社會
近代主義 民主主義 節約意識形態
工業化社會成形
資本主義體系成形 交換體系 自由競爭原理
第一次工業革命 工廠制生產 機械體系
1875年前後
從英式生活風格轉向為美式生活風格（消費意識形態）
大量生產、大量消費社會成形
世界資本主義體系 殖民地主義 經濟計畫
第二次工業革命 大量生產系統 動力化
第二次世界大戰
後工業化社會
價值軸喪失 價值觀的多樣化
資源國家主義 複合式紛爭社會 區域利己主義
世界市場的動搖 市場的失敗
技術革新 第三次工業革命（資訊的產業化）
公害（複合式汙染）
技術革新的「停滯」
1975年前後
後產業化社會（都市化社會）
世界想像 社會想像
世界交流／在地交流
世界互惠體系、贈與體系的統合
因應社會、文化要求的技術發展（資訊的社會化）

比如說，當我們必須思考與「老人問題」相關的主題時，從⑴的層次思考，就是要做老年人口、老化、老人病等生理學方面的分析，從⑵的層次思考，就要思考老人的勞動能力特性、重新設計職務等技術性的問題，從⑶的層次就要考慮到薪資制度、老人雇用、福利（公共經濟）的問題等等，這麼做除了對於分析主題很有幫助之外，也可以知道自己目前正在哪個層次處理主題，幫助自己鎖定主題。即使只把主題限定在某一個層次上，也可以透過這樣的矩陣圖，預想這個層次與其他層次之間的關聯性。

如果能在這份矩陣圖中加進歷史的層次，對於討論結構性的變化很有幫助。前頁這個分做六個層次的矩陣圖，雖然它省略了分析內容的介紹，但這是我在與別人合作做「藝術與技術的關聯的調查研究」（一九七五年）時，用來作為分析使用的基礎矩陣圖，在此介紹給大家。我省略了內容介紹，讓大家可以自行靈活應用，變換在其他主題上。

4　系統分析與結構分析

我們慢慢提升分析術的訓練層級，最後終於來到二十世紀的階段了。介紹完矩陣圖的分析法後，我想再進一步地導入與模控學、系統分析、結構分析等在現代科學（系統工學、語言學、結構人類學）中使用的分析法同性質的概念。

列舉現代分析術的特徵如下：

(1) 分析與分析者的觀點或操作有很深的關係。語言學家索緒爾（Ferdinand de Saussure）說：「觀點（方法）塑造對象。」也就是說，**對象並非客觀存在的對象，而是透過分析這樣的操作被塑造出來**。分析者的操作本身，已經會對對象造成影響，使對象變形。這樣的認知在自然科學亦然，量子力學的「不確定性原理」已證明這一點。在文化人類學領域中也曾做過類似的反省，文化人類學家所做的田野調查本身，已經對未開化民族造成無法挽回的影響（這也算是一種帝國主義式的侵略）。換句話說，分析中所謂主體對象二分法「主客二元論」的立場已經崩壞。分析者開始把考察的目光轉向操作分析這個行為的主體，也就是自己。哲學或模控學開始對於語言問題表示強烈的關心，也是因為它們想要釐清這個做出發問、思考、分析的自己到底為何物。精神分析中，醫師與患者的關係也受到不確定性原理的影響，因為兩者的連接點就只有靠語言，因此佛洛伊德對於語言有非常敏銳的考察。

(2) 另一個特徵是不再注重要素主義、本質、實體的概念，轉而注重關係（形式、功能、結構）的概念。不像過去那樣，把事物分解成各種要素（部分），然後重組諸要素，重新觀看全體這種加法式的分析法，而是先看全體性的關係、結構、系統，這樣的想法越來越占上風。這個方法訴求直接把握對象全體的如實樣貌（活生生的樣貌），毫不喪失它的具體性，因此使用這個方法的人認為，**對象所呈現的現實是多元的，充滿各種意義**。重視全體關係的這個想法認為，關係先行於要素（項目）。因此某些理論變得越來越發達，例如在社會學的交換理論中，什麼被交換了不是重點，重點在於那樣東西被怎麼交換了。同樣的，模控學分析的不是資訊的內容，而是資訊的傳達過程（communication process）。

在分析術這一章中，我們開頭談到，分析就是分類、分解。如果對象在分解的過程中死亡，那麼分析就沒有意義了。其實當我們提到分類的時候，就已經意識到關係的存在——否則分解就只會是無意義的破壞而已——透過前面的說明，這一點現在各位應該可以理解了。

那麼，二十一世紀的分析又會是如何呢？其實很多地方都可以明顯看到，它們對於二十世紀發達的系統分析、結構分析做出帶有敵意的批判。其中幾種散見於我們後面會提到的「發想法目錄」之中。

閱讀

讀書術

書本本身就是一本象徵性的目錄，世界被濃縮在裡頭。透過讀書，我們可以跟著體驗他人的人生經驗。

1 「閱讀」，就是與他者共同擁有這個世界

在人類數百萬年的歷史中，文字是近幾千年前才出現，因此「閱讀」並非很古老的行為。文字的發明不僅讓人類多了「書寫」與「閱讀」這兩個象徵性（外星人看到了，大概會露出困惑的表情）的行為，還為人類社會帶來「進步」這個特殊的歷史性加速度。

閱讀，就是擁有這個世界。

文字替人類社會帶來「權力」、「所有（私有財產）」，因為有了文字就可以編列領土或財產的清冊。比如說，假使給南美的未開化民族南比克瓦拉的酋長文具，他可能會在部落村民面前模仿文明人讀寫的動作。接著，這個部落就會開始實行階級分化，這個現象在文化人類學者李維史陀的《憂鬱的熱帶》中有詳細的報告。

文字的象徵是掌握世界最有效的形式。因此操作這個象徵就意味著擁有世界。一旦文字被發明出來，不知道操作法（看不懂文字）的人就被排除在世界之外。反過來說，文字也帶給人類新的可能，只要操作這個象徵，人類就可以共同擁有這個世界。因此，「閱讀」就是與他者共同擁有這個世界。確認這個立場後，我們就知道，無論怎麼樣的「惡書」都不應該被驅逐或焚燒。

在書本這本象徵性的目錄中，世界被濃縮在裡頭。我們會依照自己的體驗思考。但是，我們也可以不斷地從過去的人們或其他國家人們的體驗，以「間接體驗」的方式融入自己的體驗。透過讀書，我們可以體驗別人的人生。就像看作品中的人物時投入自己感情那樣，一起活過別人的人生，一起感動，這種原始的讀書態度每個人內心都有，閱讀的快樂也是由此開始。換言之，感情投入式的讀書態度，就是讀者自身也參與其中的二次元世界的戲劇。

2 置身書外，或置身書中？

你想要獲得怎麼樣的間接體驗（資訊）？換言之，根據讀書的目的不同，讀書態度也會不同。這一點我們可以大致分成「外在式讀書」與「內在式讀書」這兩種態度來談。

以**外在式讀書**來說，讀書的目的（問題）在書本的外部，書本只不過是手段。比如說，為了調查某件事，所以向某本書尋求答案（把書當成事典使用），或是為了尋找某個題材，或是作為研究主題的文獻資料而使用書本。若是這種情況，極端來說，讀完書本，就可以把那本書當作用過的廢棄品一樣丟棄。因為目的在書本之外，自己並不會因為讀完這本書獲得改變，得不到這樣的樂趣（這樣的書最好從圖書館借取）。但是，在資訊氾濫的現代，我覺得擁有這樣的讀書態度的必要性越來越高。為了獲取自己必要的情報，並儘早知道哪些書不需要讀，以及保障自己讀書的樂趣，這是我們必須要做的防衛戰。事實上，迎合這種讀書態度、純屬提供資訊類型的書籍，其存在的必要性越來越高，市面上也出現越來越多這類型的書。

外在式讀書使用的是**速讀法**。關於速讀的技術，我後面會詳述，簡單來說，目的意識越明確，速讀的速度就越快。

相對於外在式讀書的，就是**內在式讀書**。這是指讀完一本書本身就是目的，完全不去預想讀完之後的結果。這樣的讀書態度是非常專注、純粹，很多時候無意中會成為自我變革的契機。如同認為「與韓波相遇是一個重大事件」的小林秀雄那樣，期待偶然相遇的樂趣。但很可惜，戰後的出版界值得相遇的書變得越來越少了，為什麼會這樣？或許比較正確的說法是，從古至今，這類的書原本就比較少。

內在式讀書也可以分為兩種，一種是想要追求書中內容境界的求道式的讀書態度，一種是娛樂性色彩較強的讀書態度。這兩種態度在期待偶然相遇這點是一樣的，只是求道式讀書講究通讀，而娛樂式讀書可以跳讀。這兩種讀書方式都是為了自己而讀，所以不需要速讀，反而要把大量的時間浪費在享受閱讀上。這種類型的書，我們通常會一而再再而三地閱讀，所以應該用買的。

以求道式讀書來說，讀者心中通常對該書已經有很高的評價，但想要通讀古典著作仍需要相當的毅力。至於外在式讀書，因為不是以自我為中心，所以可以保持開放的心情，讓自己保持可塑性，不要去在意自己會因為讀這本書而產生什麼樣的改變，一開始就讓自己完全投入在作者的思想中，這就是外在式讀書的訣竅。在產生自己的意見之前，暫時先讓別人的頭腦成為自己的主人，迅速解剖過去的自己。沒有經過異質思想洗禮、經歷自我解體經驗的人所提出的意見，無法讓人信任那是他原創的意見。很多時候，表面上看起來是自己的意見，其實不過是模仿他人的言語或意見而已。若說求道式讀書有什麼值得期待發生的事件的話，大概就是這種喪失童真式的體驗。若你已可以運用作者的思想思考，可以試著把這樣的思想套用在各種事例上。如果有無法套用的事例，那就再翻開書本，回到書本的某個段落，與作者討論。若能做到這個地步，這本書才真正屬於自己，甚至在某些方面，可以超越作者。求道——就是找出道路。

3　在腦中形成另一本書

讀書就是把文本變形。我們在閱讀的時候，就等於把這本書在我們腦中轉錄一遍。即使我們自認完全理解，轉錄在我們腦中的那本書，和印刷字體的排列仍然不同，一定會混雜我們自己的語言。想要讓書本從無意義的紙製品變成擁有各種象徵意義的紡織品，這樣的過程是無法避免的。因此，我們必須了解——**「閱讀」，就是從書本的客觀（印刷字）與我們的主觀（語言）之中創造出合成物的行為。**

透過閱讀，我們在腦中製作出另一本書。換句話說，書變成兩本了。轉錄在腦中的那本書（抄本）大致可分兩種，一種是完整抄錄，一種是跳著抄錄。這是由兩種迥異的讀書法造成的不同結果，也就是通讀（→完整抄錄）與跳讀（→抄本）。

雖說書本從第一頁到最後一頁都有標示頁碼，但不代表你非得照順序從第一頁讀到最後一頁不可，也不代表你一定要把每一頁都看過。雜誌性質（或者更嚴謹一點的報導性質）越強的書，就可以用**跳讀**的方式，只要挑自己喜歡的部分閱讀即可。

不單是為了娛樂式閱讀，包括想要加強搜尋術等，跳讀都是不可或缺的訓練。這和把書本當雜誌一樣做娛樂式閱讀的跳讀不同，而是利用目次或索引，把書當作事典一樣閱讀。可以把它當作用來獲知必要資訊的「查閱型書籍」。

跳讀的功效不僅僅是節省時間而已。熟練跳讀之後，就可以不用按照書本頁碼的順序閱讀，打破書本的既有觀念，體悟到原來讀書是非常自由舒暢的一件事。廣泛閱讀的祕訣就是跳讀。

透過跳讀轉錄到腦袋的抄本，就像不按照順序排列的卡片一樣。讀者必須把這些用卡片組成的抄本重新整理過一次，否則不知哪天就會不小心遺落。用卡片的方式記在腦袋中有好有壞，好的是可以透過「組合術」發揮意想不到的生產性，但相對的，若沒有相當程度的組織性保管術整理它，那麼那本書就會變成失去整體性的斷簡殘篇被遺忘在書房的角落。同樣的，把一本書拆解成片段的跳讀，雖然可以對於書本的秩序做積極性、攻擊性的破壞，但用這種方法讀書，通常對整本書的印象比較薄弱，這個認知一定要先建立起來。

用俯瞰的視角吸收整本書的讀書法是**通讀法**。所謂的通讀就是從第一頁開始，照著書訂定的秩序，讀到最後一頁。這種方法和卡片式的讀法不同，比較像是用筆記本抄書的讀書法。通讀法的優點為能夠掌握該書的整體，以及內容之間有機性的連結。想要透過通讀獲得效用，祕訣就是盡可能不要中斷，照著書本的順序，耐著性子讓自己投入其中。

4 全集通讀是最高的訓練

想要澈底了解一位作家或一位思想家，一定要從全集通讀開始。從全集的角度來說，每一本著作都是片段。只讀過全集的一、兩本著作，你很難去說「柳田如何如何……」、「漱石如何如何……」程度還差太遠，就像在玩柳田、漱石的扮家家酒遊戲。從全集第一卷第一頁開始，讀到最後一卷的日記、書簡為止，「全部」都讀過一遍，是了解一位作家、一位思想家最確實的做法，也是最短的捷徑，這是我最想強調的一點。不管懂或不懂，從第一頁開始，每天一點一點地讀它，把全集從頭到尾讀過一次，這樣就對了。

在這樣的過程中，你會發現我們的智力，包括讀書力、理解力、系統性思考力、記憶力、構想力等產生驚人的全方位升級，感受到自己成長了。通讀過全集的人，在知識產出的格局上，會和別人出現決定性的差異。

全集通讀不但可以處理一位作家的生涯這類的問題，關於知性訓練的所有要素都會被動員起來，堪稱是足以代表所有知識產出 know-how 的最高訓練。閱讀全集這類大型的書籍，等於是把一位作家完整的知性生涯完整轉錄進我們的腦袋中——因此，我認為想要培養真正的知性，一定要實行通讀全集這個方法才行。

5 閱讀的姿勢

閱讀是一種身體性的行為。

身體的姿勢會使閱讀產生微妙的變化。站著讀、坐著讀、躺著讀，若以這三種讀書姿勢來分類的話，以站著讀速度最快，躺著讀速度最慢。

因此在書店「站著讀」是訓練速度的最佳方法。至少一個月要去大型書店一次，站著讀、大量瀏覽新書，了解出版界的動向。有些好書不會在報紙上刊廣告，有時候等書評出來才去看就已經太慢了，所以最好親自去書店一趟，和新書直接面對面對談，評斷哪些書是早晚都得買的書。

買書的錢可不能亂花，很多書買了只是浪費錢，這時候站著讀的工夫就能派上用場。拿起一本書，挑出裡面必要的情報，當場記起來，這樣就不用買下那本書了。因為你有想要節省書錢的真誠動機，所以做這種站著讀的訓練時，你的精神會出乎意料地集中。設計師赤瀨川原平先生、同時也是後來以尾辻克彥為筆名得了芥川獎的他曾說過，如果有一種攜帶式的拓印筆，只要在想要的頁數上擦過之後，就會自動複寫文字的話那該多好，對此我深有同感。所謂的拓印就像我們小時候會用紙蓋在十圓硬幣上，然後用鉛筆在上面快速地來回塗抹那種很簡單的複寫法。這很像是因為「千圓鈔票事件」（譯註13）引發爭議的赤瀨川先生會有的發想。但我想我大概等不到這種拓印筆問世，所以還是老老實實地站著讀，把必要資訊中，最小限度的專有名詞、數字等用筆記下來，再放進自己的腦袋中。這時候可以使用我後面會提到的「記憶讀書術」的方法。

我透過這種站著讀的方法，把書店提供的免費空間使用到淋漓盡致。當我接到某個計畫，必須寫報告或寫稿的時候，一定會去逛大型書店，然後在裡面物色幾本與主題相關的書，把必要的資訊吸收進頭腦中。有時候累了也會坐下來讀。就這樣，從一列書架到另一列書架徘徊，同時腦中把各種資訊連結起來，報告或稿子的「構想」就會自然慢慢地成形。有時我會花半天到一天的時間做這件事。最後，我只會把絕對必要的書買回家。

在圖書館想要看到新書，與書店相比，會有一定程度的時間落差，不適合有截稿時間的計畫。當然，對於預算不甚寬裕的我們來說，在書店站著讀也是不得已的辦法。同時，書店也是一個可以擴充我們貧瘠的書房、讓我們免費利用的難得空間。

關於姿勢讀書法，目前談的都是實用的站著讀的方法。如果想讀完長篇小說等大部頭的書，祕訣就是一下坐著讀、一下躺著讀，時常變換姿勢。光靠正確的姿勢以及幹勁，無法讀完《戰爭與和平》或《大菩薩嶺》這些書。

讀書也可以依照身體使用的部位，做生理性的分類。使用眼睛和嘴巴的「朗讀」，只使用眼睛的「默讀」。朗讀的歷史較悠久，以個體成長來說，小學低年級生就是用朗讀的方法來學習文字。

《源氏物語》中也有描述，宮廷沙龍的女官們時常聚在一起，讓其中一人為其他人「朗讀」，並視之為一種享受。直到明治二〇年代為止，朗讀一直都是處於優勢地位。前田愛在《近代讀者的成形》（有精堂出版，後改為岩波現代文庫出版）中，舉二葉亭四迷的《浮雲》為例，說明若以朗讀的方式閱讀當時的書籍，會得到意想不到的新發現。

朗讀（文字→聲音→意義）比起默讀（文字→意義）要費時，對於複雜內容的理解度也較低。從朗讀轉變為默讀，就等於是讀書的斷奶期，所以能越快轉變越好。但是，對於不擅長讀書的人，在把文字聲音化的階段就已不斷受挫，遑論默讀。對於這樣的人，我建議最好每天出聲讀報十分鐘，打好讀書的基礎。

在中世紀的修道院，「默讀」的僧侶是受人嫌惡的存在。在別人看不到的地方，默默看著紙張的樣子，會讓旁人以為他正私下和惡魔交易（外山滋比古《近代讀者論》，みすず書房）。據外山先生說，默讀和近代自我成長有著密不可分的關係。簡單來說，就是個人自立的一種證明。

默讀再進步下去，就不光是用眼睛，還要用手或道具來讀書。用手指翻頁、畫線做記號、寫註記，還有記筆記，使用筆和紙張。除了「閱讀字裡行間的意義」、「閱讀言外之意」，也可以開始在書中「寫出字裡行間的意義」、「寫出言外之意」。這種身體的行為透過文本做物質性的變形，可以把書本的世界轉變成物品並擁有它。往後當你重讀時，自己曾經做過的記號可以發揮地標的功能，很容易找到自己要的重點，並幫助自己重現記憶。因此，我的想法和二手書店的常識相反，我認為**有寫註記評語的書，價值比較高**。

6 讀書可以分為五個階段

接下來，終於要介紹閱讀的具體技法。當我們把書本轉錄在腦中，根據程度的不同（主要是根據轉錄所需的時間）可分為五個階段：Ⓐ試讀、Ⓑ速讀術、Ⓒ精讀術、Ⓓ重讀術、Ⓔ慢讀術。

Ⓐ試讀……這是用來鑑定這本書有沒有購買的價值，也就是測試商品時使用的方法，所以時間越短越好。補充一點，祕訣在於：多花一點時間看書名。從書名猜想這是一本什麼樣的書，有什麼樣的內容，把它當作一種訓練。然後立刻打開書本看內容，就可以知道自己猜得對不對。這個方法對於培養讀書的動機，以及記得書名有很大的幫助，不知不覺中可以訓練出對書的直覺。書名是一本書的精華中的精華。

試讀的變化版本就是「積讀法」。也就是即使買了書沒去讀它，心裡的某個角落仍一直知道它的存在（只看過書名），換句話說就是藏而不讀的書。當你需要用到它的時候，這個無意識的讀書法就可以發揮效果。雜學博士植草甚一就是非常有名的書名判讀高手。

Ⓑ速讀術……想要學會速讀，要先了解我們的眼睛是怎麼移動的。其實，我們看書的時候，眼睛不是追著一個字一個字的連續性移動。如果是這樣，那麼就算每個文字都感知到，也不知道句子的意思。其實，我們的眼睛是以單字或更長的片語為單位做非連續性的移動。因此，這時候眼睛的固定範圍越長越廣的話，讀書的速度就會變得很快。一開始以單字為單位，接著，練習讓眼睛固定在一行文字三次。然後一眼看一行，接著一眼看兩行，漸漸擴大視線的滯留範圍（視界），經過幾個

月的訓練，就可以一次讀一個段落。

一開始練習的時候可以用左手的手指指著視線滯留的範圍。

日文的文章混雜著漢字和片假名，所以我們的眼睛只要循著這些踏腳石前進，就可以達到速讀的效果，這是日文獨特的長處。只要隨便翻一頁看一眼書中出現的片假名（外來語），大概就可以猜測出該作者的教養程度。

除此之外，當你看到敘述比較絮絮叨叨的小說，只想知道裡面的概要時，可以使用幾種速讀的變化版本，比如只讀每段的第一個句子、用斜讀的方式、只讀每頁的前半或三分之一等，都是可以提升閱讀速度的速讀法。大家可以試著用丹尼爾·笛福的《魯賓遜漂流記》和村上龍的《接近無限透明的藍》來練習。此外，若是遇到論文等小標題比較多的書的話，可以只看你覺得有興趣的（未知的）標題的章節，就能掌握這本書的概要。如果你以前已經看過那本書作者的其他作品，只要仔細審視該書的目次，看看哪些章節提到的新觀念是他過去沒說過的，從那裡開始看起即可（挑讀）。

速讀的時候，在習慣該作者的文體之前應慢慢讀。前面我強調的，全集通讀法這個非常優秀的閱讀訓練方法，和這個方法其實互相呼應。做過全集通讀的人，就等於學會所有讀書必要的 know-how，因此他在讀其他書時，很快就可以進入速讀的狀態。

有些書適合速讀，有些不適合。可能是內容上的問題，可能是書本形態的問題。因此，一本書是否適合速讀，只能透過我們在讀書時所做的戰略判斷決定。

即使是同一本書，也會因為文庫本和單行本而有所不同。文庫本每一頁文字都被塞在很小的字距、行距中，很適合速讀，熟練的人甚至可以看一眼就讀一頁。而單行本和精裝書因為有很大的留白，閱讀的速度會比文庫本慢，但眼睛同時看著中心（印刷字）與周邊（留白），所以不容易覺得疲累，而且留白的部分可以讓閱讀者的想像力優游其中，多點餘裕來享受讀書的快樂時光。留白還可以發揮一個難以取代的作用，那就是一旦印刷字的密度變得非常稀疏時（頁面幾乎都是留白的話），言外之意的意義就能達到最大量——大家只要想像詩這個文類的形式應該就能理解。發話（有聲）透過沉默（無聲），文字（圖）透過留白（底），語言才有辦法被我們知覺（識別）到，這是彌足珍貴的真相。

再者，比起一欄排版，分兩欄、三欄排版的書更適合速讀。大家看報紙版面的結構就可以知道。讀書需要一定的速度。把長篇小說當作經濟學理論書一樣慢慢啃的話，很容易忘記故事概要。

ⓒ **精讀術**……這是在付出一定的努力解讀文章時必須使用的讀書法。這個讀書法要先準備好筆和紙。在關鍵字和關鍵句上畫線，希望記起來的地方則標上☆或◎等記號，在頁面（版面）上面的部分（天）畫線，指定範圍。這樣之後當你碰到困難的地方，就可以立刻回到這裡重新思考。

畫線時，可以照自己的習慣做變化。例如，「重要」的部分用——直線，「待商榷」的時候就用~~~波浪線，遇到關鍵字就把它圈起來。當然也可以用多色原子筆，透過不同顏色做標記。當我想要澈底了解一位作者的思想時，就會充分利用四色原子筆，連對那本書的文體都一併完整地分析。當初，杉田玄白等人在翻譯《解體新書》（Anatomische Tabellen）的時候，翻不出來的地方就標上⊕，他在《蘭學事始》中曾提及此事。

需要停下來思考的地方就在書本的留白處，或在別的紙張（讀書筆記）上圖解、計算，然後再繼續往下閱讀。和空手讀書相比，準備好文具再讀書的效果比較好。這種讀書態度，使閱讀者隨時處於希望有所行動的狀態，同時顯現出閱讀者積極介入書本世界的攻擊性姿態。**把文本做物質性的變化（做記號）是知識自有化（記憶）的第一步。**

如果沒有文具，可以先在書頁上摺角，把書頁的角當作箭頭，指到你覺得有疑問的地方，替代畫線。

讀完一本書後，可以在蝴蝶頁或目次的留白處，記上有做記號的頁數，附上簡單的小標題，製作專屬自己使用的索引。注意，製作索引順序為先記下頁數，然後再記下本文的內容。雖然是不起眼的小事，但這個順序很重要，你試著自己做一次就知道。在書中製作自製索引的方法，大約只要五分鐘、十分鐘就能完成，比寫讀書筆記的效率高。闔上書本，我們就不知道自己在本文中哪裡做了記號。因此，只要製作這樣的索引一覽表，就可以把這本書當作「查閱型書籍」，重讀的時候搞不好會喜極而泣，因為不用再從頭翻到尾尋找自己上次做了哪些記號，省下不少工夫。

還有，精讀術最重要一點是，當文章有附圖表或照片時，必須配合本文熟讀。圖表可以幫助我們更具體地理解本文，很多時候看似難以理解的文章，只需要看一眼圖表就能完全搞懂。

精讀的目的是為了求得深刻的理解，需要相當的專注力與持續力。當你覺得疲累，或內心有煩惱時，可能只有眼睛追逐著文字，但完全沒有掌握文中的意義。這時候，就算你很有毅力，勉強自己，重讀幾遍也沒用，只會在同一頁不斷徘徊。

這時候最好把讀書再一次還原成身體的作業。比如說，用手指指著文字讀，或抄寫一遍，讓身體產生一點緊張感。如果是漢字很多的文章，像是政治性宣傳手冊等，只要把它唸出聲，很多時候原本不懂的地方就可以迎刃而解。

7「畫線法」詳述

接下來這一段，我會說明如何以畫線法進行解讀訓練。

畫線就是在本文書頁的文字旁畫上輔助線，目的是讓閱讀者更容易掌握本文要旨，以及讓前後文的關係變得一目瞭然。就像幾何學的問題只需要一條輔助線，就可以讓問題迎刃而解，畫線用在讀書上也可以發揮同樣的威力。

解讀最終的目的就是用較少的文字濃縮本文，以便於烙印在閱讀者腦中。而畫線法對於製作摘要也十分有幫助。

下面我實際示範一次，如何透過畫底線或邊線的方法，做摘要的訓練。

拿出英文或法文字典查 underline 這個字就知道，它有「強調」、「凸顯」的意思。因此，畫線法的祕訣在於，在希望理解的文章中的關鍵字與關鍵句上畫線，把畫線的地方當作引導路線的踏腳石，把這些踏腳石串連起來就成為本文的摘要。

哲學或科學論文的文章會透過概念或範疇來推進思考和發展敘述，因此比較容易發現關鍵字（關鍵句）。

我們用下面這個例子來練習。因為這個段落不長，所以一開始先不要使用畫線法，用眼睛熟讀，讀完之後，在腦中對自己說明這篇文章在說什麼。

海德格和雅斯培、沙特等其他思想家，都被歸類為存在主義哲學家，但只要存在是顯示人的一種狀態，而存在主義是一種把人視為根本課題的人類中心主義的話，人就會被視為一種存有者。因此以術語上與存有者區別的「存有」作為根本課題的海德格，其立場不能說是存在主義，應說是以存有者的存有作為問題對象的存有中心主義，也就是名符其實的存有論。

如果是習慣讀這種文章的人，不用動手（鉛筆），光用眼睛就知道要在本文中的哪些字詞旁畫線，在很短的時間內就可以在腦中整理出摘要。但如果是第一次接觸這種文章的人，看到「存有」、「存有者」這些容易混淆的詞可能就已經頭昏眼花了，必須在同一個地方來回重複看很多次，才能搞懂文章的意思。這麼一來勢必要花很多時間，而且那些濃縮在腦中的詞、句子，一旦閉上眼睛，要對自己重複說明的時候，很可能就煙消雲散，忘得一乾二淨了。

下面我再把這篇文章引用得長一點，並實際畫線給各位讀讀看。

海德格和雅斯培、沙特等其他思想家，都被歸類為存在主義哲學家，但只要存在是顯示人的一種狀態，而存在主義是一種把人視為根本課題的人類中心主義的話，人就會被視為一種存有者。因此認為在術語上「存有」應與存有者區別，並視「存有」為根本課題的海德格的立場就不能說它是存在主義，應說是以存有者的存有作為問題對象的存有中心主義，也就是名符其實的存有論。即使把這兩者都稱作存在主義，海德格的存在主義依然有它自己的特色。但是，存有和可以直接被掌握的存有者不同，它不僅不顯現自我，反而還隱蔽藏匿自我。這樣的一種存有，無非就是海德格所描述的現象。因此，關於這樣的現象，「能夠顯現自我的東西，如同透過自我本身來顯現自我一樣，應從自我本身才能發現這樣的東西」，也就是所謂的現象學就變得非常必要了。視存有者的存有為根本課題的存有論，唯有透過現象學的方法才可能實現（原佑〈怎麼與海德格周旋〉）。

若我們只讀畫線的地方，就可以做出以下的摘要：

同樣是存在主義哲學家，但雅斯培、沙特和海德格不同。不同在於——「雅斯培、沙特」的「存在主義」是「人類中心主義」，而「海德格的立場」是「存有中心主義」。「但是，存有會……隱蔽藏匿自我」。因此海德格的存有論就必須使用……「現象學（的方法）」。

而這樣的摘要也可以用圖示來表示。

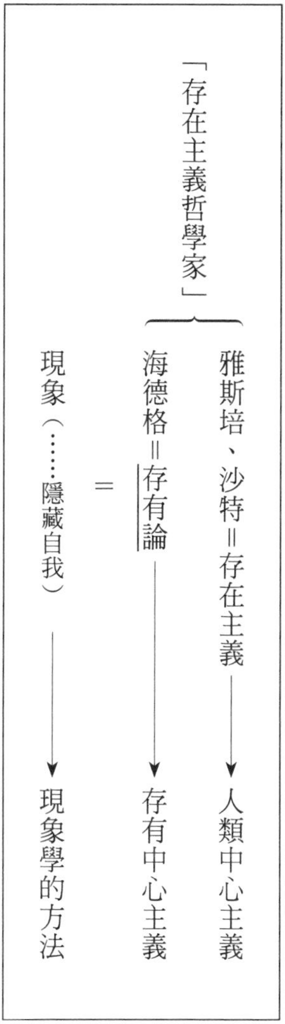

將它圖示化後，可以將其中錯綜複雜的關係全景化，節省詞彙，方便貯藏在我們的腦中。只要在書本的空白處，畫上這樣的圖示，之後即使讀到後面想要再回頭看這一段時，只要看這個圖示一眼，就能重現本文的內容。如果把它記在讀書筆記上，繼續往下讀的時候，還可以把這張圖示補充得更詳細，然後把它當成可以幫助思考的有效裝置。再者，當你在別本書遇到「哲學，根據海德格的描述，從方法來看是現象學，從對象來看是存在論」（桑木務）這樣的文章時，只要回想起那張圖示，應該就能馬上理解。不僅如此，你還能更明確地掌握海德格哲學的全體架構，也就是現象學與存有論。

然後，下次當你想挑戰讀完海德格未完成的代表性巨著《存有與時間》時，也可以在心裡擺著這張圖示，把目次瀏覽一遍，就可以大概了解第一章的「此在的預備性基礎分析」主要是以現象學的方法為主題，第二章的「此在與時間性」是以存有論為主題。

這種畫線法的功能，不僅只是製作摘要、圖示，有效減少我們的記憶容量而已，我們還可以把畫線的詞彙作為導引來觀察本文，讓我們可以更輕鬆地深入理解本文。摘要文或摘要圖示雖然只停留在形式上的理解，但為了練習本文內容的解讀訓練，我們甚至要把這些整理好的形式上的關聯視為一種道德原則。接下來讓我們再回到前面舉例的文章，把畫線的地方作為導引，再更詳細地解析閱讀的過程。

首先看到「海德格」以及「雅斯培、沙特」，就知道問題在於這兩者之間的差異。這時你可以問自己這個問題，海德格與雅斯培、沙特兩者之間有什麼差異，然後試著對自己說明。大概只憑藉目前擁有的知識無法清楚回答這個問題。那麼就趁這個機會，激發出自己的好奇心，抱著想了解這個問題的態度，繼續往下讀。

往下看，「雅斯培、沙特」和另一個畫線的地方「存在主義」有關聯，因此可以再畫一條線把這兩者連在一起。接著我們從「把人視為根本課題的人類中心主義」這句話可以得知，「人類中心主義」的前面有一句修飾語句說明它的內容，所以只要後面再出現「人類中心主義」這個名詞，就要回想起它的內容說明「把人視為根本課題」。同樣的，「存有中心主義」→「以存有者的存有作為問題對象」，「現象」→不僅不顯現自我……隱蔽自我等等，用較短的詞把很長的一段內容濃縮起來，這就是理解概念性文章的訣竅。總之，別忘了，作為摘要使用的畫線法是由兩個手法構成，一個是看到這些濃縮語就可以掌握它們之間的關聯性（抽象化），另一個就是把濃縮語還原成具體的內容（具體化）。如果沒有掌握好這兩者的關係，好不容易濃縮完成的圖示（抽象化）很可能就找不到回去具體事例的路，因而失去它的作用。

因此，如同這張圖示顯示的，在這篇文章中，「存在」—「人」—「存有者」這一個濃縮語（概念）的系列，與「存有」—「現象」這一個濃縮語的系列，是被嚴格區分的。

這樣的區分，你可以透過查閱哲學事典、利用本文的索引、讀到其他地方時作為自己的問題意識（詢問項目）等，把它馴化成為能夠具體使用的狀態，然後記起來。光是注意這一段本文引用中的「存在是顯示人的一種狀態」、「人就會被視為一種存有者」、「在術語上存有應與存有者區別」、「存有和……存有者不同……隱蔽藏匿自我」等表現，稍微發揮一下推理力就可以知道，存在主義的「存在」談的是人，但包含人在內的草木、桌子、屋子、天空、小鳥等所有存有都是「存有者」，因此必須讓這些存有者得以存有者的姿態顯現（但它卻隱蔽自己）的東西應稱為「存有」，這樣才能區別清楚。海德格關心的問題並非把人（存在）與其他的存有者區別給予特別待遇，而是把人視為與榔頭或森林都是同樣的存有者，目的是在探求萬物的根源「存有」，希望找到回去故鄉的路。

接下來我們來看看畫線法達人是怎麼解讀文章的。俗話說眼光透紙背（譯註14），下面這個例子，包準任何人看過之後，都會想要得到這樣的透視力。

我說的達人是指歌人齋藤茂吉。他看到與謝野晶子被刊登在明治三十九年《明星》的短歌一眼，就馬上看穿她作歌的祕密。

晶子依照順序，一共發表了十五首歌。下面我先節錄七首給大家看，試著盯著它們看，看有沒有辦法看穿這位歌人用了什麼方法作歌。

速香雖為無價之寶，仍只一時燃煙入人眼簾
晚春雨後，沾滿朝露的蛛網，宛如星夜
將死之日，散發香氣，如不化之蠟，肌膚無皺
春鳥今避巢，某冬思及此，不禁捧胸
憂鬱的十年，彷彿如住在山中小屋的貧賤夫妻
令人懷念，海邊的白色沙灘，黎明的心情，雨過天晴的白雲
把屏風上，女歌歌詠的小倉山、嵐山，作為樹籬

大家可以從這七首短歌的排列發現什麼嗎？老實說，我完全看不出來。所以看到茂吉指出這一點時，我訝異不已。

茂吉透過「如火炬般的眼力」，立刻在下面這些字詞旁畫線（我用粗體字標示）。從第一首開始，**速香**……**蛛網**……**避巢**……**貧賤**……**沙灘**……**樹籬**，把茂吉標記的字詞串連起來會發生什麼事？就可以發現晶子作歌的祕密。這些字詞對現代人來說大概看不習慣，要查字典才知道意思。這些詞都是「す」開頭——是的，「很明顯，這些字詞是她翻開國語字典「す」部，用聯想的方式把每一個詞彙都串在一起」！在讚嘆天才歌人晶子之前，我完全被茂吉眼力的強度給折服了（岩波《齋藤茂吉全集》十四卷〈與謝野晶子夫妻互讚〉。大石修平〈換喻的文字〉收錄於《感情的歷史》）。

不難想像，尊崇並奉寫生為圭臬的阿羅羅木派的茂吉，看穿了明星派的晶子的作品，「從字典

中選出一個單字，從那個單字出發，機械式地虛構出一首又一首的短歌」，從中嗅出了虛偽與頹廢的味道。因為原來受到批評家讚美的浪漫派，被茂吉銳利的眼光看穿後，也不過是機械式的「虛構」而已。

8 試著介紹突破難點的妙法

前面我們介紹過，精讀術之一的集中讀書術必須仰賴身體進行，而下面要介紹的，可以說是精讀術的「精華」，難點突破術。它的妙法就是「加括號」。

當我們讀書碰到晦澀難懂的地方時該怎麼辦？

人碰到這個問題，大概會有兩種態度。一種是非得搞懂這個難點才肯往下讀，以及先避開這個難點（讀過去），繼續往下讀。前者的類型是對理論書很強的精讀派，後者則是傾向喜愛文學書的多讀派。當理論書的邏輯性越強，它的概念（用語）就會組織得更細緻，所以要是跳過去，後面的部分就讀不懂。讀文學書就沒有這個問題。讀文學書會碰到困難，大概是因為（知性）年齡不夠的關係，這時再怎麼想破頭還是不懂。

所以碰到難點，要先了解難點的性質，是不是屬於不先理解就無法往下讀的類型，再考慮要不要改變方法。當然，一定有人會反駁說，沒往下讀怎麼知道這個難點是否要先理解，也有人擔心難點可能才是寶藏埋藏的地方。

有一個方法可以讓有這兩種疑慮的人都滿意，那就是「加括號」。遇到無法理解的問題，先把它用括號括起來，假裝它已經解決，留待以後再來真正地解決它。

以數學來說，在做複雜的計算時，比如說，把 x^2+2x+5 整個括起來，再用X標示，等最後再來解這個部分即可。打上一個X的符號，表示先不去管括號中的內容。這麼一來，既不會計算錯誤，還可以節省思考的能量，等想通了之後再來解它。本來，數學導入符號，就是為了獲得這些好處。

我們現今存在的「自然世界」呈現無限、複雜的內容。如果有人說，想要洞悉它，必須使用「自然世界」（客觀）的語言進行議論才行，這麼一來，哲學性的考察將動彈不得，一步也踏不出去。因此，我們可以給世界全體打上一個括號（對「自然世界」打上括號），然後停止判斷（即現象學哲學說的懸置〔Epoché〕）。

讀書也是一樣。先把難點加上括號，即使無法理解也沒關係，先知道「在這個條件下會產生這樣的結果」，把它當作不證自明的結論記起來。不要走進迷宮，先知道出口在哪裡就好。如此一來，很可能你繼續往下讀後，就自然而然地解開前面的謎題，或是在讀完整本書之後才會理解。甚至，可能過了好幾年，你再拿起來重讀，或是讀到別本書時才會恍然大悟。現在面臨的困難，不要固執地想在現在這個瞬間解決，想法應該要更靈活一點，留待以後解決即可，這一點很重要。我認為解決問題光是毅力是不夠的，還必須加上時間的要素才行，這個智慧我們要有。

不只是讀書，例如，我們不必非得理解圓周率 π 是怎麼被算出來的才能計算圓的面積。只要記得π的值，我們就可以計算圓的面積。相信大家應該都有這種數學式思考的經驗，有些事情不用嚴密地去論證它的公理或定理，只要把它當作不證自明的前提背起來，就可以繼續往下思考。如果要求我們的理解全部都要用毫無破綻的邏輯去塞得滿滿的，那麼我們的知識成長就會像阿基里斯與烏龜的故事一樣，永遠追趕不上新的發現，讓自己置身於無法動彈的狀態。就像即使我們完全不懂電視、冰箱內部的構造，但我們知道只要插上插頭，就可以得到我們期望的結果。把複雜的結構視為一只黑盒子，只要明瞭它的入口與出口、輸入與輸出的因果關係，就可以無礙地使用該系統。**用括號括起來這個方法不僅很有智慧，同時也是一種讓知性飛躍的方法。**

當然，「固執」地想要解開難點的心情很重要，要烙印在自己的知性地圖上。因為這份「固執」若能在我們的腦中扎下問題意識的根，很有可能最終會成長為明確的主題意識。

微積分學之祖萊布尼茲（Leibniz）的讀書以及他獨自學習新領域的方法，就是把這種加括號的方法和重讀法搭配使用。

萊布尼茲從幼時就養成獨自學習的習慣，他的拉丁語就是從閱讀蒂托．李維（Livius）的某本書開始，最後無師自通。他回想他當時的學習情況：

「讀李維的書時，我感覺好像陷入五里霧中。因為我對書中出現的羅馬人的世界、語言習慣一無所知，老實說，我一行都看不懂。那是一本很古老的木板印刷的書，是我費了九牛二虎之力才找到的。看不懂的地方我也不在意，就是拿起書來東翻西翻，看到不懂的就跳過去。就這樣持續這種讀書方法很多次之後，總算把整本書都過目一遍了。過了一陣子之後，再重複同樣的作業，居然比之前又懂得更多一些了。有了這次的經驗，以後不管看哪本書，都能想辦法理解它的內容，我不查字典，只是不斷讀它，直到我能理解它的內容以及深刻的意涵為止。我對這樣的讀書法非常滿意。」

萊布尼茲把他在幼年時所開發的讀書法、解讀法應用在其他領域上，他無論在哲學、數學、物理學、語言學、神學、歷史、法律等多個領域中，都有很傑出的表現。萊布尼茲與牛頓各自獨立地發現了微積分學的基本定理。以發現的時間來說，牛頓早了四年（一六六九年），但這個理論後來的發展，則是沿著萊布尼茲的路線進行。我們現在使用的微分、積分的記號就是萊布尼茲想出來的，就記號法來說，萊布尼茲贏得勝利。夢想透過普遍性記號建構百科學的萊布尼茲，他的獨創性，正透過 $\frac{dy}{dx}$、或是 $\phi(x)=y_0+\int_{x_0}^{x} f(t,\phi(t))dt$ 延續下去。

可以想像，從加括號開始等一連串把知識記號化的問題，在二十一世紀的知識產出樣式中，它將會被視為與知識的戰略選擇相關的普遍性問題，成為大家熱議的對象。大家可以豎起耳朵、睜大眼睛看看未來的變化。

Ⓓ 重讀術……讀完之後，沉澱一段時間，再拿起同一本書來看，可以從頭到尾讀一遍，也可以跳著讀，一定都可以獲得新的發現。沒有新發現也沒關係，就把這本書丟了也無妨，這也是重讀術發揮的功用之一。這個過程，同時也是對自己的書本鑑定力以及知性能力的成長所做的最終檢視。

「輕視重讀的人，不管到哪裡，永遠只能聽到同樣的故事。」羅蘭．巴特在《S／Z》中這麼說。對重複感到恐懼，是一種與資本主義同時出現、現代人才有的喜愛「追逐時髦」的病。現代人連讀書這件事，都要視為一種配合產品生命週期的消費行為，希望能不斷地把它投入資本循環，滿足資本累積增長的欲望。就讀書文化而言，我們必須反對這種資本主義運作的模式，應該不斷地不斷地重讀古典著作——透過重讀古典著作這種有限的資源，從中不斷挖掘出無限的意義，形成資源再利用的文化。重讀並非意味著重複。同一個文本被重讀之後，會變成一個更複雜的新文本，它的內容可以有無限豐富的可能。這不是資本的累積增長，而是讓我們的靈魂變得更加富裕。

Ⓔ **慢讀術……**這是重讀術的延伸，故意拉長讀書時間的方法，可以說是所有讀書術中最理想的狀態。

精讀時，我們可能會因為採取畫線法、註記法，暫時中斷讀書行為，變成一種慢讀的狀態，但在精讀階段，這樣的狀況最好越少越好。慢讀法並非只是深刻理解一本書，而是像把書吃掉化成自己血肉的一種方法，連消化吸收的時間也算在讀書時間內。

慢讀法最重要的就是一邊讀書，一邊和書中的作者對話問答。不斷向作者尋求說明，直到領會為止。不斷地問自己，作者的說明你能接受嗎？然後試著挑起爭論。若爭論爭輸了，那就乾脆爽快地臣服。只要這麼做，這本書的精髓自然就會成為你的記憶。下面我們要介紹記憶讀書術。

9 記憶讀書術也有很多方法

只要把記憶交給遺忘這個自然淘汰的機制，真正必要的東西，真的能理解的東西就可以輕鬆地記起來。所以，在記憶某樣東西之前，「我要把這個記起來」這種自覺是必要的，應該要先行。

因此，記憶術的首要之務就是，限定應該記憶的範圍。

第二個重點則是利用遺忘曲線，鎖定遺忘的時間帶（二十分鐘以內或九個小時以內）重複讀（復習）。這一點有個別性的差異，只要透過經驗大致掌握自己的遺忘曲線即可。然後有機會的時候，就重複應用這些記起來的東西。總之，重複為記憶之母。

第三，你還可以利用記憶的場所性、空間性。記憶力驚人的歌德和森鷗外都被人說是「過目不忘之人」，像森鷗外就曾說自己「用耳朵聽過很快就忘了，但只要讓我看一眼，就絕不會忘記」。我們每個人讀完一本書後，想要再回想書的內容，大概都是視覺性的記憶，像是哪一段文字出現在書本的哪個段落的右上方，或在某張圖表的下方等。翻開書重讀那一頁時，可能還會記得之前讀到這一段時，電話響起被打斷之類的事情。我們可以利用記憶的視覺性，來進行記憶力的訓練。試著把讀過的書在腦中打開，像真的看到畫面似的，從頭讀到尾，這是把頁面影像化的訓練。

第四，把應當記憶的東西用一個關鍵詞代表，只要想到這個關鍵詞，就會開枝散葉地回溯出所有內容。簡單來說就是把所有內容濃縮成隻字片語。這就是分析作業時也會用到的知識打包術的做法，同時也是把貼上分類標籤用來整理書籍的保管術內化後的方法。命名關鍵詞的祕訣是，想一個能利用聯想讓自己容易回想起內容的名稱。

第五，透過自我上課法的記憶讀書術。這是利用完全理解後就忘不了的這個法則，試著把讀過的書的內容，重新對自己（也可以對別人）上一次課。記憶模糊的地方，就是你理解得不夠透澈的地方。這個訓練不僅可以增進思考力和知識透視力，還可以在你下次重讀時，增進更深刻的解讀能力。

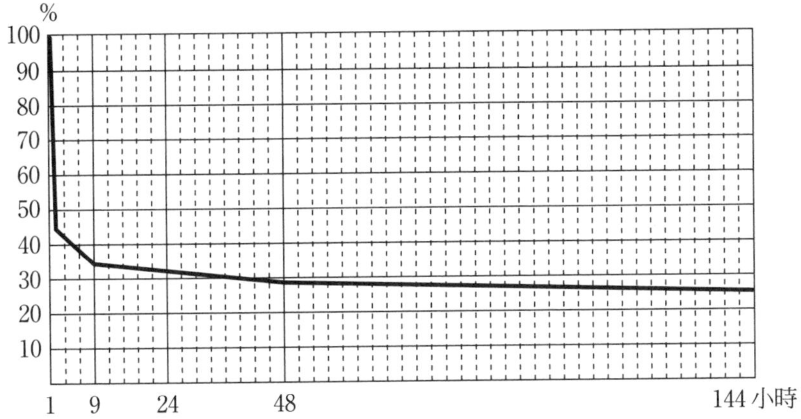

遺忘曲線（艾賓浩斯）——記憶之後的二十分鐘，大約會遺忘一半以上的內容，過九個小時之後，幾乎就會完全遺忘，呈現穩定的狀態。

（根據相良守次《記憶是什麼》（岩波新書）所做的圖表）

以小說來說，你可以把內容像看電影一樣，一邊在腦中播放一邊閱讀，把它當作一種練習。影像化後的故事，你絕對不會忘記。

記憶讀書法的目的並非在於記憶本身，而是在於血肉化，所以下面我想介紹一個更高段的方法。這是擁有超強記憶力、我國最強知性人物南方熊楠用的方法，也是以森鷗外為首，明治時期知性人物們活力的泉源。

這個方法就是抄書，是名符其實的抄書，把書中的內容全部抄過一遍的訓練。

南方熊楠從明治九年他十歲時，就開始在書店站著讀《和漢三才圖會》（一百零五卷）並抄寫。十二歲時，他從學校回家的途中，看到舊書攤堆了一落和本《太平記》（四十卷），他站著讀了三、五頁後，立刻跑回家，把剛才讀的東西寫在紙上，就這樣持續半年，他就把四十卷全部抄完了。不僅如此，他在十二歲以前抄完的書還包括《本草綱目》、《諸國名所圖會》、《大和本草》等。明治二十六年（二十七歲），他把倫敦大英博物館收藏的珍本書五十三冊共一萬八百頁全部抄寫一遍。明治四十年（四十一歲）開始抄寫和漢古書直到他去世為止，身後留下了現存六十卷的《田邊拔書》。再舉例，他從明治四十四年開始抄寫《大藏經》（三千三百卷），到大正二年抄寫完畢，這大概就是他抄書的狀況。

能夠自由自在地引用世界古今中外的書籍，「只有熊楠先生才稱得上是活字典」，聚集在倫敦的學者無不感到訝異。南方旁徵博引的功力，靠的就是他終生不輟的抄寫術訓練。

就連柳田國男也驚嘆地說：「唯有我們的南方先生，任你找遍全世界，也找不到一位能與他匹敵之人。他這一生七十多年所做的事情，幾乎都不是普通人所能成就的。我等認為這應是日本人所能成就的極限，但有時候又覺得，似乎還可以再更上一層樓。」（《柳田國男集》第二十三卷）

我們也可以試著模仿這位被稱為「日本人所能成就的極限」南方熊楠抄書的 know-how 不是嗎？可以抄寫整本書，也可以摘錄。先從抄寫一本古典名著開始，我相信你的身心，一定從裡到外都變得不一樣。

正確抄寫文獻的能力並不如想像中容易，可用來測試你是否能正確地觀察、理解本文，評估你的解讀能力。無論複印的技術多麼發達，這麼有效的訓練法若遭到捨棄，將找不到更好的回顧文獻的方法。特別對於立志透過文獻從事知性活動的人而言，正確的抄寫是基礎能力之一，要有這樣的認知並熟練這項技巧。

抄寫時若能混合背誦法（我把它稱作「背抄法」）的話最好。從一個句子開始，然後是一個段落，把它背起來，然後寫下來。一開始的書寫範圍用左手食指指定即可。抄寫錯的部分不要擦掉，在旁邊畫線然後訂正。其實這個抄錯的部分正是抄寫術最大的寶貝。會抄錯的地方，通常是問題所在。因為抄錯的地方正是夾雜讀者的思考，扭曲文本的地方。只要分析為什麼自己會抄錯這個部分，就可以成為閱讀者自我反省自以為是的思考的最佳材料（也會讓你重新認識自己）；不僅如此，更重要的是它可以讓讀者確認自己的語言（思考）和文本的語言（思考）有多少差異性，進而成為兩者對話的起火點。只要持續追究下去，你甚至可以讀取到作者思想的氣息。我透過這個方法和芥川龍之介對話時，就曾彷彿聽到他發出嘶啞悲鳴的聲音，令我不寒而慄。

透過抄寫，即使是平時覺得平淡無奇的語言，也都可以因為發現它蘊含的特別意義而感到狂喜，這樣的體驗你一定有機會得到。**背抄法是把看起來只是羅列文字的文本，顯像為真正「有意義的織物」的最佳方法**。當然，這個方法只能使用於優秀的文章，否則沒有意義。

10 向本居宣長學習慢讀術的奧義

慢讀術還有一招祕招，就隱藏在江戶時代的國學家本居宣長的《初山踏》中。這個方法，簡單來說就是「專業學習訓練法」，其實就是注釋術。這是最需要耐心的做法，但它的要求完全沒有不合理之處。

①首先是閱讀學習專業的必要讀物，而且「宜把卷數多、大部頭之書挪至後讀，先讀短小輕薄之書」。

②專業書籍不需要照一定的順序閱讀，「應以方便為主，不求順序（不拘泥小節），可任意翻閱」。意思是要我們不用要求一定要整本書從頭到尾都了解，輕鬆翻閱完一本之後，再換看別本書即可。多讀幾本之後，就可以掌握該學問的概要，自然而然知道應該讀哪些書、要用什麼研究方法等，提出自己的戰略（見解）。

③之後，你就可以選一本該學問的古典著作，開始注釋。一般我們在讀書的時候，「無論看得多麼仔細」，屏氣凝神地看，仍有個限度。但如果一邊注釋一邊讀書，任何一本書「都會格外用心地細讀」，得到的收穫也比較多。即使注釋得不完全，對自己的學問依然有很大的助益。

就這樣，宣長完成了一部提供現代的古典研究者規範的文獻學巨著《古事記傳》。原本深深烙印在腦海中的抄本，這下已經完全變成讀者自己的著作，正式成為物質性的獨立存在。《初山踏》顯示出一種把一生都獻給學問的學者，卻毫不裝腔作勢的謙虛氣度，讓人無限地嚮往。我的一位朋友，每當他感到受挫時，一定會拿起這本書重看一次。

宣長的注釋方法在文學研究領域（特別是古典文學）成為一種歷久不衰的基礎作業。但是我們在做注釋的作業時，不能為了注釋而注釋。應把注釋當作一個施力點，讓我們的閱讀往上跳到另一個更具攻擊性的層次，也就是「評論」。

大家回想一下，班雅明對布萊希特的詩注釋的方法。或者你可以看看列寧（Vladimir Lenin）對布哈林（Bukharin）的論文加註的「評注」。注釋是讀者（注釋者）的思考與作者的思考短兵相接、互相碰撞的一種根本性對話的形式。在這樣的對話場域中孕育出來的，不是單純一致的思想，也不是單純反對的思想，而是形成全新的意義或說全新的思想。**評論是閱讀者對文本表現出最具戰鬥性友情的閱讀形式。**

認為文本埋藏著固定的意義，讀者只要把它挖掘出來就行了，這個想法是錯的。文本只有在被閱讀的時候，才能成為「有意義的織物」，而且根據閱讀方法的不同，可以產生無限多的意義。這就是為什麼閱讀的最高境界就是一定要進行評論。

11 「不讀之讀」才是讀書術祕招中的祕招

以上關於讀書戰略，我們從放棄沒有必要讀的書的「外在性讀書」方法開始談起，到一本書應該通讀或跳讀的判斷問題，然後根據目的採用不同階段的讀書術，包括從「試讀」到「慢讀術」這五個 know-how。

談讀書術的最後，我一定要介紹一個堪稱為奧義的「不讀之讀」之術。這是在談一個最初始的問題，也就是為了什麼而讀？

看到這個世界上有這麼多書，有時真的會不知從哪裡讀起。我想大家應該都有過類似的經驗吧，在暑假結束時，看到桌上那堆讀到一半的書，真的會不禁悲從中來。就像漱石的俳句說的「立秋之際，一卷書，未盡讀」。

漱石在倫敦留學的時候，為了買書連買食物的錢都省下來。他用細小的字塞滿的讀書筆記本，堆起來有兩公尺那麼高。但是他認為，想要貫通自己所有的研究主題，這些讀書量不過如跳蚤的糞便一般渺小。漱石在《文學論》中用這樣的形容來表現自己的焦躁與寂寞。

他在序文中給我們這樣的建議——「致青年學子。有人以為，欲於一己之專門學業上做出貢獻之前，應趁年輕有為之時，貫通整體知識，立志讀畢古今上下數千年之書。若致力於此，至白頭之時，亦未能貫通。」

換句話說，漱石在教大家放棄「讀破」萬卷書的觀念。這確實是人生的智慧，是最高的讀書戰略。只有對此事斷念，你的讀書量才能確實而且有意義地增加。

「成為沉思者——每天至少要有三分之一的時間，不要激情、避開交友、不讀書度過，否則別想成為沉思者。」（《人性的，太人性的》）

多讀會妨礙沉思，尼采的這段話就是「不讀而讀」的智慧，與大家分享。

除此之外，尼采還曾提議人應去做一趟沉思的郊外旅行，「把博學的書本搬到自己眼前——我們人並不屬於泡在書堆中，接受書本的刺激然後產生思想的族群——我們的習慣應該是喜歡在郊外沉思，而且是一邊走、一邊跳、一邊爬、一邊跳舞、一邊思考，尤其喜愛在孤獨的山中或海邊附近的某條路上等適合沉浸在深思熟慮的場所中思考。」（《快樂的知識》）

「不讀之讀」或說對於打消閱讀的念頭，可以為我們展開一個比萬卷書更遼闊的世界，換言之就是閱讀「世界這本書」的旅程，同時也是邀請我們進入沉思、民族學、人類學的田野調查的一張邀請函。

譯註13：作為前衛藝術家的赤瀨川在一九六三年發表了一張與一千圓鈔一模一樣的畫作，因此吃上官司，最後因為「偽造貨幣」遭到法院判決有罪。

譯註14：「眼光紙背に徹す」，日本俗諺，意指能看穿文章背後含意，理解得非常透澈。

專欄 ❷ 電子時代的讀書術

自一九九五年 Windows 95 發售以來，電腦與網路急速普及，現在電子書已經逐漸朝普遍化邁進。另一方面，有一派人堅定地認為，書本還是得用紙本的形式才行，紙本書籍與電子書的差異還處於很曖昧的階段。

「雖說語言是線性的，但書本不一定要照著線性的規則走。」發明「超文本」的泰德・尼爾森（Theodor Nelson）說。他認為文本之間可以透過「link」連結「超文本」（Hypertext）也就是「超越文本的文本」。他的意圖是想要撼動重視順序、分類、階級秩序的西方文明的組成原理。歷史學家侯瑞・夏提葉（Roger Chartier）呼應這個想法，提議我們應該開發閱讀超文本的「超讀書」技法。閱讀電子書時，我們需要的就是像這種更具攻擊性的讀書法，閱讀者要更有主體性地介入書籍，重新編輯書籍，並製作出新的東西。回顧本書探索的讀書法或思考法，可以說就是在等這樣的技術出現。

伊凡・伊里奇（Ivan Illich）在《在文本的葡萄園中》指出，早在十五世紀古騰堡革命（活版印刷的發明）之前，歐洲中世紀的修道院中，早就已對聖經的注釋書的形式，發明了檢索與連結等編輯技術。本書所介紹的「老派的」知性技術，正是這種和今日數位技術相隔年代久遠卻又互相呼應的抄本時代的先端技術。

書寫

執筆術

終於進入知識產出、知性創造的最後一個過程了。利用筆記與卡片，實際進行從構想到執筆的訓練。

從「收集」開始的知識產出或知性創造的過程，藉由最後「書寫」的行為，完成一個封閉的循環。

透過雙腳四處走動收集資料的蒐集術以及透過手和筆在紙上寫下文字記號的執筆術，是知性活動中兩項最需耗費身體勞力作業的活動。因此，從事這些活動時，還要考慮到身體的狀況。執筆的時候，難免會有肩膀痠痛以及伴隨而來的牙痛、頭痛等問題。肩膀痠痛還會造成後頸僵硬，難以轉頭等問題。

還有一個是因為執筆時極度緊張造成的神經性胃痛。有些人只要經歷過一次這種像擰破抹布一般的疼痛，就再也不想寫第二次了。雖說完成的時候大抵會產生爽快的心情作為補償，但對於一天到晚都要靠執筆過生活的人而言，會有慢性化的危險，因此要多花一點工夫保護好你的胃，這很重要。最簡單的方法就是轉換心情。做一些其他的工作，或是去泡個澡、出門散個步等什麼都可以，一定要把這個機制放進自己的執筆術中。對於目前只寫些短篇文章的人來說，也可能要經歷一個禮拜或一個月的軟禁束縛狀態，因此這類的心情轉換機制應該要儘早打造完成。為了終其一生維持知性生活，最好找一些適合自己的方法，這個觀念很重要。

1　記筆記是執筆的第一步

同樣是「書寫」，寫備忘和記筆記這種作為自己記錄使用的書寫，以及把它印出來以公開發表為目的的執筆術，兩者的書寫方法完全不同（寫信則介於兩者之間）。但是，要練就寫稿的執筆術之前，必須先累積寫備忘和筆記的訓練。連把自己的思考化成文字寫在紙上的功力都沒有的人，不可能寫得出讓別人讀得懂的文章，這是第一個理由。另一個是，備忘和筆記在原稿執筆階段，可以發揮材料（資料）的功用，從這點來看，備忘術、筆記術確實是進行執筆術訓練前不可或缺的基本步驟。

做備忘的訓練之前，要先整備好書寫用具。文具的部分應盡量迎合自己的喜好，讓自己喜歡上書寫這件事。喜歡之後，慢慢就會變成習慣。不喜歡書寫的人，大部分不會隨身攜帶文具。平常養成攜帶文具的習慣的話，就能自然塑造出書寫的環境氛圍。

有一點要注意的是，進行備忘術訓練時，一開始不要太講究用具。換句話說，只要簡單準備紙和筆就好，慢慢地再增加不同用途的文具。比如說，用鋼筆做備忘的話，每次都要轉開筆蓋再闔上，多體驗幾次這種不便，你就知道原子筆的優點。像這樣，文具要配合自己的知識產出力成長，逐漸讓它變得多樣化。

做備忘的時候，無論是多麼無聊、微不足道的內容也沒關係，立刻記下來就對了。一個想法如果沒有當場外化成物質（文字），事後可能怎麼回想也想不起來。我們書寫的時候同時也是在做思考的訓練，漸漸地就能寫出好用的備忘。

江戶時代的井原西鶴寫過一本收錄各國怪異奇談的說話文學《西鶴諸國咄》，也寫過《万之文反古》等這種以庶民的信件和親情倫理故事（社會新聞）為題材的小說，但他並不是單純地當一個採訪記者而已。他會跟人天南地北閒聊，聽到有趣的故事就立刻記下來，然後放進紙簍中。最後他會以紙簍中滿滿的紙條作為題材寫小說。原來備忘狂自古以來就有。

由此可知，執筆術的基礎就是，**養成備忘的習慣**。

2 筆記術——知識產出的原點

要使用什麼樣的筆記本呢？大家只要回想一下「大學筆記本」的樣子即可。硬皮的高級筆記本用起來反而不方便。相反的，可以捲成一圈的那種軟封面的筆記本最輕便好用，保存時也不占空間。最好是書背還可以貼標籤的那種，這樣就可以在書背附上標題。線圈筆記本作為語文練習或翻譯筆記本非常好用沒錯，但因為沒辦法在書背上貼標籤，一旦被放進書櫃中就很難檢索。

總而言之，**寫筆記這件事，就是製作一本世界上絕無僅有、專為自己使用的書籍**。所以要選擇裝訂好、不會七零八落、平裝的筆記本。

換句話說，筆記本最好也和書一樣，要有標題（像「鷗外筆記」或「魯道夫・希法亭」《金融資本》摘要）、目次（大多最後才製作，所以前面幾頁要先空起來）與頁碼（頁數）。頁碼當然適用連續式的記號最好，但我因為怕麻煩，所以只用年月日表示（比如說，80012001～80012005……一九八〇年一月二十日P1～P5的意思）。你還可以進一步規格化，與剪報冊或活頁筆記本的頁面連結。

如同書會做大標題、小標題，筆記本如果也可以製作小標題，事後查閱會方便許多。不僅檢索變得更容易，還可以透過小標題對於本文的內容一目瞭然。甚至可以說，一本筆記本事後能否不斷被重複利用，端看它的小標題做得好不好。

你可以先做大標題，而小標題等下次重讀的時候再做就好。不管採用什麼方法，做小標題時要和書本一樣，為了吸引目光，必須用六行的分量來製作。先空三行與前一個話題區隔，然後一行小標題，再空兩行寫本文。

關於大標題、小標題的問題，我曾在知識打包術、讀書術（摘要訓練）中強調過它們的重要性，它們的本質就在於命名。命名是所有知識產出的基礎中最具本源性的行為，關於命名（下標）的重要性，再怎麼強調都不為過。命名——經由下標之後，對象才真正成為思考的對象。透過文字，思考才能確切存在。沒有名字的東西對思考來說不是不存在的事物，就是容易被忘記的事物。

在思考對象存在與不存在的分界點上，若說有什麼可以在兩者之間發揮媒介的決定性功能的話，應該就是標題。因此有人會先寫標題再寫本文，也有人先寫本文，再下標題。前者的極端案例就是谷崎潤一郎的小說《麒麟》。據他本人描述，這本《麒麟》是先有標題（語言），然後再從文字

聯想，完成故事的內容。（谷崎潤一郎《文章讀本》）

即使以同一本書來說，小標題至少可以識別出三個不同的層次。首先是作者的構想或構想筆記本中的小標題。這種小標題通常會作為草稿專用的「目次」。這樣的小標題、目次，最終化成書本送到讀者面前時，大多時候就看不出它們原本的模樣。這是因為這些標題只是透過作者沒有修飾的話語，用來維持作者觀念的關鍵詞使用而已。

第二種是把原稿變成印刷字的階段，編輯會為了方便讀者閱讀而製作小標題。以迎合一般大眾口味的新書來說，大多為了易讀性，會大量地下小標題。這些小標題，不僅可以測試編輯的摘要能力還有敏銳度，也可以看穿編輯的意圖。特別是閱讀報紙的時候，最適合做「讀標題」的練習。多做練習就可看出這份報紙想傳遞的世界觀，順便訓練自己的摘要能力。

最後一種是讀者自己下的小標題。我們閱讀書本的時候，會不自覺在腦中把內容分段落、做摘要、下標題。理解一本書就等於讀者已經把本文用較少的話摘要，並保管在大腦中。換句話說，讀書這個行為，也會發揮思考的經濟（節約）原則。若有讀者可以自覺性地做這些事情，也就是在書的欄外加上自己的小標題，持續發展下去就可以變成濃縮一本書的內容的讀書筆記。

如上述，幫書籍製作小標題，無論對作者、編輯、讀者的知性活動來說，都是兼具創造（思考）與保存（記憶）的基礎作業。現在這三種本來不同的標題化作業，都逐漸朝編輯層次的標題化靠攏。也就是說，原本位於兩端的作者的小標題和讀者的小標題都漸漸朝編輯的層次接近。因為，編輯的功能在出版界中占主導性地位（知性的新聞記者化、編輯的製作人化），越來越多情況是作者和編輯共同

「企劃」，共同製作目次，甚至連小標題都一起決定。在著作存在之前，就已經先透過企劃書的形式決定它的內容（商品的概念）以及摘要（小標題）。如此一來，寫書這個原本屬於作者的行為，就幾乎成為不被意外（偶然、靈感）左右的機械性勞動（執筆者的勞工化），讀者的閱讀行為也變成乖乖接受早已安排好的小標題的被動行為（讀者的消費者化），知識產出全體變成一種近似於工廠制度的大型工業（書本的商品化）。最典型的例子就是週刊雜誌的製作方式，先制定好目次，然後由多位作家分擔執筆。

即使是現在，我仍堅持認為知識產出的本質應該是手工業。從這個觀點來看，連人類的思考都要模擬商品生產的過程，並不是一件好事。因為宛如自動化工廠的思考法，只能創造出整齊劃一的思想。下小標題看起來雖然是一件小事，事實上是關乎如何保護作者與讀者主體性的大問題。

我們應認同這三個層次的小標題各自的獨特性，同時持續對於知識商品化的局勢採取批判的態度。知性的消費者不斷被訓練為習慣接受現成的知識與教養，已經到了條件反射的地步了，在這種管理化的社會中，消費者就如同處於某種教育裝置中的「考生」一般。

如果可以承認作者、編輯、讀者這三者有各自的主體性與獨特性，這三種層次的小標題能夠為我們的筆記術帶來很大的助益。因為做筆記是知識產出過程中，每一個步驟都需要用到的作業。用於發問、發想的創意筆記，用於資料蒐集的採訪筆記，用於抄本、節錄本、注釋、評論的讀書筆記，用於分析（實驗）的研究筆記，用於執筆構想的構想筆記，用於草稿的草稿筆記，每一種筆記都需要下小標題。當然，不需要每個步驟都準備一本筆記，小規模研究的話，只要一本大學用的筆記本就可以應付全部。

使用筆記本不要省，豪氣點無妨。每當換一個大的主題，就直接使用新的一頁寫，下新的標題。筆記本和書的不同之處在於，為了可以反覆使用並添加新的內容，可以豪氣地留下大片空白。在讀書術的訓練中，我們教大家在書本的欄外寫註記，這個方法在筆記本上能夠更澈底地執行。你可以只使用左邊那一面，讓右邊那面保持空白。

演講或會議的時候，即使有錄音，最好還是老老實實地記筆記。因為重聽錄音得花一樣長的時間重複聽一次，但如果是翻看筆記本，只要花幾分鐘就行了（如果再把錄音化為文字的時間考慮進去，後者更是大勝）。因此，速記法也是一樣，要花時間把速記的內容化為普通文字，依然不是有效率的做法。

3 列寧的筆記，可重複多次使用

至於記筆記的方法，我認為可以向蘇俄的才子型革命家列寧學習。他的筆記本中包含讀書記錄（摘錄、摘要）、自己的評論，以及重讀筆記時的感想。這種可重複使用的筆記法，是值得我們學習的榜樣。他還很細心地用各種線條和符號標明重要的地方或應檢討的地方。想到他用這樣的大學筆記在讀書、思考，然後擬出《國家與革命》的草稿大綱，直到最後真正掌握實權，就覺得這種一絲不苟的筆記術以及強大權力的結合實在非常有意思。

列寧的讀書筆記、構想、草稿筆記，現在可以看到日文版了（《哲學筆記》、《國家與革命筆記》、《帝國主義論筆記》——岩波文庫、國民文庫、大月書店版全集）。下面的一七〇頁和一七一頁，我節錄了大月書店版的《哲學筆記》供大家參考。

我們可以從列寧的綿密筆記術中，獲得許多啟發。其中我特別推薦兩個手法。一個是讀書筆記中的摘要手法。為了做出盡量貼近原文的摘要，他在筆記中大量引用原書中的本文。列寧下了很多功夫，藉由自己的說明，讓引用文自然浮現，盡量讓引用文自己說話。他做筆記的特點在於先十分正確地掌握作者的思想之後，再加上自己的想法，採用一種對話的方式進行。比如說，他在黑格爾《邏輯學》的讀書筆記中，把黑格爾用兩頁描述的本文，只用兩個關鍵句就濃縮了：

「『本質……之所以為本質……是透過固有的、有的**無限運動**。（P4）』絕對性本質……並不擁有定在。但它必須往定在移動。（P5）」

這兩個關鍵句，幾乎只留下骨架，而且是被極度壓縮而成，因此反而可以一眼就看出黑格爾的邏輯脈絡。接著在節錄引用的後面，他透過沒有引用符號的解說（列寧自己的文章）做出評論：「本質作為概念（＝絕對性）的過渡，剛好位於有與概念的正中間。」這句評論又把前面的引用文更精準地濃縮。我們可以從這個過程得知，黑格爾的本文是如何被濃縮轉錄在列寧的頭腦之中。

當然，他的引用並不一定都是短文，有時候只引用關鍵詞，有時候引用關鍵段落，即使如此，光是看過這本文庫本約一百五十頁不到的筆記，就可以了解日文單行本全四冊大部頭的黑格爾《邏輯學》的概要，可見列寧的摘要、轉錄功力有多麼高強。有些黑格爾研究者就是靠這本筆記作為引導，來解讀黑格爾的本文。換句話說列寧的讀書筆記，不僅對他本人，連後來世代的人都可以拿來反覆使用。革命家時常被逼著要過逃亡或牢獄生活，即使失去接觸原書的機會，只要有這樣的讀書筆記，我相信他依然可以保持相當程度的思考。

他的讀書筆記還有一項值得我們學習的地方，就是他的解讀手法。想要透過筆記理解難解的文章時，這個方法非常有效。比如說，在《邏輯學》的讀書筆記中，黑格爾的本文為：

「絕對性方法剛好相反，它不採取外在反省的態度，而是從自己的對象本身抽取出被規定的事物。」而列寧在筆記上則是這麼寫，「『絕對性方法』（即認識客觀性真理的方法）『剛好相反，它不採取外在反省的態度，而是從自己的對象本身抽取出被規定的事物。』」

換句話說，引用文中若出現對列寧來說難解的問題或用語（以上述例子來說就是「絕對性方法」）時，就會中斷引用文，說明該用語，然後再接著引用。對我們來說，或許還有其他難解的用語，所以無法完全了解黑格爾的本文，但我想大家應該可以理解列寧的解讀手法。列寧面對黑格爾難解的文章就是用這樣的方法，一邊對用語注釋，一邊解讀，讓文章變得容易理解。

大家看列寧的筆記就知道，引用文（原書的思考）與說明文（列寧自身的思考）這兩個過程，是以對話的方式進行。但是，筆記術除了這兩個過程之外，其實還有一個更高階層的過程同時進行。那就是在寫筆記時，自己對自己的作業的反省，像是「這裡的摘要或許做錯了」、「如果照這個想法走下去，可能會出現矛盾」等，內心還會有另一個聲音不斷喃喃自語。這是檢視、反省自己思考過程的「另一種思考」正在運作的關係。對於思考的思考——這種思考就稱作「後設思考」。

相反的，在真實的認識中，方法不僅只是幾種規定的集合，而是一種概念的在己為己的規定，而這種概念同時擁有客觀性的意義，正因如此，它才能成為中項（在邏輯學中，推理的論證形式的中間項）』……（331）

……『絕對性方法』（即認識客觀性真理的方法）『剛好相反，它不採取外在反省的態度，而是從自己的對象本身抽取出被規定的事物。為什麼？因為這個方法本身就是對象內在的原理、靈魂——這正是柏拉圖對認識的要求，也是針對事物做在己為己的考察。換言之，一方面對事物做普遍性的考察，另一方面，不要離開事物，不去掌握附帶的事物、實例或做比較，單純把事物擺在眼前，讓事物本身流露出內在的東西到我們的意識中』……（335-336）

這種「絕對性認識」的方法是分析性……「但它同時也是綜合性」……（336） (213)

「這個同時擁有分析性和綜合性的判斷的契機——透過它，最初的普遍性事物就從自己本身之中把自己規定為自己的他者——應被稱作辯證法式的契機」……（336）（＋看下一頁＊）

辯證法的諸規定之一

這個同時擁有分析性和綜合性的判斷的契機——透過它（契機），最初的普遍性事物（普遍性概念）就從自己本身之中把自己規定為自己的他者——應被稱作辯證法式的契機。行動的成果是主觀認識的驗證，真實存在的客觀性的基準。

188

……『這麼做的成果就是，認識得以恢復，並與實踐理念結合在一起，從中被發現的現實性，同時也被規定為已完成的絕對性目的。但，這樣的現實性只存在於探索性認識之中，它並非缺乏概念主觀性的客觀性世界，而是被規定為其內在根據以及真實存立為概念的客觀性世界。這就是絕對性理念。』（327）（第二章結束，進入第三章：絕對性理念）

第三章：「絕對性理念」（327 頁）

……『絕對性理念如同前面闡明的，是理論性理念與實踐性理念的同一性，這些理念，每種都只代表一個面向』……（327）

(212)

理論性理念（認識）與實踐的統一——注意這一點——這個統一就是認識論的統一，因為它們總和起來就能獲得「絕對性理念」（順帶一提，理念＝das objective Wahre[1]）（第五卷，236 頁）

（根據黑格爾）現在我們考察的東西已經不是 Inhalt[2]……『內容的形式的普遍性——也就是方法』（329）

『在探索性認識中，方法也同等於工具的地位，是為了站在主觀立場的手段，因此方法就會與客觀相關……

1) 「客觀且真實的事物」（編輯）
2) 內容（編輯）

筆記術必須透過後設思考這個反省裝置的正常運作，才能在正確的軌道上運行。換句話說，當我們在寫一本筆記本時，還需要一本關於那本筆記本的筆記本（外山滋比古把它稱為後設筆記本）。比方說，寫研究筆記時，如果可以再加寫一本對於自己研究方法的反省，以及希望在方法論上不斷革新的方法論筆記的話，在你研究遇到瓶頸時，很容易透過它找到突破的途徑。

以我來說，製作一本研究筆記的時候，若在方法論上產生疑問，就會把筆記本倒過來，從最後一頁開始記錄問題點，並寫上自己的見解。比如說，以我的「鷗外研究筆記」為例，後面的後設筆記的部分「專有名詞（地名）——氣場？」的標題下寫了一個疑問「小說中出現的地名或地誌性的記述，在某些充滿符號系統的作品內發揮什麼樣的功能？特別是與羅蘭．巴特所謂的『教養的符碼』之間的關聯」，後面就直接寫下我當時的見解。這是我在閱讀鷗外一連串現代小說，發現他在小說中時常提到明治時代東京的地誌（地理）性記述時，在腦中浮現的疑問，我立刻把它記錄下來。而這個初發的疑問，我在後設筆記中也不斷地持續更新它，並重新設定問題。

但是後設筆記對我來說大多是「備考」欄位的性質成分居多，裡面夾雜許多文獻清單或構想備忘等東西。換言之，這本後設筆記對我來說，比較像促使我更自覺性地研究的「作戰筆記」。它不僅幫助我思考研究上的方法論，還兼具了促進研究整體成形的編輯筆記的功能。

4 卡片派？筆記派？

記錄術的最後要談的是卡片術。

卡片要使用B6卡片（任何紙張皆可，只要是B6尺寸，13×19cm）。因為它不僅攜帶方便，尺寸不大，寫起來也比較輕鬆。就像使用大學筆記本（B5）一樣，不用正襟危坐地培養要寫東西的心情。而且卡片擁有片段性的輕便特質，讓人很容易不斷伸手取拿卡片來寫，增加卡片的使用量。

但現在我會盡量壓抑想使用卡片的欲望。因為，有一段時期，我讀了梅棹忠夫的《知識誕生的奧祕》之後，曾經從筆記本轉換成卡片並持續三年左右，我自己也做了幾次反省後，內心浮現了一些直到現在我仍很難說清楚的疑惑。一個是體驗過閱讀大部頭的書籍，從讀書筆記本轉換成卡片的不方便後，我找不到可以有效整理數量龐大的卡片的方法——卡片很難像大學筆記本一樣，整理成書籍的形態——這些外在的狀況，讓我對於卡片擁有的片段性特質，從思考的內在層面不知不覺中浮現出一些不安與疑問。我的感覺是，當一個思想從一個有機性的全體被拆解分類成無機性、機械性的卡片片段後，那個思想的生命是不是就死掉了。

或許會有卡片派的朋友反駁，才沒有這回事，是你使用的方法不對。或許，透過一些技巧，可以某種程度克服卡片術帶來的乏味感。但是假設一本裝訂好的書，可以透過卡片的方法，把書頁片段地分解成一張一個項目的形態，使它獲得一定的自由度與功能性的話，那麼卡片在本質上就是書本的解體形式，而且正因為它與書本形態產生某種對立關係，才有它存在的理由吧。或許這種感想會被嫌太過老派，但我還是覺得裝訂成冊的書本的觸感，才符合人們心中想像的知識原型。

思考應該使用筆記本或卡片會衍生出許多有趣的問題，但無論如何就 know-how 的問題來說，我選擇兩者並用。通讀時，我選擇筆記本作為讀書備忘的工具，跳讀的時候就用卡片（或是活頁）。但這並非絕對性的區別，在分析通讀的讀書筆記時，我會影印重要的部分，然後將它卡片化。也就是說，針對有機性、系統性、序列性的內容，筆記本比較好用。一張一個項目的卡片，與情報（思想）之間，可以一對一地連結部分性的對應關係，而收錄一本書或一個思想的筆記本則是連結全體與全體之間的對應（同調）關係，我們應該根據這兩者最基本的差異，分別使用它們。

舉一個最適合用卡片方式的例子就是編纂辭典、事典、目錄等。如果是為了製作用語索引、人名錄、文獻目錄等檢索裝置，當然用卡片的方式最好。還有，若要寫一篇長篇大論的原稿，卡片方式可以發揮相當強大的力量，關於這點我後面會提到。

5 考慮讀者與媒體的反應再寫

一般來說，完成一篇文章的過程包含六道手續，順序是①主題設定→②收集資料→③構想→④草稿→⑤推敲→⑥謄稿（完成文章）。

首先是①主題設定，只要參考本書介紹的「發問、發想訓練法」，以及因應不同主題內容的思考術、思想術等各章即可。但是，若把想法化為文章的目的是為了發表的話，有一件事最好先想清楚。那就是關於讀者與媒體的問題。這篇文章要給誰看？發表的手段是用手寫的稿子嗎？還是同人誌、商業誌？——根據讀者與媒體的性質不同，鎖定主題的著重點也會不同。你也可以說這是方針的問題。若方針錯誤，再怎麼努力寫出來的文章，下場可能都不會太好看。門外漢筆者在專家讀的雜誌上，展露自己臨陣磨槍的知識，會有什麼結果？應該會給人俗不可耐的印象。在該雜誌中，自己的文章占有什麼樣的地位？看穿該媒體的特性，判斷自己的戰略位置，這點很重要。

對照受委託的主題與自己關心的問題，思考從哪個角度切入主題效果較好，接著擬定企劃，制定方針。這與個人的知性探索不同，以發表為目的的主題設定，必須還要加入這個新的要素。

取書名的時候，也需要這一層考慮。關於如何取書名，只要利用「知識打包術」中介紹的命名方法加以運用即可。設定主題時取的書名，在寫完原稿的時候，必須再重新思考一次是否恰當。

6 幫助書寫的資料收集法

關於收集資料，我們已經在「蒐集術」、「搜尋術」說明過了，所以在這裡，我打算從文章做法的角度來談資料收集。

這種收集資料方法稱作「採訪」，不只是筆，還包括使用攝影機或錄音機等輔助工具。採訪的時候，最重要的就是預約。突然出現在對方面前，會造成採訪對象的困擾。如果是簡單的內容，可以用電話採訪就好，但有個前提是要明確地告訴對方，你採訪的內容會用何種形式發表。有些採訪對象可能不接受電話預約，而是要事先寫信詢問採訪意願。採訪前要盡可能調查對方的經歷、著作等，這是基本的禮貌，也是為了讓採訪內容更有深度。採訪的技巧只有一個重點，就是讓對方感到安心，放開心胸。因此，照相這一步要留到最後。有些採訪對象可能會要求你不要錄音，不要做記錄，在這種情況下，要特別集中精神，精準地記憶對方說過的專有名詞和數字。訪談結束後，立刻把專有名詞和數字記錄下來。文章發表之後，記得要送一份給採訪對象。很久之前，我接了一份某女性雜誌委託的工作，要到伊賀上野取材旅行。那次是去訪問某位製傘職人，結果那位職人一見到我開口就說：「你們之前××雜誌來採訪，結果後來也沒送一本雜誌給我。」於是我代替某某雜誌的記者被他教訓了一頓。

同樣是採訪，如果是要寫文學性的文章，就必須要收集感覺性的材料。栩栩如生地重現土地的風景、人們的對話、表情，寫這種寫實性的文章需要比較高的感受力和觀察力。想要鍛鍊觀察力，可以做文章的寫生訓練。盡可能詳細地回想，回想街上的風景、今天發生的事情，然後描寫出來。當然，你也可以做只重現一個場面、一個片段的練習。例如，今天在咖啡店見面的朋友，做了哪些表情、穿著什麼樣的服裝、用什麼語氣說話？有帶提包嗎，還是沒有？他點了什麼飲料？桌子是什麼形狀？沙發呢？地板呢？牆壁呢？四周的人呢？……像這樣，連很短暫的場面，都可以重現許多細節，只要回想起它的背景，可書寫的東西就會永無止境地跑出來。做這樣的訓練之後，你在面對其他的生活場景時也會自然地進行細部觀察，記憶力會提升，然後就有辦法寫出具臨場感的文章。

透過文章的寫生訓練，是從島崎藤村、田山花袋等自然主義文學作家發起的。藤村在信州過著教書的生活，同時片段地描寫當地的風景、人們的生活、對話（方言）等鍛鍊自己寫文章的技術，後來這些文章的部分就集結成《千曲川的寫生》一書出版。被芥川龍之介取了一個「感傷的風景畫家」

綽號的田山花袋喜歡旅行觀察自然，還曾參與地誌書、地理書的編輯。還有，正岡子規曾發起獨特的「寫生文」這個文章系列，他們的團體也是透過到東京郊外散步，鍛鍊自己寫文章的技術。只要有小便條和筆，不管走到哪兒都可以做俳句，所以他們把這個方法應用在散文上，到處對著風景用快拍的方式寫文章。他們藉由寫生開發的文章，就成為後來非虛構、報導文學類文章的源頭。

三島由紀夫也是秉持著自己沒看過就不寫入文章的主義，時常去旅行取材、寫生。他在創作戲曲《椿說弓張月》等歷史性作品時，也是特地跑到沖繩去取材。

但是取材這種現地主義、現物主義還是有它的極限。當我們要描寫不知道的場所或物品時只能採用間接性的方法，像是參考其他的小說，或勉強透過目錄認識物品等。這時候，我們只能靠想像力彌補文章的臨場感，這份想像力可以在觀察力訓練中鍛鍊。

7 結構力訓練法

從收集而來的資料中創造出構想。把主題分成幾個小主題，然後再將這幾個小主題建立關係，這樣所完成的架構就是構想。這個做法也可以稱作主題分析，這樣的練習我們已經在「發問、發想訓練法」或「分析術」的介紹中做過，接下來，我們要做的訓練是，把構想具體化為結構。

重點在於，**文章是線性的**，這一點要銘記在心。構想可以在頭腦中顯現成立體模型，或把它畫在紙上，都可以。但是文章只有一種發展方式，那就是線型。這就稱作「語言的線條性」。即使是書寫同時刻發生的事件，在文章的描述中還是得分先後。換言之，照順序排列——把內容變成「目次」，就是結構力的訓練重點。語言的線條性會讓文章表達面臨它獨特的困難，這一點未來它仍然會持續困擾著我們。有些人思考能力很強，邏輯很清楚，但寫文章的時候，怎麼寫就是寫不出有邏輯的文章，這是因為他們尚未學會表達文章線條性的技巧。

島崎藤村

把內容結構化的技巧就是**立柱**。舉一個單純的例子來說，寫信時，有兩件事要交代，這時候就要立兩根柱子。再來，如果某天你受人委託要寫一篇關於「校園暴力」的小報告，假設你希望從四個角度切入，一個是對於最近新聞報導的感想、學生之間的問題點（與家庭教育的關係等）、教師方面的問題點、目前學校教育的現況，那你就要立四根柱子，問題是這四根柱子的先後順序要怎麼排列才好，這就要好好檢討。如果你已經知道這四根柱子各自要寫些什麼內容，就可以大概抓出它們的分量。

比如說，我看完小栗康平導演的作品《泥河》之後要寫影評。首先，我在腦中立了三根柱子，一、整體印象，二、作品評論，三、狀況。接著，針對每一根柱子各要寫些什麼樣的內容，要先做備忘。第一根柱子要寫讀完宮本輝原作後的印象與電影的比較。第二根柱子要寫父親的戰爭體驗、船屋以及之後經濟高度成長後消失的風景、作為主角的少年、成長伴隨而來的悲哀與殘酷（？），以及有疑問的場景，比如說在京都的街角突然出現一個小丑（當下一幕出現街頭宣傳樂隊時就懂了）這幕異樣的場景蘊含著什麼樣的意義——似乎和後來在船屋中塗抹白粉的加賀真理子相關，像這樣對作品做出評論。第三根柱子，我會加上評論者自己的體驗，比如說小時候曾踩著沒有輪胎和輻條的腳踏車通勤上小學，以及最近感受到鄉愁文化興起的徵兆。寫文章時就是依照這三根柱子架構下去寫。如此一來，就可以預測三根柱子之中，第二根柱子所占的篇幅最多。

如果稿件有篇幅限制，你可以先立完柱子，再思考要分配多少稿紙給每根柱子。雖然真正開始下筆後，時常會碰到必須變更篇幅的情況，但你至少已經知道每根柱子基本的張數，所以調動上也比較容易。如果是一口氣要寫六百張稿紙的單行本的話，很可能會有點不知所措，但若分成第一部、第二部兩根柱子的話，感覺負擔就瞬間減輕一半。接著，三百張稿紙之中，分成十章也就是立十根柱子，那麼每一章就大約只要三十張稿紙的分量，感覺上就容易多了。寫短篇文章的時候也一樣，先決定要立幾根柱子，然後分配分量，習慣之後，往後寫長篇文章（只要有內容）就再也不會感到害怕了。

立柱的同時，如果想順便鍛鍊結構力，可以做下面的訓練。想要鍛鍊具有邏輯性的結構力，可以練習把評論或論文盡可能地濃縮做成摘要，這樣以後自己寫文章也會變得更有條有理。除了一口氣把文章濃縮成摘要，你還可以更進一步地把它歸納成「目次」。這麼一來，你可以更清楚作者的構想和文章的結構。這是反過來把面（構想）轉換成線（文章）的訓練，理解思考變成文章的過程。

另一個是拼湊小說情節的結構力訓練法。這個方法是透過閱讀報紙或雜誌的連載小說，預想下集故事的訓練。如果自己預想的故事比原著有趣的話，就可以建立自己的自信心。據說，這是推理小說作家練功的方法之一。

以上我們主要透過「立柱」介紹結構力訓練法，其實還有一個重點。那就是**掌握段落**（paragraph）。所謂的段落就是換行空兩格開始的文章區塊，也就是「形式段落」。如果「柱」相當於內容段落的話，那麼形式段落就是構成柱子的單位。寫文章時的意識最好以形式段落為最小單位。當然，形式段落本身是由句子這個更小的單位組成，但若以造句作為寫作的意識，則無法作出一篇完整的文章。因為思考（或是話題）的完整性必須透過段落的形式獲得保障。寫文章與其說是不斷累積每一句話直到形成全體（完成），不如說是不斷把全體結構（完成後的樣貌）放在心上，一邊配置段落的作業。因此，寫篇幅越長的文章，在意識上就越需要以段落為單位來操作。

8 語彙肥大症與文法肥大症

寫到一半突然卡住了，這是常有的事。如果結構過於鬆散，會卡住是理所當然的，但問題是有時連「目次」、綱要都建立好了，結果還是卡住了。當我們真正開始下筆時，會發生許多原本意想不到的思考上的突發事件。這時候，如果是學術論文的話，必須將整個構想重新思考一次，否則在沒有意識到目次的情況下，想到什麼就寫什麼，最後再來組織這些片段，反而更浪費時間。

先寫草稿再謄稿這個方法雖然很穩健，但書寫長篇文章時這個做法非常耗時，不適合這麼做。

最好早點擺脫寫草稿的習慣，讓自己習慣一下筆就寫定稿。也就是說，一邊寫稿一邊修正。當然這個做法還是少不了資料與結構（目次）。資料與目次（結構）就像是一篇文章中的單字與文法，絕對不可以省略。遇到篇幅較長的稿件，這兩樣東西若準備得不夠扎實，很容易寫到一半就遇到瓶頸。因此，在下筆之前，應先充分檢討這一點。

不管是草稿或是修改，運筆停滯不前的理由，除了文章作法上的原因，一個就是調查（資料）不完全，不然就是論點的鋪陳到後來反而出現矛盾等邏輯結構不完備的關係。執筆的時候，我們的意識正高度集中於當下書寫的東西，可以說處於一種心理性的視野狹窄的狀態。這時候的書寫者大致可分為兩種類型。

一種是寫完一個故事又接著寫下一個故事，不斷地脫離主線，到後來整體的論旨變得模糊不清——這類型的人的壞習慣就是不重視邏輯結構，習慣把它往後擺。

另一種則是完全沒有講故事或舉具體的例子，只是單刀直入地不斷鋪陳邏輯——這類型的人在書寫的過程中，容易淡忘對於資料的記憶，寫出只剩下架構的枯燥乏味的文章，換言之就是有不重視記憶的壞習慣。

這兩種類型我們姑且把它稱為語彙肥大症與文法肥大症。稍微偏離一下話題，這兩種類型和執筆的順序也有關。一種是從頭到尾一個字一個字照順序寫，只要下一個字沒想出來，就寫不下去。這種寫作方式又被稱作福樓拜型。福樓拜最有名的軼事就是曾為了一個形容詞苦思一個禮拜。另一種是片段式地想到什麼寫什麼（故事），最後再拼湊起來，這又被稱作巴爾札克型。有人說福樓拜型的方式適合寫長篇小說，但實際上並沒有這麼明顯的區分。不過，以日本來說，福樓拜型的代表人物就是谷崎潤一郎，巴爾札克型的就是芥川龍之介，從這點來看，這樣的區分法也不完全沒有意義。谷崎下筆慢，寫了很多厚重的長篇，芥川則是寫了很多「方解石般的」（敲碎他的小說，無論拿起任何一部分，看起來都是完整的作品）小說。

晚年的芥川說他很想寫「沒有情節的小說」——如詩如畫般的小說，相對地，谷崎則回應認為，日本小說除了《源氏物語》之外，缺乏有結構力的小說，應該要書寫情節有趣又兼具「結構性美觀」的作品。這就是著名的「小說情節」論戰。兩人不僅執筆風格不同，連在文學論上也呈現完美的對立結構，非常有意思。

資料（單字、故事）與結構（文法、目次、情節）這兩個執筆時不可或缺的軸，我們只要把它們當作車子的雙輪一樣使用即可，但是難免還是會產生個人偏好，但這樣的偏好有時反而成為文體上的一種魅力。

有一個方法可以讓大家在書寫長篇文章時，同時讓這雙輪良好地運作。

越是長篇的作品，如果採用偏向「目次」的福樓拜型寫作法，中途若要變更結構，就會遇到困難。有時候甚至得從起點開始修正，很可能耗費大量的時間。這麼遙遠的一段路途，不難想像中途會遇到許多陷阱和思考的突發事件。同樣的，先寫片段的巴爾札克型寫作方式，碰到篇幅很長的文章時，恐怕得面對大量的草稿片段不知該從何整理起的困難。若是整理得不順利，每個片段之間沒有意義上的關係，怎麼寫都會遇到瓶頸。

9 卡片式文章執筆法

想要克服福樓拜型與巴爾札克型面臨的困難，首推的執筆術就是使用卡片。

把準備用於寫稿的資料（書、備忘、筆記、影印、草稿片段等）全部集中在一個地方（營造作業環境非常重要），然後全部看過一遍，製作構想備忘。這些構想備忘要不斷地與資料來回參照，漸漸地你的「目次」就成形了。

初步的目次做好之後，再一邊看著目次，一邊把各章節應寫的大致內容記在卡片上。當然，一樣是一張卡片寫一個項目。可以是單字，也可以是忽然聯想到某篇好的文章。引用文章時，只要記上內容標題（作為回想內容的提示）、文獻名稱和頁數即可。簡單來說，就是把文章的草稿寫在卡片上。把與文章主題相關的情報全部都速寫到卡片上。如此一來，當你面對稿紙感到非常緊張時，也不會忘記自己要寫什麼。這個方法的效能很強大，不用耗費精神擔心自己忘記該寫什麼。即使在寫稿與寫稿的間隔，比如說走在街上，也可以在內心的某處持續思考這個主題，而且點子會自己浮現出來，所以記得隨時把卡片帶在身上。

接著，不斷翻看之前寫的卡片。這麼做通常很容易又會增加新卡片。漸漸地，你會找到卡片之間的關聯，產生新的點子。我把它稱作「卡片思考」，是非常愉快的一段時間。

把所有想得到的內容都寫進卡片後，就能完成最終版的目次，並替章節打上編號，找一張大一點的紙（便於閱覽），把目次全部寫上去。

接著，一邊看著最終版本的目次，一邊把目次的章節編號寫在卡片上，沒有被編到編號的卡片（假如和主題無關）就丟掉；相反的，如果發現目次不夠完備，那就幫它補強。編好號碼的卡片依照各章、節歸類整理，接下來考慮每個章節中的卡片順序，並按照順序排列（不必再編另一組編號）。

到了這個地步，你就不需要再擬草稿，等於一下筆就寫成完稿。寫篇幅較長的文章如果還先擬草稿，光是謄稿就要耗費很多時間，所以可以在謄稿前一個階段作業（準備資料、擬定目次）時，先在腦中試驗各種可能發生的思考突發事件，盡可能準備一個完整的目次。現在，你擁有一張目次和照順序排列的一疊卡片。卡片上必須寫出所有必要的事項（包括標題）。基本上，這一疊卡片就已經是完稿（書）的原型了。

剩下的就是把目次擺在旁邊，俯瞰整體工作的進程，照順序翻開卡片——把卡片化為文章即可。雖說寫作中途有可能又出現變更，但由於我們使用的是卡片，所以可以很簡單地更動順序。

這個執筆術的原理簡單到令人覺得意外。其實就只是把透過語彙（卡片）與文法（目次）交織成文章的原理方法化而已。本書同樣是採用這個方法寫成。

10 推敲訓練

接下來，終於要進入實際探討執筆過程的部分了。

雖然我前面說過謄稿是浪費時間的行為，但不是把文章寫完，就能直接成為完稿。如果這之中沒有加上推敲，這樣的完稿仍只是「草稿」。什麼是推敲？推敲就是把草稿重讀一次，把文章增減、修正語彙等訂正文章的工作。

推敲最初步的階段就是把文章拿給別人看，請別人修改指導。即使我們寫文章時自認自己懂，但若能透過別人的眼睛讀自己的文章，一些讓人難以理解的部分就會客觀地浮現出來。如果你遇到一位好的指導者，在請他修改的過程中，你就可以了解推敲的做法。慢慢地，你在文法或語彙的選擇上錯誤的機會就會減少，當你開始覺得請別人修改實在是很多餘的一件事時，就表示你寫文章的功力已經達到一定的程度了。接下來就是喜好或說是文體的問題了，大家可以各自靠自己的力量追求不同的境界。

下一個階段，你就可以自己修改，換言之就是達到能夠獨力推敲的程度。

寫完草稿後，試著仔細重讀一次，而且是用他人的眼光，帶著惡意地讀，這是使文章進步最快的捷徑，你會看到自己許多毛病。不僅是文章哪裡寫得不好，包括思考法的弱點，都會一清二楚地浮現出來，清楚到你不敢直視。一開始你會有一種裸身讓人觀看自己寒酸瘦弱的身體一樣，覺得自己根本不是塊寫作的料，覺得自己寫的東西全部都很陳腐、沒有魄力，然後陷入絕望感。這種絕望感必須體驗很多次，而且每次都要能從絕望中站起來，這樣你的文章才有可能進步。重複多次失敗後，你就會慢慢找到自己的風格（思考法、文體），文章也會慢慢產生一定的速度感與魄力（重或輕）。這種重讀修改文章的方法——試錯的實踐，自古以來就被稱作「推敲」，特別是詩人，最常使用這個方法。

這種推敲法的優點是，可以使心情保持輕鬆，因為要重寫幾次都可以，頭腦也可以自由地運轉。如果一開始就抱定要寫出完稿，很可能思考會變得僵硬，腦海中什麼都浮現不出來。

推敲不僅可以在寫完文章的階段使用，其實我們在執筆中也不斷地推敲。仔細觀察書寫這個行為你會發現，我們通常是一邊重讀前面寫過的部分，然後想接下來要寫的內容。在重讀的時候，你就已經在推敲。比如說，寫完述語的部分再回頭看前面的部分，你可能會發現主述關係變得不是那麼緊密，最好要更改一下前面的部分等等，這時你已經不知不覺中在推敲。

一邊重讀一邊往下寫，換個說法就是，書寫的人（筆者）不斷地化身成讀者。換句話說，自己具有雙重身分。書寫者不停地暴露在另一個自己＝讀者的目光之下，一邊接受批評一邊往下寫。像這樣，在文章執筆的過程中，「自我讀者化」的作用會不斷地出現，彷彿有另一個人正不斷地看著自己的文章——這才是推敲真正的意義。如果能更有意識地去做自我讀者化這件事，就會產生「自我他者化」的現象。也就是說在執筆過程中，有他者的目光介入，用客觀的角度對自己的文章做適當的增添和刪減。如此一來，這篇文章就容易讓更多讀者理解，換句話說，它已經是經過「社會化」的文章了。寫再多自以為是的日記，也不一定可以寫出讓他人讀懂的文章。以公開發表為前提所寫的文章，一定要獲得某種社會性脈絡，為此一定要從他者的觀點來推敲，用佛洛伊德的話來說就是接受「檢閱」（censorship）。因此，**想要寫好文章，祕訣就是讓自己成為自己文章的最佳讀者。**這就是推敲訓練的奧祕。

11 李維史陀的推敲術

作者就是最初的讀者。因此，書寫的訓練同時也是閱讀的訓練，這是推敲術最根本的意義，這點我們前面介紹過了。接下來我要介紹堪稱推敲術魔人的李維史陀，他是如何實行魄力十足的執筆法。大家現在應該知道我們在推敲的過程中，是如何極端地——幾近自我分裂地——創造出作者與讀者、自我與他者的雙重身分，以及它們各自運作的情況吧。當然，如果是寫學術論文這種嚴謹性較高的文章，絕不可能一下筆就當作完稿那樣寫，這時就可採用李維史陀的方法，先寫草稿，再做推敲，最後謄稿。

「我的內在同時住著畫家與工藝師傅，他們會輪流接替我的工作。就像面對畫布準備素描的畫家一樣，在最初的階段，我會用很快的速度完成一本書的草稿。在寫草稿的時候，我給自己唯一的紀律就是，絕對不能中斷。因為若中斷了，很可能會不小心寫出重複的東西、半吊子的內容、混雜沒有意義的文章。重點在於，產出一份、唯一一份的初稿。它有可能是四不像，但最重要的是，要一口氣把它寫完。做完這件事後，我才有辦法開始執筆。接下來作業的精細程度，幾乎就像在做工藝品一樣。事實上，問題不在於有沒有細心修正寫得不好的文章，而是若你在寫草稿的過程中，沒有任何東西抑制你思考的流動，你應該可以從中發現自己想要說的東西（其實這是我暗自參照夏多布里昂〔Chateaubriand〕與尚—雅克．盧梭的方法）。把著作和字典（把字典擺在旁邊，有時只是為了享受發現未知單字的樂趣而已）放在身旁堆得像山一樣高，接下來，第一件要做的事情就是把初稿大刪特刪，或是用各種顏色的簽字筆、彩色鉛筆在字裡行間加工（所以初稿空行的空間要留大一點，讓我可以再寫新的字進去）。我不會事先決定好選哪些顏色，因為一決定就沒辦法取消了。若初稿呈現不能閱讀的狀態，那就把不要的部分塗白，再修改訂正。如果連這一招都不管用了，那就把它剪下來，另外謄寫在一張小紙片上，再貼在初稿上。換句話說，工作完成時，初稿上面可能到處會貼滿三到四層的紙片，宛如畫家們做的拼貼畫一樣。」（《海》一九七八年十一月號）

12 思考的語言與文章的語言之間有一道缺口

我曾在思考推敲的時候，發現書寫和閱讀之間有一層很微妙的關係。接下來我要講思考和書寫之間的關係。關於這一點，誤會非常多，其中很多會形成文章作法的障礙。

思考的時候也是使用語言思考。但是思考時所用的語言，在文法上來說並不是正確的文章，比較像是零零碎碎的單字、句子和文章糊成一團，像星雲狀的團塊一樣，呈現浮游的狀態。如果你想直接把它寫成文章，很容易就會遇到瓶頸，而且覺得很痛苦，為什麼剛才思考過的內容無法變成文章？**思考的語言與文章的語言之間有一道缺口**，這個觀念很重要，請大家牢牢記住。寫文章的時候，我們必須賦予這種浮游在星雲狀態的思考語言秩序，並做線型排列。這件事看起來沒有什麼，但這裡面包含很重要的問題，會讓你對於語言的思考產生決定性的改變。

自亞里斯多德以來的這兩千年當中，大家都相信語言就是把意識（思考的內容）呈現（表現）於外在世界的東西。但現代語言學改變了這個想法，認為語言和意識是完全不同的兩套秩序（體系），語言的體系會反過來剪裁意識，並重新賦予它秩序。因此，如果各國各裁剪出不同的語言體系，就會因為語言的不同，剪裁出不同的世界（世界觀、文化）。比如說，日本人用「牛」所稱呼的東西，英國人就分別用「ox（公牛）」和「cow（母牛）」這兩個字來區別。在日本，把彩虹的顏色（太陽光線的光譜）區分成紫靛藍綠黃橙紅，但在英文則是分成 purple、blue、green、yellow、orange、red 六個顏色，在中非使用的桑哥語，則只區分成 vuko 與 bengwbwa 兩個顏色。根據語言體系的不同，我們觀看這個世界的方法也不同。用索緒爾（Saussure）的話來說就是：「語言並非在認識之後出現，而是先有語言，現象才被認識。」

如果說語言先於認識的話，那麼把「眼所見、心所感」寫下的這個過去作文教育的金科玉律就有重新檢討的必要了。

關於語言這個新的思考方式，若以語言學的角度嚴密地來談這件事可能會有點難懂，但對於對寫文章感到困擾的人來說，應該可以從自己的體驗理解這個道理。而我們的文章訓練也是以這個現代語言學的成果為立足點出發，可以讓大家減少許多勉強的練習和無謂的痛苦。

簡單來說就是，與其把思考的事情寫下來，不如透過書寫來釐清自己的想法。這樣我想大家應該可以清楚理解我前面說的，文章訓練就是思考訓練的意思了吧。擁有自己的文體之後，思考就會配合自己的文體變得更明確、更有秩序。**擁有思想就是擁有文體**。

到大正時代為止，「像說話一樣書寫」的風氣非常盛行，這股風氣一直流傳到現今的作文教育，但在昭和初年時，新感覺派的橫光利一等人打出反對的旗號，主張「像書寫一樣書寫」。他們已經發現書面語言（文章）和說話語言在本質上的不同。文章必須靠標點符號和文法規則排列句子，使其意義連貫，相較之下說話的語言則是包含抑揚頓挫、空檔（沉默）、表情、肢體動作，要把這種句子句讀很模糊而且連綿不絕的口語轉錄成文章是不可能的事。曾有過把錄音的對話轉成逐字稿經驗的人，應該很了解這一點。針對這點，芥川龍之介曾提出「像書寫一樣說話」，打算透過文章賦予口語秩序。

我們的文章訓練術，正是仿效橫光與芥川，提出「像書寫一樣思考」的原則。也就是，**透過書寫賦予思考形式**。在我心目中，谷崎潤一郎是形式主義的先驅，由於他的語言觀和文學觀並不攀附陳腐的語言學，所以可以展開令人覺得意外、新鮮感十足的文章論。我引用谷崎《文章讀本》裡的幾段話。

「……先有思想，而後再找出語言，這樣的順序是很理想，但實際上卻不盡如人意。事實上有時候是相反的，先有語言，而後整理出符合該語言的思想，透過語言的力量，引導出思想。」

「……說真的，許多作家都不是一開始就有一份清楚的藍圖，而是在書寫的過程中，透過他所使用的語言、文字、語調作為機緣，形塑作品中的個性、現象、景物、自然與形態，最後渾然天成地創造出一個故事的世界。」

語言打造思想，自在的文體使自由的思考成為可能。不可以把它當作單純的「作文」。文章訓練可以幫我們打造出一種裝置，使我們的思想變得更加深邃。

13 想寫出好文章需要技術

執筆術的最後，要教大家讓文章進步的訓練法。若要提升寫文章的功力，就要先熟練寫文章的技巧。

寫草稿時，只要輕輕鬆鬆地把心中所想寫下來就好了。這個「心中所想」指的是思考的語言。思考是很複雜的運動，但再轉換成語言的時候，必須要求它單純化。盡量是單純的文章就好，短短的句子就好。想修飾的話可以在推敲的階段再來做，在那個階段你可以更有餘裕地選擇要在哪個部分加重力道，哪個地方是想秀的重點，對於措辭可以多下點工夫。在寫文章的開始，就不斷注重細節的部分，會讓思考鑽進走不出的迷宮，永遠抵達不了出口。因此，應該盡快把自己整體的思考輪廓，外化為物質（文章）的形態，之後再仔細慢慢審視它，這才是一個好的寫文章的戰略。

平易近人的文章，通常生命力也很強。芥川龍之介終生對志賀直哉打從心底感到敬佩，同時也為了這一點感到自卑。對文章非常講究的芥川，覺得自己怎麼也比不上能寫出平易近人、簡潔的文章的志賀直哉。而且他發現，像散文，到頭來還是平易近人的文章會比修飾性強的文章更容易長遠流傳後世——這似乎是一種文章上的自然淘汰機制。

很多人對於開頭的第一句感到困擾。因為他們受到浪漫主義式的觀念束縛，認為書寫這件事和心情與靈感相關，認為「第一行是由神書寫」，因此對於開頭特別慎重。事實上，我們的確很常看到一些好文章，攸關後來文章發展的萌芽（關鍵字）全部都包含在它的開頭（開場白）之中。也就是說，開頭的部分就規定了之後文章的全部。但是對於不熟悉寫文章的人而言，可以當作草稿一樣，用輕鬆的心情試寫即可。如果開頭不知道怎麼寫，那就先跳過，從中間開始寫，之後再回頭寫就好。當然一開始就（從開頭）直搗事件或邏輯的核心，這類的文章讀起來也頗為暢快——這就是普希金、托爾斯泰、島崎藤村用的方法。

開頭的文章不只對於筆者有意義，對讀者也有特別的意義。因為它將決定讀者想不想讀這篇文章。因此，筆者通常會把賦予讀者閱讀動機的任務交給開頭。賦予動機的手法大致可分為從讀者未知的東西開始談起，以及從讀者已知的東西開始談起兩種。比如說提出強烈的問題、謎題的提示、奇妙的事實等然後再將答案娓娓道來，或是從日常生活周遭單純的事物、話題談起，最後再提出難以理解的事實、新發現或筆者獨特的主張。其實採用哪一種都可以，主要是配合文章的性質、讀者群的不同。重要的是寫出能讓讀者持續關心問題的開頭。

要寫文章的結尾時，記得再把開頭看過一次之後再寫。文章的開頭和結尾要確實做好「首尾呼應」。每次讀一些被認為是「名文」的文章，通常首尾呼應都做得很好。首尾呼應不只可以作為區分名文的重要基準，同時也是了解文章整體主題的有效線索。因此，在做閱讀訓練的時候，最好也養成習慣，對文章的開頭和結尾要特別注意。

換行，隱藏版的祕招

寫著寫著若遇到思考停滯不前無法下筆的時候，還有一招可用，換行。也就是，另起一個新的段落。中間多了一個自然的「間隔」之後，少許的邏輯跳躍也不會讓人感到突兀。如果還是怕太突兀，那就在推敲階段的時候加進接續詞，或直接加一段作為「連接」的段落。在檢討這個連接的段落時，若發現自己的思考和邏輯有錯誤，就要重新檢討全篇草稿，有時甚至要整篇從頭來過，做全面性的修正。沒有比明知道錯誤還要繼續往下寫更消磨精神的事了。

換行看似是條苦肉計，但段落變短，讀者也比較容易讀下去，算是意外的作用。較長的段落會帶給讀者較強較久的緊張感，自然會產生抗拒感。某些作家在寫娛樂性質比較強的文章時，就會大量地換行，大家隨手拿起手邊的雜誌來看應該就不難理解。報紙的文章也是這樣。對作家來說，換行可以多賺一些稿費，算是隱藏版的祕招。

使文章變得平易近人的手法

想讓文章變得平易近人，容易閱讀，最重要的關鍵是有沒有站在讀者的立場思考。文章是透過文字這樣的視覺影像串連而成，因此我們在寫文章時可以強調它的視覺效果。比如說，漢字、漢語較少的文章，就會給人平易近人的印象。相反的，漢字比較多的文章，就會讓人覺得難以親近。漢語是外來語，換句話說日本人到現在仍要被強迫多做一項翻譯作業，而且漢語是概念性的語彙，會促使讀者做多餘的思考作業。書寫者必須一邊書寫，一邊想像自己的原稿會被怎麼編輯、被怎麼編排、印刷出來的感覺如何，我把它稱作「頁面的光景」，其實只要多累積幾次經驗，就可以做到。

專業術語的使用法

想要寫出明快的文章，專業術語的使用方法也很重要。由於學術用語經過嚴密的定義，如果用得恰到好處，就能寫出義理清晰的文章。如果在文章中加入多餘的用語說明，反而會使文章變得鬆散模糊。專業術語出現的地方，可以帶給讀者一定的緊張（思考），讓文章產生一種動感（節奏）。像政治學家丸山真男、人類學家山口昌男、法國的符號學家羅蘭．巴特的文章就是很好的例子。

學會具體化的手法

接下來，我們要談一些如何讓文章的內容變得更具體化的方法。在抽象性的文章中，即使只舉一個具體例子，都能對讀者的理解帶來很大的幫助。如果無法舉出淺顯易懂的具體例子，那麼至少可以用比喻。即使是紀實報導，稍微加入一些風景描寫，就可以讓整篇文章變得生動起來。俳句只有短短的十七個音，但在這麼短的詩的形式中還規定要加入「季語」。但也多虧了季語，讓短短的句子中就可以讀出一片景色，因為季節感這麼大的表象全都收容在季語裡頭。所以我們可以加入地名等專有名詞，能讓文章整體更有現實感。

關於具體化的手法，我認為它和修辭學中的「借代」也就是藉由部分推測全體的方法無分別。就像我們描寫風景時，只要列舉幾項細節（比如說樹幹、樹枝、樹枝上的樹葉以及樹葉上的水滴），就可以讓人切身地感受到全體的情景與情感，這也是一種現實主義的文章技法。托爾斯泰的小說被稱為舉世描寫最為細膩的小說，比如說安娜．卡列尼娜自殺的場面（全體），就透過她的手提包（部分）來描述（《安娜・卡列尼娜》）。在《戰爭與和平》中，托爾斯泰也是用「上唇上的毛」或「裸露的肩膀」作為人物（女性）的替代。

不管描述的對象再怎麼渺小，用多少語言絮絮叨叨地列舉多少細節，都無法完全描繪對象的全體特性。因此，切割出某個部分用來提示全體的「借代」這個修辭學是絕對必要的。透過借代來表現的具體化手法，就是遵從語言的經濟學（節約原則）法則而產生的。

14 精通組件（unit）操作的技法

最後我要介紹敘述的單位，作為文章技法的總結。在結構力訓練中我們說過，文章不是一句一句寫，而是要一段一段寫，接下來讓我們具體地演練一次吧。

如果可以自由操作段落單位，再長的文章都不用害怕。從科學論文到文學性的散文，各種文體都可以應付自如。若能熟練組件操作，就算踏入文章執筆術的最高階段。

在介紹這個方法之前，我們要對段落這個組件的特徵有正確的認識。我下面引用一段森鷗外的文章作為典型的範例。

一年多過去了，這是我回東京後的第二次夏天。某日安國寺先生來訪，說他暑期回鄉探親一趟剛回來。安國寺先生把小倉的寺廟讓渡予人，但他在九州鐵道豐洲線的某個小車站旁還有一個俗世親屬的家，他說，他就是回那裡探親。

安國寺先生離開之後，家裡的人從街坊鄰居打聽到一些小道消息。原來這名和尚當了F君的使者，替F君跑了一趟四國，九州不過是順便回去而已。出使的地點是，寄宿在他那裡的女學生的老家。F君和女學生祕密交好，終於到了紙包不住火的狀況，決定正式結婚。但尚未得到四國老家父母的允許。所以，F君派安國寺先生前去勸說她的父母。

我聽了這件事後說：「能讓安國寺先生擔任提親的使者，F君堪比大名了吧。」我不禁覺得，唯有個性直率的Egoist F君對上品學兼備、不通人情世故、保有赤子之心的安國寺先生，這樣的事情才可能成立（《兩個朋友》）。

這裡面有三個不同形式的段落，要仔細觀察。三個段落的開頭都是「…した」的句子，而段落結束時都是「…である」、「…のである」的句子（譯註15）。換句話說，他每一個段落的組件都是由「…した」的句子和「…（の）である」的句子組成，作為一個段落組件。森鷗外幾乎所有的文章都有這個特徵，甚至是假名文章、歷史傳記作品等古典性質較重的文章也不例外。但舉這個例子的重點不在於這個技法在森鷗外身上看得到，而是以組件作為敘述單位的段落是非常具普遍性的文章技法，而森鷗外用了最典型的方式來指引我們。

若是從內容上來看前面引用的森鷗外文章的各段落，我們可以了解，段落前半的「…した」是列舉概略的事實，後半的「…（の）である」是根據該事實做更詳細的補充說明（評論）或陳述筆者的想法。換句話說，全體與部分（細部）、事實與判斷、客觀與主觀、結果與原因等，每個段落在內容上都是成對的。因此從這段例文就可得知，森鷗外的文章你光是跳著讀它每個段落的前半部分，就可以知道故事的梗概了。現代作家村上龍的《接近無限透明的藍》也有一樣的特徵。森鷗外在寫文章的時候，大概也不是想一個句子寫一個句子，而是想著如何讓全體與部分、客觀與主觀組成一個段落（組件）。把一個段落當作一個大型的句子，這才是提升文章功力的重點。

這個段落，或說這個大型的句子，其實就和由主語（主部）─述語（述部）這種文法性要素組成句子的過程一樣，是由更高階的全體─部分、客觀─主觀等要素構成。當然，構成段落的要素和構成句子的文法不同，它們的組合規則是非常寬鬆而且自由的。這個在森鷗外文章被視為典型的現象，在提倡「語言過程說」的時枝誠記的學說上也看得到，他把語言分作詞彙、語法、文章論等不同層級，每一個層級都用詞（客觀性表現）與辭（主觀性表現）成對的觀念來形成語言的組件，拿來對照會覺得非常有意思。

森鷗外

森鷗外為什麼要透過操作段落這樣的組件，創造出機械化的文體呢？大概他本身是學者，同時又是作家的關係吧。崇拜完人歌德的森鷗外，期望自己在寫文章時也可以統合科學家與藝術家這兩種身分。其實光是這個方法本身就是一個很有效、可被廣泛應用的文章技法。森鷗外的這種文體也帶給芥川龍之介很強的影響，提供我們解開芥川文章祕密的鑰匙。芥川寫的小說，不管從哪個地方切入去讀都可以看到相同的結構，他能寫出這種人稱「如方解石般的」文章，也是和森鷗外一樣，透過組件操作創造出來的。芥川的文章中也有出現「…した」、「…（の）である」的組合，但是以更細緻的方式在段落內頻繁地出現，即使在形式上沒有明顯的特徵，我們還是可以窺視到組件操作的痕跡。

除了手提包，當然，我連帽子、外套也一起帶進房間裡。看到掛在牆壁上的外套，我彷彿看到自己站在那裡的身影，趕緊把它收起來，丟進房間角落的衣櫃中。然後，我走到鏡台前，直盯著我鏡中的臉。映在鏡中的我的臉，皮膚下方的骨骼裸露出來。這時，蛆的樣子突然清楚浮現在我的記憶中。（《齒輪》）

看起來平淡無奇的一個段落，隨著情景和行動的客觀性描寫以及從中引發的自己感想、情感、幻覺的描述等交替出現，這本小說所要描述的對於齒輪幻覺的恐怖感，就這樣慢慢地浮現出來。客觀—主觀這一對組件，不管是用在形式段落中句子的集合或是整體作品，都可以使用同樣的結構來套用。從森鷗外的客觀—主觀這種穩定性很高的組件，到芥川的現實—幻覺這種病態的組件，從前者演變成後者這種扭曲或說纖細的形態的過程，成為日本的文學性書寫（文章）歷史中非常戲劇性的畫面。原本我還想再多引用一些例文，從符號分析、精神分析的角度分析兩人文章，不過請容我就此打住吧。

無論如何，不管排列多少在文法上多麼正確的句子，也不會成為一篇「文章」。讀到這裡，想必大家應該了解，**文章必須使用組件才能寫得出來**。我想強調的是，森鷗外用明確的方式創造出的組件，不僅適用於文學性的文章，也是寫科學性文章的基礎文章技法。此外，每個組件的構成不一定要像森鷗外或芥川一樣，使用全體─部分這種演繹性的順序，也可以使用具體例─結論、細部─整體等歸納性的順序（在夏目漱石的作品中常可以見到這種類似推理小說的手法）來構成文章。

譯註15：「…した」為動詞過去式結尾的句子，「…である」、「…のである」表示「是、為」等肯定、斷定的句子結尾。

思考

思考的空間術

思考是身體性的行為，是與自己的對話。在持續擴大的世界中，我們要如何確保自己的思考空間？

1 思考術有三個階段

資料彙整好之後，接下來就進入思考的階段。其實人無時無刻不在思考。因此，當我們在收集、分類資料的時候，其實已經在理解每個資料之間的相關性，對於問題已經有九成的答案了。這時候，既然思考已經抵達終點，剩下的就是如何把結論文章化，這時就進入了寫構想備忘的階段。換言之，另一個新的思考階段即將展開。

接下來我們會探討一般用來幫助思考所做的訓練，中間當然還是會談到書寫的部分。只是要注意一點，既然這一章的標題為「思考」，我希望讀者可以跟我一起動動腦，一邊讀一邊思考，讓我們一起來想想，「思考」究竟是什麼——換言之，你必須做兩種層次的思考，從這一章的主旨來看，這樣要求是不可避免的。

首先，我們先從外在的部分來看思考這個行為。一般來說，思考會被看作是內在的行為，但在這裡，我們在開頭的時候，刻意不去討論要思考什麼，而是先從身體的姿勢探討起。

我們在思考的時候，其實是動用到全身上下的部位，不是只有動頭腦。比如我們會說「把手放在額頭再仔仔細細地想一想」、「習慣皺眉頭思考的人，容易得痔瘡」。把手放在額頭為什麼比較容易浮現想法——這是因為我們的祖先原始人在圍著火堆坐的時候是用額頭接受來自火的靈感，因而遺留下這樣的姿勢，我記得這是加斯東·巴舍拉（Gaston Bachelard）這位法國哲學家在《火的精神分析》中提出的論點。托腮思考這個姿勢據說也是這樣被留傳下來的。

不知道為什麼，很多思考的姿勢都不清楚原因，比如說羅丹的「沉思者」的姿勢、單手撐著頭的夏目漱石的照片等。文化人類學家李維史陀發現自己不吸菸就無法思考時反省：「香菸深深制約了西方精英的思想的內在精神。」於是花了很大的功夫才把菸戒掉。有些人習慣要抓頭髮才能思考，有些人要一邊挖鼻屎才能思考哲學問題，總之千奇百怪的習慣都有。每個人都有自己習慣的思考姿勢，而且是自然而然形成的，首先要先察覺它，並產生自覺。正確的思考以及具獨創性的思想，絕對不可能來自於彬彬有禮的姿勢。

但是，如果你的思考總是在同一個地方打轉，或者總是習慣往負面的方向思考，那麼就要反省自己的思考姿勢是不是有問題——習慣身體前傾思考？——有意識地去改變它，然後讓自己的身體習慣新的姿勢。

思考術訓練的第一個步驟就從自覺到**思考是一種身體性的行為**開始。

對話性思考術

訓練的第二個步驟就是，在與他人對話的時候，積極地整理自己的思考。也可以主動帶出主題（話題），就像在採訪對方一樣。接納對方的思考後，就可以和自己的對比，自己的思考會變得更明確，而且接受對方的刺激之後，自己的思考節奏會變得比較靈活，避免自己的思考老是在同一個地方打轉（自我封閉）。

這樣的訓練會有什麼效果呢？講得更深入一些就是，讓思考變得更符合辯證法的原理。自希臘的蘇格拉底以來，對話（dialogue）就是用來鍛鍊辯證法（dialectic）的思考邏輯。我和你（他者）就是人際關係的根本，所以沒有思考的對立（反對意見），思考就變得僵化、常識化，無法期待它能夠展現多面向的發展。

前面說過訓練的第一個步驟，就是意識到思考是一種身體行為，第二個步驟則是要自覺，思考是一種語言行為。但思考時所用的語言，並不如被寫成文字的文章那樣井然有序，而是句子的片段呈現浮游的狀態。思考的語言和寫在紙上的語言不同，是活在時間中的語言，因此會一瞬間一瞬間地消逝。

而思考，就是把這些稍縱即逝的句子片段組織起來。最好的組織方式則是對話與討論。語言的本質就是透過自己與他者的「對話性交流」（米哈伊爾·巴赫金）才得以成立。把他人的語言（思考）變成自己的東西，自己的語言也可能變成別人的東西，我們在對話中所呈現的，其實是非常激烈的爭奪狀態——也可以說是一種引用的戰爭。這正是辯證法最活生生的樣貌。

除此之外，會話還有一點與被化為文字的文章不同，那就是時常有複數的人同時用不同的語言發聲。不，應該說，這種情況很常發生。雖然複數的聲音同時發生，但人的思考卻還是有辦法運作，真的很不可思議。其實，複數的聲音同時發生也會出現在獨自的思考中。大家應該都有類似的經驗，腦中同時有好幾個想法浮現。

包括思考的這種同時性、多樣性等不可思議的現象，人的思考構造還有很多謎題尚未解開。把關注放在思考和會話的相同之處會發現，比起思考與會話的豐富程度，寫成文字的文章就沒這麼奔放自由。因此一般我們會覺得思考很快樂，書寫很痛苦！

如果說對話或是透過多數人會話（討論）所進行的思考訓練，可以當作一種對話型思考或多重型思考的話，那麼有所謂的獨白型思考的存在嗎？

表面上來看，一個人思考的時候，沒有假定對手，也沒有與人對話。但是，即使在這種時候，我們仍可以自問自答，或把自己對象化（他者化）——我怎麼這麼笨啊——進行語言活動。其實，**就本質而言，思考本身就是依照對話原理才能形成。**

2 筆記思考術

思考術的第三個步驟，就是做獨立思考的訓練。第二步驟的會話訓練法，如果沒有別人，就無法做思考訓練。

一個人思考的時候，若非十分深刻的問題或十分瑣碎的日常小事的話，很難專心思考，容易散漫。

決定以某個主題做思考訓練時，最好的方法就是一邊寫一邊思考。依照主題的需求，可以寫成文章，也可以畫成圖表。做這個訓練，可以盡可能地把腦中所有浮現的句子，固定在紙上，而且隨時可以重讀（回想），保證思考的持續，讓思考變得更有系統性。思考可以容許曖昧，但若化為文章或圖表，就必須要有一定的明確度。因此，當你必須制約自己的思考變得更明確或嚴密時，就要訓練自己寫思考筆記。

把自己正在思考的內容即時地（即使只有些許的時間落差，也會感到焦急）在眼前物質化，變成客觀性的存在。接著，嚴格檢視在眼前不斷被物質化的曖昧的自己，持續與它對話，不斷把思考往前推進。一開始，理所當然地你一定會感到沮喪，覺得自己的思考怎麼這麼曖昧與貧弱。但多試幾次就知道，你的自我檢查的功夫以及邏輯的明確度會變得更厲害。即使是不寫筆記的時候，思考也會變得更加專注。

這種思考筆記同時也可以是檢視自己做研究的方法論的作戰筆記，也可以當成寫論文時的構想筆記。

很多思想家都是一邊寫筆記一邊思考。最有名的，就是著有《哲學作為嚴格的科學》的現象學家胡塞爾（Husserl）的筆記。這位哲學家在筆記本中不斷執著地詰問科學真理的根據，他的筆記被編成《Husserliana》這套龐大的出版物。

胡塞爾的筆記思考法賦予他的思想一種獨特的頑強度。不斷持續深掘原本已經確立的立場，他的思想終生持續地轉換（深化），不曾停止。他在大學上課時，似乎也是採用這種筆記思考法。「那個程度遠遠超越所謂言之諄諄、毫不厭倦的程度，彷彿就像空轉的車輪，這堂課、下堂課、下下堂課，不管幾次，都孜孜不倦地重複同樣的事情，一週四個小時的課，上了整整一個學期，才終於結束這種『現象學式還原』的作業，誰想像得到呢？」這是當時到弗萊堡訪問胡塞爾的日本哲學家高橋里美留下的文字記錄。據說胡塞爾的課上到後面，來的學生變得越來越少。

有人說，能夠拯救現代文明危機的，唯有胡塞爾的現象學。這麼偉大的思想家的思考術，其執拗的程度，實在驚人。不斷回到根本，不斷向下挖掘，這種思考方式，可稱得上是真正的基進主義。他的思考就像翻開一本筆記，孜孜不倦推敲再推敲的過程。

瓦勒里每天早上都會寫筆記，這是他所謂的「早晨的儀式」。這也是一種訓練，目的也是鍛鍊自己的思考。瓦勒里和胡塞爾不同的是，他的筆記充滿片段的格言。

馬克思又和瓦勒里不同，他喜歡在夜間思考經濟學的問題，然後寫進筆記本中。《資本論》出版的十年前，也就是一八五七到一八五八年左右，他寫了七本筆記，後來稱作《政治經濟學批判大綱》（簡稱《大綱》），以日文版（大月書店出版）來說，十開的尺寸共分成五冊，是一部非常龐大的著作。

這些筆記是讓馬克思的思考邁向《資本論》的貴重資料，很早就吸引了專家學者們的目光，但馬克思的字是出了名的難看，更別提因為是寫思考筆記，字跡更是潦草，不是一個句子寫得不完整，就是某個思考在中途便放棄、加入了各式各樣的記號等，判讀的作業非常累人。因此，莫斯科的馬克思列寧主義研究所裡面有一群專家專門在判讀馬克思的筆記，他們拿著放大鏡不斷努力地判讀，「看起來應該是 erlösht 沒錯，但會不會是 erlischt（消失）的錯字？」、「是 quia 還是 quae」等。

不管是胡塞爾也好、瓦勒里也好、馬克思也好，翻開他們的筆記，一定都可以充分玩味到他們的筆趕不上他們的思考的那種倉促感。

以上就是思考術的第三個步驟，專為獨立思考訓練使用的筆記法。說到底，其實就是把對話搬到個人的內在，然後再透過筆記，給予它物質性的保證。當你希望想通一件事，直到自己可接受為止時，比起外在的對話（會話），內在的對話更能保持主題的純粹度，而且可以獲得時空上的自由，任何時間地點都可以思考。也可以避免外在對話產生的不確定因素，比如說因為對方的回應改變了話題的進行。也就是說，它更像是一間擾亂條件較少的純粹的實驗室。

換個說法就是，**用來作為最理想的思考訓練實驗室就是孤獨**。這種孤獨，只需一本筆記本就能提供保證。

觀察幼兒學習語言的過程，大抵可以分成模仿別人說話的階段，以及自言自語（以自己為中心說話）的時期（三到七歲）。在這種孤獨狀態中，小孩子慢慢地把語言變成自己能掌握的東西，也開始逐漸形成自我（自己的思考=心裡話），這是維高斯基（Vygotsky）在《思維與語言》中的描述。產生思考的瞬間又立即消失的那些話——我們想凝固在筆記本上的東西，就是在這種孤獨狀態下冒出來的心裡話。

3 在哪裡思考——思考的場所術

既然前面提到筆記是一個可以保留孤獨的思考空間，那麼接下來我們也順便談談思考場所的問題。

對思考純度需求很高的思考來說，孤獨的空間是必要的，這一點前面已經談過了。人全神貫注在思索的時候，是處於一種完全無防備的狀態。就連在思考社會問題時，人也是處在一個與社會關係完全切割開來的孤立狀態。因此，當一個人在閱讀、書寫，澈底成為一個純粹的個人時，我們反而會不好意思打斷他。因為，這是出於人的本能，認為與對方打招呼，就等於是侵犯個人的領域。

一個人在腦中想什麼，旁邊的人絕對看不出來——個人的自由，我認為真正的個人自由就根植於思考的這個特性中。「即使如此，地球還是在轉動。」（譯註16）即使是當時如此喃喃自語的伽利略，他在思考上的自由，恐怕是任何權力都無法剝奪的吧。「從列寧時代開始就錯了吧？」索忍尼辛不斷追問蘇維埃權力根本的禁忌，這種批判性思考的存在，是那些當時推崇讚美《伊凡．傑尼索維奇的一天》的蘇維埃官僚可以嗅得出來的嗎？

孤獨的思考空間讓自主的思考和獨創的思想成為可能。關於這一點，日本人至今仍沒擁有很好的條件。首先，學校教育透過填鴨式主義，小孩早已「被有組織地訓練成絕對不能擁有獨立思考的能力」。其次在家庭生活，住宅方面也是一個問題，我們基本上都是雜居生活，沒有可以讓個人獨立思考的房間。

「日本的家庭生活就是讓人無法獨立思考地過生活。」這是二次大戰前（一九三七年）勞農派的馬克斯主義者猪俣津南雄提出的看法，而下一個重點，我覺得這是出生於戰後的我們，在學習獨立自主思考時，絕對要牢牢記在腦中的事情。

「第三，文壇文人或論壇的評論家，都喜歡成群結黨。不、應該說從學生時代開始就有這種現象。這也會扼殺我們的獨立思考能力。這種小集團生活的特性，其實就是村民集團生活的延伸以及再生產。工作和私生活的融合，進而干涉他人的私生活，對他人的工作時間毫不關心。然後貶低那些不想花時間在閒談、聊八卦的人，或是對於朋友來往過程不夠重視的人，認為他們是傲慢自私的人。」

這樣看下來，奪取我們思考自主性的不只是權力，日本的社會關係似乎也妨礙了日本人擁有自己孤獨思考的空間。

書房思考術

接下來的思考空間術，我們要把焦點從筆記本轉移到書房。

關於書房的位置，古時候最有名的，就是為了兒子孟子三度搬家的「孟母三遷」的故事。森鷗外的家人也是為了長男森林太郎（譯註17）的教育，千里迢迢地搬到東京去住。反而，終生住在松阪，從未搬家的江戶時代國學家本居宣長，算是一個特例。為什麼他不搬去當時的文化中心京都或江戶住呢？戶井田道三帶著這個疑問拜訪宣長居住的土地後，在《歷史與風土之旅》（每日新聞社）這本書中推論，松阪恰巧位於江戶文化圈與京阪文化圈的中間點，居住於此可以同時得知兩邊的文化動向。也就是說，宣長透過自己獨特的戰略判斷，認為松阪是最適合自己設置書房的位置。

在討論書房的位置問題時，不可避免地會延伸討論到關於住宅的問題。擁有一棟自己的房子在我們這個世代已經是越來越困難的事了。但我們的藏書仍一點一滴地確實增加中，所以要在哪個地方思考這個問題早晚都要面對，要住在哪裡這個問題也遲早要解決。

關於「思考」、「居住」與人更深層的內在關係之間的關聯性，我們在後面「思想術」的訓練中，藉海德格之口向大家建議。在這裡，我們要從書房術的角度來看思考這件事時，首先有一點要先確認之後才能往下談，那就是在現代，這個問題和我們的住宅問題，甚至是都市問題實則密不可分。

要在哪裡思考——只要能夠和思考的本性相應，任何地方都可以是孤獨的思考空間，哪怕是在已經找不到孤獨場所的現代都市文明的正中心。

從一本筆記本到一間書房，只要能夠斷絕從外部來的誘惑與妨礙，讓人可以在無防備的狀態下自由自在地優游於思考中的密室，都可以作為知性空間利用。

常有人說在浴室、廁所、電車中最適合思考，不過接下來，我要介紹的是一些比較特別的場所。

監獄的思維

先說監獄。如果是單人房的話更好。這是一個強制性斷絕外在誘惑，也可以說是斷絕各種社會關係的孤獨空間。這種孤獨空間是一種會讓思考力衰退的魔王密室，但同時，若有抗戰到底的精神，它會是強迫你永無止境想下去的無限思考空間。有幾個具獨創性的思想，就是從這個地方迸發出來，我把它稱作「監獄的思維」！

不管是被流放到鬼界島後開始吟詩詠歌的俊寬僧都的故事，或是在監禁狀態下的倉庫中讀書時，對劍道突然有所領悟的吉川英治的《宮本武藏》的故事，我們都可以從中看出，監獄的牢房確實是一種可以孕育出新思維的裝置。

但無論如何，如同米歇爾．傅柯（Michel Foucault）在《監視與懲罰》中說的，透過權力把人從社會隔離的監獄是屬於近代的產物。因此近代思想和監獄這類的建築物有著密不可分的關係。以近期來說，埴谷雄高那種像是從黑暗中一針一線編織出來的思想，很難讓人不去聯想與他在獄中的體驗相關。在獄中，他說他讀康德的《純粹理性批判》時感受到「目眩神搖般的戰慄」。法國抵抗運動作家克勞德．摩根（Claude Morgan）在小說《人的記號》中，對於監獄與人性思考的角力有很生動的描述。

以日本來說，代表性人物有最早寫出革命性浪漫主義長詩《楚囚之詩》與小說《我牢獄》的北村透谷。還有，無政府主義者大杉榮再次被逮捕關進巢鴨監獄時曾說：「這裡才是我真正的故鄉。」在這個各式各樣的人在此聚集相遇，彷彿就像一個都市縮影的監獄中，理解何謂人情（人），從牢房的窗戶眺望狹小天空的生活，誤闖的蜻蜓來了又走，大杉榮是用這樣的方式在了解「自然」——大呼「想要抓住自我」、「想要抓住瞬間」、「想要抓住自由」，不斷重複反抗和破壞，想做一個「生命擴充」者的大杉榮，他的無政府主義思想，如果去掉監獄建築，我們將無法討論它。

「我是在監獄成長的人。」大杉榮曾在《獄中記》這麼說過。相較之下，長谷川堯於《是神殿還是監獄》（相模書房）中，一邊介紹建造監獄的建築家，一邊定義大正時期建築的特徵就是監獄建築（明治時期則是神殿建築），並下了一個大膽的建築評論，認為大正時期思想與監獄的思想有共通點。我第一次讀到這本書時，全身顫抖不已，嘗到知性興奮著的感覺。

長谷川堯認為，監獄就是都市。都市化已經滲透到我們的內在世界，我們也只能像被收容在監獄的犯人一樣，在監獄般的都市空間中思考。明治時期的自然主義詩人國木田獨步歌詠「自由存在於田園」的理想，但我們現在已經沒有這種田園可回歸了。明治時期作家夏目漱石也回想，自己的青春彷彿就像監獄一般。連道道地地的江戶人漱石，似乎也對於恬不知恥、專橫跋扈、肥大化的文明都市東京感到束手無策。

到國外思考

前面提到監獄與都會，都是會把人逼入孤獨狀態的牢房式思考空間，但等等，如果是離開日本呢？對，還有留學這一招。寄宿家庭也是一個手段，在異國都市的巷弄裡，沉浸在「孤獨散步者的夢想」中也不錯。或是租一間便宜公寓，享受「屋頂閣樓的思索」……

留學，到國外思考，其實這個方法在日本從最澄、空海的時代就已經很普遍了。

在明治時期，漱石和鷗外的留學生活，早已形成對比非常鮮明的兩種類型，生動地呈現在我們面前。

漱石抵達倫敦後，身處於蜘蛛手腳般往四面八方四射的道路，還有交通工具的噪音中，找不到自己的位置。倫敦對他來說就像是一座巨大的迷宮，最後他罹患神經衰弱，繭居在公寓的小房間中。在異國思考，有時就會像這樣迷失自我。

另一個鮮明對比的例子就是鷗外。他總是不斷地確認自己的位置，以自己為中心重新建構這個世界。他在小說中寫道，抵達柏林時，「余……一晃眼已站立於歐洲新大都中央」。歐洲在當時毫無疑問是最文明的「世界」，而自己正站在世界的中心，他當時是帶著這樣的自負踏上柏林的土地。他用他那幾何學式的清晰目光，先看到在街道上走路的紳士淑女們，再看到在車道上行駛的馬車，然後看宮殿、看塔，慢慢地越看越遠，不斷擴大自己的眼界。這個方法可以說它是透視法，或者乾脆講白了，是一種想要「領略世界」的目光（Jean-Jacques Origas《物與眼》，明治文學論集）。

回國之後終生在介紹世界最先進思想給日本的鷗外，他的這種跨國性思考，絕對無法和他在德國留學的體驗切割開來看。他時常接納新的事物、新的視角，把自己的思考裝置變得多面向——帶給我們一種國際性自我形成的典範，即使是現代的日本人也望塵莫及。

這兩人留學經驗的不同之處，可以從漱石的《倫敦塔》和鷗外的《舞姬》的閱讀比較中獲得清晰的答案，他們後來的小說文體，也都脫離不了這時期的強烈影響。

漱石的代表性小說《三四郎》的開頭，是從一名從熊本上東京的鄉下青年三四郎來到東京這個日本的文明中心顯得不知所措的場景開始。三四郎被美禰子這位女主角一句「迷途羔羊」帶著神祕感的話，不斷被玩弄到最後，然後被甩掉——簡單來說，就是一個青年被迷宮般的都會與文明玩弄的青春物語。相較之下，與《三四郎》相對的另一端就是鷗外的小說《青年》，同樣是從鄉下出身的年輕主角小泉純一上東京的場面開始，它的開頭是：

「小泉純一離開芝日蔭町的旅館，一手拿著東京方格圖毫不厭倦地四處問人，從新橋車站月台搭乘前往上野的電車。」

他拿著地圖這個把世界縮小的模型，闖進這座都會。小說全體也是被塑造成帶有東京的思想、文化、風俗趣味的教養小說。而且，這份「東京方格圖」還是鷗外發明的，前一年由春陽堂發售，所以還可以順便兼做廣告宣傳。純一交往的女主角坂井寡婦一開始被塑造成「充滿神祕感」的人物，但到最後那個神祕感完全消失殆盡。錯綜複雜的迷宮以及清晰的地圖，這兩個鮮明的對比不僅可從他們留學體驗中看見，在公認的青春小說雙璧《三四郎》、《青年》中也可窺見。

這兩種思考方式的不同，也展現在他們兩人的文體上。漱石的文體習慣由多條敘事線交織，讓人搞不清楚接下來故事會如何展開，彷彿處在一個亂數的世界一般，也因此他的故事情節時常會出乎讀者的意料，和推理小說的手法很類似。這種文體的優點是讀起來有緊張刺激感，但有些人就不會想讀第二次。志賀直哉批評漱石的文章「讀到一半就會被讀者丟到一旁」，也是因為這個原因。與漱石的文體呈現鮮明對比的就是鷗外的文章。鷗外會在小說的開頭呈現全體（全貌）和結論，然後再慢慢進入細節，是非常注重秩序的結構。因為不會有意外的發展，常被年輕的讀者覺得無聊，但相反的每次重讀，都可以感受到它扣人心弦的力量不斷地增幅，是結構性非常強的文章。

逃亡思索術

有一群人他們不是去留學，但也被迫「在國外思考」。他們因為命運的安排選擇逃亡和流浪到國外，不得不以外國人的身分活下去。這時候異國對他們來說，絕對不是遊山玩水、增廣見聞的好地方，不可能像留學生那樣享受在充滿異國情調的地方中思考。比如說，佛洛伊德、愛因斯坦、托洛斯基（Leon Trotsky）、布萊希特、班雅明、湯瑪斯．曼（Thomas Mann）、多伊徹（Isaac Deutscher）……二十世紀的俄羅斯革命、納粹德國，總而言之因為戰爭和革命，把為數眾多的知識分子趕出國外，使他們成為逃亡者。

逃亡這件事，不僅是思考場所的移動，更是讓不屬於任何地方的孤獨外國人，透過把從內在眺望世界的眼光放逐到外在，用這樣的眼光與這個世界發生關係，也就是強迫逃亡者的思考做「視點轉換」。很多逃亡者們透過這樣的「視點轉換」，孕育出新的知性風格，帶給現在的我們在思考上許多啟發。二十世紀這個時代，令人印象深刻的象徵之一就是奧斯威辛集中營，但二十世紀的知性起源之一，卻是靠著猶太人逃亡知識分子所建構出來的。

這個發現，是由文化人類學家山口昌男在《書的神話學》（中央公論社、後改為岩波現代文庫）中，運用他廣博的知識所追查出來的結論。從李維史陀到荀白克（Arnold Schoenberg），山口發現二十世紀在各領域輩出的大師們都流有猶太人的血液，並發現這些人物在知性風格上都擁有共同的根源。

二十世紀特有的思考法就像海德格的《世界觀的時代》這本書的書名一樣，特徵就在於我們把世界作為一個意象或記號，也就是透過形式（forme）來掌握。無論是俄羅斯形式主義、潘諾夫斯基

（Erwin Panofsky）的圖意學（Iconology）、艾森斯坦（Sergei Eisenstein）的電影、語言學在二十世紀中所展現的驚人發展、結構人類學的誕生，它們都同樣擁有這種思考風格。為什麼這些新的知性創造大多發生在猶太人或逃亡知識分子身上呢？第一個可以想得到的原因是，因為對他們這些外國人來說，世界在他們眼中總是呈現出疏遠、有距離感的符號（sign）一樣。即使不是逃亡者，在都市這座牢獄中嘗過疏離感、隔離感滋味被逼迫做「監獄思維」的我們，會對他們的知性風格感到共鳴，認為是時代的典型，也就一點都不奇怪了。

另一個原因就是前面提過的「視點轉換」這個衝擊性的體驗把他們的思考風格轉為二十世紀的思考風格。當我們和前所未見的異質民族與文化接觸時，過去所建立的自我與世界觀有可能全部崩壞。尤其是過去自己曾對於用自己的想像解釋這個世界的解讀符碼深信不疑，面對眼前的民族、文化卻完全不起作用的時候。

不只是語言，包括動作、打招呼的方式、價值意識等等，一個人如果無法做到本章開頭所說的「對話式交流」，理所當然地思考會發生錯亂。有一些人一邊遭遇這種自我崩壞的危機，一邊試著回復與異質民族、文化的「對話」，換言之，就是重新建構用來理解異質他者的符碼，這些人是誰呢？沒錯，就是文化人類學家。大家不覺得，猶太人這些逃亡知識分子們，和這些人類學家非常相似嗎？

4 田野調查的思考法

文化人類學家的田野調查其實就是把「逃亡式的知性思考法」落實到自己的研究方法上。光是身體跨越國境，到異國做的調查旅行是不夠的，必須要在知性的層面上也能做到越境，否則無法理解異質他者。現在大家應該能了解，活用知性逃亡術的文化人類學，為何能成為二十世紀的學問。同時，也應該可以了解作為文化人類學家的山口昌男會這麼執著地探究猶太人或逃亡者的知性風格，以及想從中學到什麼了吧。

知性的越境者們有意識地離開自己所屬的文化體系的同時，也必須離開歐洲近代文化打造出來的學術體系。「人類學」這個勉強命名、具普遍性卻帶點怪異的名稱，正是從學術「越境」的性質而來。

我們不一定要成為「人類學家」。但這種新的思考風格、越境者的知性方法，我們一定要學起來。

從一本筆記本開始，然後是書房—監獄—都市—異國，一路下來我們對於思考空間的探索不斷擴大，最後討論到人類學家的田野調查。孤獨的思考空間可一邊在內在孕育對話、疏離、轉換的辯證法，一邊無限地拓展到宇宙規模嗎？

我認為正好相反。**孤獨的思考場所應結束於「地球」這一個星球就夠了。**我個人反對以阿波羅計畫為代表這種宇宙開發計畫。貪得無厭地向宇宙伸出欲望魔手，我認為這種阿波羅式思考已經離開人類的範疇，而是變成自走式機器人的思考。孤獨的思考是這樣的，若想要持續思考下去，就不能變成自動化。我們必須了解自己思考的意義，並對自己思考的結果（產物）負起完全的責任。在這個意義下，阿波羅式的思考將會超出我們所能控制的範圍。

我們在哪裡思考？——不用說，當然是在地球上思考。從生態的觀點來看，我認為這樣的制約是必需的。因為文明的排泄物與資源掠奪而瀕臨窒息危機的這個地球，已經開始呈現「魯賓遜式孤島」的景象。我們應該思考的是這件事，應該思考的場所也只有這裡。對人類的思考來說，「孤獨的地球」就是我們的書房。

我們做生態思考的場所或稱作是生態書房的地方，正是我們這顆「孤獨的地球」。一本筆記本—書房—監獄—都市—異國—地球，像這樣隨著空間不斷擴大，我們思考的層級也要跟著提高，而且嚴肅的程度也要一級一級提升。同時，還要帶著覺悟告訴自己，這是我必須思考的事情、思考的場所除了這裡沒有其他地方。不要迴避思考在本質上伴隨而來的孤獨，下一步要做的應該是問自己，我要怎麼思考？為什麼思考？這是一種可以幫助思考的內在式訓練。

譯註16：「Eppur si muove」。據說是伽利略在一六三三年被宗教法庭舉行第二次的異端審判時，低聲說出的一句名言。

譯註17：森林太郎，森鷗外的本名，他出生於島根縣。

推理

幫助知識產出的思考術

有些問題怎麼想也想不出答案。或許是問題設定本身就錯誤了。有沒有可以正確設定問題的方法？

前面我們都是先跳過思考的內容，從外在的形式列舉了三種思考術的訓練。簡單來說，就是把思考身體化、語言化、物質化這三點。最後又討論了應該在哪裡思考，也就是把思考和視角場所化的方法。

接下來我們從思考的內在形式來探討有效的訓練法。

同樣都是思考，科學和哲學所使用的方法就相當不同。科學是問「如何 HOW」，哲學是問「為什麼 WHY」。當然，不是只有科學或哲學才需要「思考」。重視直覺的藝術和宗教，也都有它們獨特的思考訓練。就連我們在日常生活中，也常常會用到思考。

我們這裡要討論的是，帶有某種目的意識思考時所做的訓練。換言之，是與知識產出、知性創造相關的思考訓練。這些訓練法和前面提到的科學式思考、哲學性思考的區別有重複的地方，卻是一種更廣泛的分類。

1 學習問有效的問題

知識產出，如同它的名稱顯示的，是以製造生產物（output）為前提。不一定要採用像論文那樣的形式，但一般來說，有問題就要回答。一般被稱為科學式思考，就發生在這樣的知識產出中。這種知識產出的成果也就是生產物，通常是某種法則性的發現。當然，雖說是法則，但不一定都是像自然科學中被化為公式的東西，也可以是「加油添醋的做法」、「組合夢中語言的法則」等，範圍很廣。因為，只要重複在同一個條件之下做實驗（邏輯計算）都能得到同一個結論的，都能稱作法則。

我們都希望做出結論的過程越短越好，所以會採取最有效率的方法。這一點和近代巨大工業化講求的效率原則很相似。更直截了當地說，結論（生產物）就是目的，而抵達結論的過程、概念操作等知性勞動本身不過是手段而已。

因此，無法產生解答（生產物）的思考（勞動），即使對本人來說是很快樂的事情，但就知識產出來說卻是失敗的，只是在浪費時間。要問出能夠解答出來的問題，或是設計出能夠出現解答的問題，這是我們在做科學式思考時，設定問題的重點。

所以，光是對某樣事物產生興趣，並無法展開科學式思考。為了得出解答，應該用什麼有效的方法？先決定這一點，然後再開始設定問題。反過來說，**只要是有效的問題設定，問題就等於解決**

一半了。

學習問有效的問題——這是思考術訓練的阿爾法與歐米茄。

因此，比如說抬頭看月亮，心裡浮現一個問題，那裡有生物存在嗎？若手邊沒有適當的觀測手段——天文望遠鏡或透過太空火箭拍攝影像——那它就只是幻想上的題材，而不能成為科學式的問題設定。

在自然科學中，正確的問題設定必須和日常認識（直覺）清楚切割開來（認識論上的斷絕）才能成為可能，關於這一點，巴舍拉在他的書《科學認識論》中舉了非常多的例子，對科學史有興趣的人，我推薦一定要找來看看。

關於有效的問題設定，接下來我們來談談社會科學領域的例子。

一九二九年世界經濟大恐慌那年，資本主義國家的失業人數不斷攀升。對於前所未有的大量失業的狀況，幾乎所有的經濟學家都把矛頭指向工資過高。因此，英國在面對如何改善失業狀況這個問題時，提出了調降工資的解答。當然，這個政策最後以慘敗作收。為什麼？因為連結問題和答案的解決方法所運用的規則，像是供給、需求、價格決定論等已經不符合現實狀況了。這是被稱作「古典派」的經濟理論的思維。它想像的社會是沒有資本家，也沒有勞動者，而是一群獨立的小產品生產者在市場上相遇，透過自由競爭造成價格變動，保持經濟的平衡，而且是以充分就業的狀態作為前提的理論。在這個理論的架構中，失業者很多是因為工資的變動沒有達到勞動市場供需平衡的狀態，所以誤以為只要調降工資，就能解決失業問題，這就是他們當時所做的問題設定和解答。但是，工資下降，勞動者的所得減少，社會全體的需求也跟著下降，結果很可能變成利潤減少、勞動需求也減少（失業人口再向上攀升）。

與古典派理論相反，凱因斯是以現實的不充分就業為前提來設計問題，也就是怎麼做才能增加就業（大量失業的原因為何？），而他分析的結果就是發現「有效需求的原理」，並從中找到解答（比如說，公共投資，以人為的方式增加財政赤字，創造有效需求）。先不論你喜不喜歡這種用人為的方式促進通貨膨脹的策略，在解決大量失業這個問題上，他的方法確實有效。

當然，現代社會的經濟現象已經變得更加光怪陸離，失業與通膨同時進行的停滯性通膨是我們正面臨的難題。解開這個謎題的有效問題設定至今仍未出現。而且不保證能解得開。無論如何，可以確定的是，想要設計出正確的問題，必須把舊有的經濟學的發問裝置（理論框架）重新做出一番變革才行。

2 從魔術到科學

熟練有效的問題設定方法並加以訓練後，不僅可以學會思考的經濟學（節約），讓工作更有效率，同時，還可以培養出批評功力，看穿虛有其表的問題（以及虛有其表的結論）。把科學真理的基準拿來對照一下，會讓我們察覺虛偽的能力變得更加敏銳。近代科學能打破中世紀古老信仰與陋習，為建立近代社會做出莫大的貢獻，就是因為連結問題與答案的方法（觀測、思考）非常嚴密，是經過不斷累積反省才完成的。

因此，科學式思考對於「常識」通常是第一個跳出來提出異議。過去的方法是用直覺找出連結問題與答案的規則，並當作是自明之理，而科學式思考就是對過去這種思考法不斷在方法上反省，並希求改變。簡單來說就是「從魔術到科學」。

從直覺得到的結論屬於「常識」性的，確實容易被眾人接受。但「常識」的多數決制有一個風險，那就是它時常扮演蒙蔽世人眼睛，讓人看不到真理的角色。

比如說，從日常觀察的結論來說，「地心說」長久以來為眾人所深信，甚至獲得宗教上的保證，取得社會性權威。

自然界中最基本的變化就是「運動」，如果是不懂得古典力學的人，就會直覺認為物體的運動和推、拿、拉等人的行為有關，因此推論若想快速移動物體，就必須用力去推它，所以影響速度的本質在於力量。直到伽利略和牛頓發現「慣性原理」，這種眾人對於肌肉感覺經驗深信不疑的結論才被推翻。當然，現在的我們都了解這個原理，有人可能覺得光是復習知道的事情沒有意義，不過關於這個「慣性原理」，若能看看愛因斯坦對它的說明，或許就不是沒有意義的事情。

愛因斯坦在和他熟識的英費爾德共同著作的入門書《物理學的演進》中說明，伽利略的發現預告了近代科學式思考的誕生。關於這個科學式思考的特質，愛因斯坦給了非常明確的規定——「這個慣性原理並非直接透過實驗導出的結論，而是只能透過觀察與不矛盾的思索而得。」

這意味著，我們人類的思考法在伽利略之後發生非常重大的轉變。不限於物理學的領域，「伽

《宗教法庭之前的伽利略》（Joseph Fleury 畫，一八四六年）

利略的貢獻打破了直觀論，並找了這個新的方法替換它的位置」。不是透過直覺，而是透過科學特有的「純粹的思索」，從那之後，不管你喜不喜歡，它從此規定了我們的觀念生活。縱使看到現代科學面臨的瓶頸，使我們不再毫無條件地禮讚科學，但作為近代科學出發點的這個事實，我們還是有了解它的必要。

我們每個人在一開始學習「慣性原理」的時候，不知道是不是因為在學校課堂上講解的緣故，可能大部分的人都不會感覺到知性上的興奮。但是，與人類的直覺完全站在對立面的科學式思考的出現，確實是人類精神史上的一大衝擊。無論如何，透過這種思考形成的古典力學，使人發明了活塞、使蒸汽機成為可能，帶動工業革命，讓全球在不到一百年的時候建構資本主義的體系，成為「近代文明」最普遍的思考法。

在最根本的地方支配著我們思考法的東西，

依然是自伽利略之後的「科學」。雖說指出科學的極限大呼「發想轉換」的口號是二十世紀這個時代最大的特徵，但就目前為止，我們還沒找到能讓人類史再澈底翻轉一次的新的思考樣式。

我們只能透過熟練科學式思考，熟知它的極限——用這樣的方式來迎接新的時代。

科學式思考最特別的特徵就如同愛因斯坦的說明，是拒絕直覺主義的。換句話說，光靠直覺找出連結問題與答案的規則不能夠成為科學式思考。

第一個以「科學」性、系統性的方式解析資本主義的結構，並藉此批判近代文明的就是卡爾・馬克思，他採用的方法也是拒絕透過「感覺」、「直覺」來掌握商品、貨幣、資本。他把用感覺和直覺掌握的東西，稱作「虛有其表」、「假象」、「現象形態」，他選擇的思考法就是希望透過科學概念，把這層假象剝掉。

比如說，商品的價值是從該物的有用性中產生，這句話乍聽之下是「常識」。還有，生產受到資本、土地、勞動三個要素推動，資本產生利息、勞動產生工資、土地產生租金，這也是一般人可以接受的「常識」。對於這些常識所隱含的矛盾不斷向下挖掘，正是卡爾・馬克思思考的起點。

「一切皆可疑」，把常識與科學真理放在對立兩端的馬克思，在《資本論》中強調科學式思考為必要的理由：「如果事物的現象形態與本質有直接且一致性的關聯，那麼恐怕科學就是多餘之物了。」

以上，我舉了自然科學（物理學）與社會科學（經濟學）兩個方面的例子，試論科學式思考的成立根據、或說存在的理由。關於馬克思的學說，雖然批評的聲浪較大，未來也一定會有各種不同的議論出現，但大家只要理解一點就好：十八世紀的古典力學與十九世紀的經濟學所採用的思考方法，無論在基礎和本質上都是非常類似的方法。

3　思考實驗法——伽利略式推理

從直觀論被否定開始，科學就變成實證科學了。從魔術到科學，特別是在自然科學的領域，這樣的變化尤其顯著。煉金術轉為化學、占星術轉為天文學、物理學。法國實證主義哲學家康德認為，人的思考經歷三個階段，神學─形上學─實證。提出「武谷三階段論」聞名的日本物理學家武谷三男，以自然辯證法的方式整理出人類對於科學性認識深度的三個階段，現象論─實體論─本質論。據說，武谷三階段論很多靈感都來自馬克思的《資本論》（武谷三男《辯證法的諸問題》，理論社。《物理學入門》上，岩波書店）。

雖說直觀論遭到否定，但要注意的是，在實現科學式思考這件事情上，直覺所發揮的作用並未消失。仔細探討天才型數學家或物理學家的傳記就能發現，他們在性格的某處，總是能顯露出他們擁有的敏銳直覺以及卓越的發想。或許在他們所寫的論文之中感受不到這一點——畢竟論文不能用直覺取代論證——但只要看他們問問題的方式，還有精心設計出那些令人意想不到的問題設定，就不難發現，直覺在這裡面發揮了多大的作用。

在大學四年的數學教育中，學生光是學習過去數學史上的成果就已應接不暇，根本無法在這段時間內培育出對學生來說最重要的能力，數學式直覺——這是數學家岡潔先生在和評論家小林秀雄的對談《人的建設》中強調的一件事，我認為非常有道理。

伽利略在《關於托勒密和哥白尼兩大世界體系的對話》與《論兩種新科學及其數學演化》中提到，表面上看來，輕盈的物體會緩緩落下，沉重的物體會快速掉落，但其實兩者掉落的時間是相等的。他透過斜面實驗，以及從輕擺珠和重擺珠表面上週期不同這個經驗上的觀察（現象），對擺珠的等時性做實驗，最終做出了「慣性原理」（本質）的結論。這是伽利略透過他獨特的思考法——精心設計問題，最終展現的成果。

什麼樣的問題設定呢？就是計算許多不同的物體滾落斜面的時間，然後推論當斜面的傾斜角度變成垂直的話，會得到什麼結果。這個問題不是實驗，而是推理。現在我們因為有真空幫浦，所以可以透過羽毛和石頭同時掉落的實驗，讓人對這個原理一目瞭然。

接著，透過實驗，我們知道擺珠的週期和繩子的長度有關，那如果不斷把擺珠數量增加、把繩子長度加到無限長的話，會發生什麼事？這顆擺珠的週期就會變得無限大，意即只要它開始擺動，就永遠停不下來，不斷往另一端前進——「慣性原理」就這樣被找到了。這可以說是一種思考實驗。當然，現在的我們可以在新幹線中實驗物體墜落地面的實驗，還可以直接在將摩擦力無限小的乾冰板上滾動金屬，然後照相拍攝等，一一把《PSSC物理》中出現的實驗實際地做出來。我還記得在高中時期，看到這本反映美蘇太空競賽時代背景的教科書中所做的實驗怎能如此闊氣感到非常驚訝。

像這樣，在科學領域中所做的實驗，似乎越來越不需要伽利略式的推論，好像大家可以省略這些多餘的思考，思考變得不再是必要的動作，但其實科學式思考的核心部分，也就是伽利略式推理或說思考實驗，依然是不可或缺的步驟。

前面提過，愛因斯坦對於伽利略的實驗，強調應把伽利略這種「純粹的思索」當作研究科學的態度，背後想表達的應該也是這件事吧。因此，為了能讓大家更加了解科學不只是實驗，「思考」才是科學的核心這件事，我們再把愛因斯坦說的這段話讀過一遍：

「自從柯南・道爾（Arthur Conan Doyle）的名作出現後，往後任何一本偵探小說，裡面大概都有一段時間，偵探需要針對問題的某個方面一個一個地收集必要的事實。而這些事實大多時候表面上看起來就像是完全異常的、支離破碎的、毫無關係的東西。但名偵探這時候不需要再做過多的調查，只要安然地思索，就可以把目前已知的事實，建立好所有的關係。因此，他只要拉小提琴，或是躺在安樂椅上悠閒地抽菸，就可以在很短的時間內解決問題。而且他不僅靠著手邊可獲得的線索說明謎團而已，還可以預知之後會發生什麼事。哪件事情要到哪裡去一探究竟就可以真相大白，他在當下就可以預知，走出門，只是為了要確認自己的理論是正確的而已。」

假設思考法

接下來我要介紹的是，與伽利略的推論並駕齊驅，堪稱科學領域中，另一個相當重要的思考法。一個人既然想做實驗和調查，代表他背後有某種意圖。可能是創意或發想，在做實驗檢驗它為真之前，有一種思考法是針對某個現象做說明的暫時性理論，也就是「假設」（作業假設〔working hypothesis〕）。這是當我們在做實驗或調查之前，先預設接下來的發展，擬定作業計畫時必要的作業。當假設由實驗結果驗證為真，它就可以升格為「理論」。

比如說，十八世紀德國化學家們說明物體會起火燃燒的現象，是因為物體中存在燃素（phlogiston）這樣的元素，也就是所謂的「燃素說」。或是在絕對空間中存在一種稱為以太的絕對靜止物質，由它來作為萬有引力發生作用或光通過空間的媒介，也就是所謂的「以太說」。

燃素說，在法國人拉瓦節（Lavoisier）反對這個假說，提倡氧氣為一個單質，提出「新單質假說」之後平息了。這件事後來被稱為「化學革命」。而以太說，則要等到牛頓之後的兩個世紀，古典力學作為自明的存在為世人接受，「勞侖茲收縮的假設」出現，愛因斯坦把這個假設，以理論性方式完成狹義相對論之後，才被消滅。

用長遠的眼光來看科學的歷史，任何一個理論都會被新的理論取代。就這個意義來說，**所有理論都是處於暫時性的假設狀態**。原光雄在《化學入門》（岩波新書）中敘述，化學的歷史就是假設不斷交替的歷史。這本書很有意思，裡面介紹了包括許多魔術師、煉金術師等過去在化學史中曾有過的各種發想，讓我們了解到大多數的發想者都是希望透過假設這個思考法，撬開自然界中頑強又沉默的謎題。

越是處理具體的、複雜的事物，假設性思考法越是不可或缺。因此我們必須成為「思考者」、發想者。為此，我們的知性最好隨時保持在最有彈性的戰鬥準備狀態。這一點，可以請大家參考本書準備篇的「發問、發想訓練法」。

4 作為知識產出的思考和「勞動」很相似

提升知識產出能力最好的思考術訓練，應該是從各種科學領域中挑選一門來學習。不用真的成為專業的科學家，只要按部就班地學習某個專業、具體的領域，當我們在思索科學的一般論（方法論）的時候，就可以檢視某個抽象的議論可否適用於自己所學的領域。這樣一來，就不容易流於空洞的議論。

但是這最多只是一種理念上的理想狀況。個別科學與科學方法論（或說是科學哲學）之間的鴻溝似乎越來越大。因為個別科學領域的進步實在太過神速，讓哲學或方法上的反省跟不上腳步。把各種科學的進步全都匯集在自己的一顆腦袋，並統合進自己的哲學性體系中，這種黑格爾式的全人知性在二十世紀已經不可能發生了。這是一個甚至對「全體（性）」這個觀念本身都開始產生懷疑的時代。

哲學失去「諸學之王」（黑格爾）封號的同時，一直野心勃勃地想要站上統合邏輯學、人類學、資訊理論、語言學等各種學問的位置，結果都沒有成功。

但是，科學既然是人類思考的產物，如果人類無法駕馭它，是很危險的事情。若個別科學遵照自己領域的思考規則，用自動化的方式繼續成長下去，導致其他領域的人無從檢視它的發展，它們必然會陷入一種新的「巴別塔」式的溝通障礙狀態，沒有一個人必須對科學發展的結果負責。有人甚至認為我們現在已經進入這樣的時代。

我們可以一邊把這個大問題放在腦海中，一邊同時探討幾個知識產出共通的思考法。

我們思考的整個過程，依照不同理論被分成幾個階段，比如列寧說的直觀—思考—實踐三個階段（《哲學筆記》），毛澤東說的感性認識—理性認識—實踐三個階段（《實踐論》），杜威（John Dewey）說的問題設定—假說設定—推論—測試四個階段（《邏輯學》）。三個人共通之處就是把思考視為實現目的（解決問題）的過程。因此，我們平時會在腦中朦朦朧朧浮現的想法，這種狀態的思考已不在他們的討論之列。換句話說，他們只處理生產性思考這方面。

作為知識產出的思考，在這個意義下它的條件和勞動的狀況類似，會伴隨著一定的緊張與痛苦。特別是杜威的「推論」這個階段，我們的思考必須遵照一定的規則，也就是一定要有邏輯性才行，讓思考的人陷入一種獨特的緊張狀態。這一點和搞錯機械裝置使用方式就會造成意想不到的災害的勞動者一樣。因此，勞動者必須接受訓練，學習工具的使用方式、操作機械的方法。而且關於道具、機械的有效範圍——以思考來說就是概念和範疇——也要十分清楚才行。

5 學習對立的兩種思考模式

首先要知道有兩種對立的思考模式，歷史性思考與邏輯（結構）性思考。針對同一個對象有兩種思考方向，一種是挖掘過去和起源，探究它的生成過程。另一種是從某個時間斷面研究該對象，探究構成它的各種要素，以及各種要素之間的關係（或組合的規則），也就是結構論的方向。

比如說同樣是研究資本主義，就有從歷史角度研究它生成過程的經濟史，和把資本主義當作一種完整的系統，解剖它的構造的經濟學。經濟學在十八世紀與經濟史分家，獨立成為一門學科。這是因為邏輯性的分析和從歷史性角度的解析不同，必須把研究對象（資本主義）視為完整的系統才行。

從這樣的分家獲得啟發，有近代語言學之父之稱的斐迪南・德・索緒爾把語言學從語言史研究中分離出來，使它成為獨立的科學。語言是一種由有限的音素（日文的話大概是五十音）以及它的組合變化（嚴格來說是差異性對立）形成的音韻系統，也是一種由語彙以及它的組合變化規則（文法）形成的語法系統——也就是說，闡明語言的結構，提供後來結構主義一個方法上的模型。這個方法不是探討語言的起源或成立過程，而是消除對象的時間性後，採用與「通時性」相對的「共時性」的方法。

對於一個單字，我們可能對它的語源有興趣，也可能對它的單字用法——在例文中，該單字發揮的詞類功能——有興趣。就像有些人的歷史性發想很強，有些人的邏輯性（結構論式的）發想很強，大家感興趣的對象不同，也顯現出每個人思考的習慣與個性的差異。

順帶一提，回顧科學的歷程，一般來說，邏輯性思考遠比歷史性思考的支配性來得強大。這是因為不斷追溯歷史會碰到「起始」（起源）的問題（語言的起源、大和朝廷的成立等），但大抵所有的起源都是模模糊糊的，沒人知道真相。再加上歷史本身有許多局限，比如說，從前一個階段邁向後面階段的進步觀、認為原因—結果為必然的想法、認為歷史是朝某個目的（方向）前進的目的論等干擾，很難期待歷史能留下客觀的記述。其實要從過去的事實澈底說明現在的事實原本就是不可能的事。歷史主義的觀點在現代科學中完全居於劣勢。不僅如此，有時它還會被貶低成一種帶有魔術性質的變種思考。

黑格爾在《歷史哲學》中寫道，亞洲的古代專制君王社會中，只有一個人（君王）是自由的，而古代希臘羅馬只有一部分的人（貴族）是自由的，而現今自己所居住的普魯士（日耳曼）則是所有的人都是自由的。換句話說，至今的世界史就是從東方的中國開始，到西歐日耳曼的絕對精神（神的世界計畫）的實現過程。黑格爾的徒孫馬克思也認為世界的演進是西進的，亞洲式—希臘．羅馬式—日耳曼式（《資本主義生產前的諸形態》），把資本主義—社會主義（共產主義）的發展用必然性的連結打造出一張系譜，這種思考方式最令歷史學家感到警戒。

又或者有人會說某位作家的小說或某位思想家的著作，是受到某某人、某某著作的影響，用這樣的說明來解釋，這也是偏重歷史性看法、帶有歷史主義性格的方法。把新出現的事物還原成更早期的事物，並無法說明什麼。尼采的思想受到叔本華、華格納和古典希臘的影響，但把這三者合起來，也絕對沒有辦法變成尼采。

歷史性方法在科學式思考法中似乎被批評得體無完膚，這時大家心中難免會浮現一個疑問，難道歷史性方法就一點用處也沒有嗎？歷史性的東西和邏輯性的東西之間到底有什麼樣的關係？我們現在所居住的社會，難道就沒有自己的歷史嗎？

歷史性事物與邏輯性事物之間有什麼關係？關於這個議論，每當馬克思主義者在討論馬克思的

《資本論》時，就會頻繁地被拿出來討論。從歷史角度來看待資本主義社會，同時就證明了資本主義崩壞（革命）的必然性。或者從歷史性事物和邏輯性事物達到一致的立場來補充說明上述的觀點。這種馬克思式的歷史性解讀法，似乎可以往前追溯至恩格斯和列寧，他們是這個解讀法的先驅。而在蘇聯的史達林的督導下所編纂的《政治經濟學教科書》中，從以物易物的時代開始，透過歷史對照的方式，描述了商品—貨幣—資本之間的關係，也就是馬克思的價值形態論以及剩餘價值論。

相較之下，《資本論》是把英國資本主義作為純粹模型（實驗室），然後透過邏輯重新建構，所以是直接割捨歷史性而完成的。因此，它的立場雖然可以證明恐慌發生的必然性，卻無法證明革命發生的必然性（資本主義本來就是一種假定恐慌會被自動調節，保持永續狀態的系統）。這個立場的代表者，以日本來說的話最有名的就是宇野弘藏。他把馬克思在以「資本原始累積」為標題的文章中說明資本主義成立之前的歷史等，所有關於歷史的部分全部排除，把《資本論》做「邏輯性的純化」後，寫出了《經濟原論》這本書。據說，這本書的翻譯本在歐洲出版之後，它的純粹資本主義論，使這本書成為與馬克思的見解水火不容的新古典派經濟學的教科書。

馬克思甚至被人稱為「發現歷史新大陸」（路易．阿圖塞〔Louis Pierre Althusser〕），他的唯物史觀學說透露出他是一個對於歷史性事物的見解很強的人，但到了《資本論》，他採用的方法就不同了。他在序文說，「已經發育的身體比身體細胞容易研究些」，所以決定先從資本家財富（資本）的身體細胞也就是商品的分析展開正文。因此，我們讀《資本論》時，可以把它當作是透過邏輯性分析一套完整的資本主義系統後的產物。

早在《資本論》出版的十年前，馬克思就在〈政治經濟學方法〉（《政治經濟學批判》序論）這一段文章中，陳述現在被稱為「從下而上」（aufsteigende）獨特的分析、綜合思考法。但他在文章中還提出另一項見解，「把經濟學的各範疇按照歷史的先後順序來安排是不可能的，也是錯誤的」，認為邏輯性事物與歷史性事物並不一致。

這麼說來，馬克思或許也是結構主義的先驅者也說不定。

總之，歷史性事物與邏輯（結構）性事物這兩種對立的思考法並沒辦法簡單地說融合就融合，也成為現代的難題（aporia）之一。而且，我們也沒辦法照自己的喜好選擇哪一種思考法。因為選哪一種思考法，就必須負起連帶的責任，而這樣的責任實在太過重大。

另一方面，從邏輯性事物或結構論事物的觀點出發的看法也有其難處，那就是碰到系統交替的歷史性現象時，沒辦法處理得很好。有人認為，法國的結構主義在一九六八年的巴黎五月風暴中就已經破產。對後來的後結構主義者來說，如何把歷史性與時間性的軸導入自己的理論中，也成了他們最困難的題目之一。

對於在反歷史主義這一點同時受到非難與讚揚的結構主義者來說，歷史性事物與邏輯性事物這兩種思考法互相對立的問題根本沒有解決，他們仍處於不斷摸索、變換戰術的階段。比如說，結構主義的文藝評論家羅蘭．巴特等人，在處理以語言學為模型的符號學到流行的體系等問題時還算順利，但在處理具體的文章時，才發現他們沒辦法把語言學這種結構論式的科學，轉換成模型。李維史陀在《結構人類學》的「結構與辯證法」這一章中提到結構與歷史的問題，但沒有結論。共時與通時、結構與歷史（或說事件）、語言（langue）和「言語」（parole）這些對立的項目顯示同樣的難題在不同的領域都會出現。

關於結構主義，我建議還是要閱讀使結構主義成為流行的古典作品，也就是李維史陀的《結構人類學》，但關於結構性事物如何與歷史性事物產生連結這個問題，我覺得闡述結構的發生、生成與交替的心理學家尚·皮亞傑（Jean Piaget）的《結構主義》是很好的參考書。

另外，一般系統論的學者馮·貝塔郎非（Karl Ludwig von Bertalanffy）的想法我也覺得很有意思。他認為人類和動物的不同之處就在於人類可以操作象徵，並從這樣的觀點來說明人類歷史中特有的傳統（象徵的累積）以及進步，然後再把它與生物的生存、演化（突變），以及物體的運動（慣性）、加速度等之間的關係連結，並做統一性的說明。在物體的**加速度**—生物的**演化**—歷史的**進步**這三種完全迥異的系統中，找出形式上的同一性（「同源」），他就像是一位知性的搗蛋鬼（trickster），帶著自己的機械裝置自由地在各領域間挖洞，通行無阻，也讓作為讀者的我們感受到一種虐待狂式的知性快感。

但是，過度重視邏輯性事物的話，容易陷入結構崇拜以及系統崇拜的陷阱，而且很容易受到誘惑，把這個結構系統「擴大適用」到根本不適用的領域，這一點大家必須多加謹慎小心。法國哲學家亨利·列斐伏爾（Henri Lefebvre）對於結構主義就做出激烈的批判，認為這種擴大適用的做法，堪稱是一種知性的帝國主義，是一種侵略行為。他在《一個立場》等書中，把李維史陀、米歇爾·傅柯、路易·阿圖塞的結構思考、系統思考容易產生的弊害逐一列出來一一批判，作為批判性思考訓練的書籍，我覺得很有幫助。

邏輯性事物與歷史性事物，如同大家前面讀過的，這兩種思考法的對立至今仍是尚未解決的難題。在科學全盛時期的二十世紀中，結構和系統的邏輯可以說是來勢洶洶，威猛難抵，但慢慢地歷史性事物的思考法越來越受到重視，一定會成為二十一世紀非常重大的課題。不管是歷史會被寫進宇宙這個紡織物的腳本（目的）中，展開一個壯大過程的預定調和論，或是歷史會沿著絕對時間這條直線不斷進步的直線型進步觀，到時我們的觀念不得不做一個變更。最後我們或許會採用這樣的觀念：歷史的起源打從一開始就是多樣的（不從屬於一個目的），以及歷史的時間同時擁有複數的展開。

專欄 ❸ 辯證法式的思考是什麼？

透過對話可以不斷地加深我們的思考。在雅典的城鎮中，蘇格拉底一邊和人對話，一邊讓對方產生新的想法，他的學生柏拉圖在書中重現了這樣的場景。辯證法原本是對話的技術，後來也變成思考法的通稱。另一種思考法則是近代的辯證法，經過十八、十九世紀的轉換期，在德國觀念論哲學（由黑格爾集大成）的時代興起。其中，以透過對立達到統合，以正（正題）、反（反題）、合（合題）三個階段的圖式（schema）最為人所知。同時代的歌德與貝多芬的藝術與它的關聯也很深。但是，這個正反合的圖式依然受到批判。那就是，最終階段（合）沒辦法成為預定調和論的快樂結局。

這樣的辯證法的弱點在於，必定有一個結論存在一個封閉的系統中。所以後來有人試著克服這樣的弱點，嘗試打破它的封閉性，拓展它的可能。但他們的共通點都是否定同一性原理，注重「差異」。比如說，阿多諾（T. W. Adorno）的「否定辯證法」就認為，「否定的否定不可能變成肯定，只會產生新的否定。假設產生肯定，那就只是同一性的反覆而已……」不能妄自下結論。等於也是對於把性質的差異還原成同一經濟價值（量）這種資本主義結構所做的批判。

近年常見的「非敵即友」、「恐怖主義與反恐怖主義」這種強迫大家二選一的二分法理論，其背後就是被這種排除異議（差異）的同一性所支配，希望我們能早日脫離這樣的處境。

懷疑

科學批判的思考術

在地球全體化身為「異常」實驗室的這個時代，我們要如何看待科學？對現在的我們來說，什麼是「令人滿意的科學」……

1 科學是否無罪？

在我們探討了這麼多科學式思考的訓練後，接下來有必要熟知科學式思考所帶來的陷阱。首先，要先理解什麼是「科學的極限」，這樣才不會讓我們對科學抱持過多的期待，或感到過分的威脅。

在由問與答，和連結這兩者的規則所組成的科學競賽中，大家比的是誰能找出問與答之間最短的連結路徑，也就是效率競爭。因此效率較差的題目不是被排除在外，就是被延後。而且就算找到答案，該答案若無法連結商品生產（經濟性需求），這類領域的科學通常就不被重視。

比如說，工業產品的開發研究再怎麼興盛，廢棄物的研究依舊乏人問津。即使核能反應的控制、生物科技等高度研究的科學可說是進步飛速，但天氣預報、地震預知等真正對社會而言是必要的基礎研究卻還是遲遲沒有進展。

以廢棄物為例，除了可以看出科學的極限之外，還可以看見另一個問題，那就是部分和全體的問題。產業廢棄物中含有多少有害物質——這個問題完完全全是一個理所當然，非常具科學性的提問，但現實上要回答這個問題會面臨許多困難。

比如說以水質調查為例。

某城鎮汙染河川的水中含有哪些物質？要做這樣的水質調查只有一個方法，那就是按部就班地分析水中有無微生物（透過顯微鏡觀察）、有無有機物的存在、有沒有鐵質（做化學反應的實驗）等，透過種種分析手段求得解答。

這樣的研究方式看起來似乎很理所當然，但它很重要。在公害問題中，產業廢棄物的有害性通常會成為大家爭論的焦點。要確認某樣廢棄物中含有哪些有害物質，只能一種一種地用各種化學反應去測試它。而且照理說，應根據分析手段的成果，做出有多少證據說多少話的結論。但如果是很複雜的廢棄物質組合，就會變成「複合式汙染」，在科學領域中，想要分析這些汙染，有很多方法上的限制，所以幾乎不可能把所有的有害物質全部找出來。

科學的有效性只限定在單方面、部分的情形，但即使把部分聚集起來，也沒辦法達到全體。

大家在學習有效的問題設計方法時應該已經察覺到了，科學在方法上已經自我設限，因此若是問出一個科學無法解決的問題，那麼即使那個問題再重要，也容易被排除在科學的有效範圍之外。只有在可以提出解答的有效方法範圍之內，才可以設定問題，換個角度來看，這就是「科學的極限」。這和現在大家疾呼的「科學的瓶頸」不同，雖然只是方法上的問題，卻微妙地和現在的文明的破局（catastrophe）有關聯。

有些人會從科學性認識的非人性、有效性的極限來批評科學。面對這些人，科學家大概會回答：「當然，科學從方法上來說或許只能產生受局限的有效性。但我們必須很小心，不可以超越這個有效性的範圍，擴大使用於不同的領域。」一般的想法會認為，科學本身非善非惡，使用的方式也是非善非惡。我過去也是這麼認為。

但自從讀過已故的諾貝爾物理學獎得主朝永振一郎先生的《物理學是什麼》（岩波新書）之後我很有感觸，同樣是科學家，有些人已經對科學未來的想像達到既深且遠的地步。

朝永先生對於科學（知識）本身並無好壞，壞就壞在遭人惡用的論點表示，惡用的根源其實就包藏在科學中。他認為科學本身就有毒，所以才能當作藥使用。他把這個毒稱作「科學的原罪性」，也認為它是科學包藏的「異常的可能性」。特別是現在的文明講求「知道的東西就一定要做出來」，使得這種「異常的可能性」最後會演變成全面化的局面，這是他對科學的批判。

我認為，我們既然要做科學式思考的訓練，同時也必須訓練自己對科學做批判性思考。

2 科學的功用有兩個層面，認識和應用

不僅是近代科學，從以前開始，科學的功用大約可以劃分為兩個部分：一個是認識層面，解釋

自然（世界），賦予人們行動規範；一個是應用層面，建構作為生存基礎的文明生活。以時代來說，十七世紀以認識層面為主，十八世紀以應用為主，而十九世紀是兩者並重的「科學謳歌的時代」，這是朝永先生為我們做的整理。

接著，核化學的專家高木仁三郎先生在《科學的改變》（東洋經濟新報社）中補充，二十世紀的科學無論在認識層面與應用層面都無法發揮它們應有的功用。

從認識層面來說，人類應和自然保持什麼樣的關係？這個問題，現代科學無法回答。還有像是，可以繼續獵捕鯨魚嗎？破壞農田、漁場，蓋核能電廠，能保障人類長期的存續嗎？這些與生死存亡相關的問題，現代科學回答不出來。

從另一個應用層面來說，從古至今科學為我們建構文明生活帶來的效果，對生物來說反而是擴大「負面效果」，明明人類生存的危機就迫在眉睫，但科學對於自身思考所產生的結果，卻越來越不必負責。

我們的生活明明被塑膠、化學纖維等不天然的人工物質所包圍，卻感受不到這個「異常」。從物理學（原子、基本粒子）、化學（分子）到生物學（基因），每個領域的極限單位層級，都看得到人工觸手的侵入，想到原子彈、人工化合物、基因重組已經實現，不禁讓人背脊感到幾分涼意。科學式思考可以了解自然的極限，還可以透過人為改造發展出「異常的可能性」。

關於這一點，高木先生的體驗談可以說是一針見血。來自遙遠宇宙彼方的宇宙射線，撞擊到地球岩石時會留下一點痕跡，也就是非常微量的放射性。高木先生的研究就是在千葉縣的山中提取這些放射性物質來測量。為了防止干擾放射能混入，所以要把測定器做好幾重的遮蔽。但因遮蔽材質本身通常也混入了少量放射能的緣故，所以必須盡量使用「乾淨的」材質才行。但他花了很多力氣尋找才發現，要找到這樣的東西意外地困難。

「比如說，當你想用鐵作為遮蔽材質，那些鐵一定會混入銫－137或鈷－60等人工放射性物質。主要是因為原子彈、氫彈試爆實驗後所降下的死灰，以及製鐵過程中受到檢查用的同位素影響。當時，我第一次發現原來還有這樣的事。」

諷刺的是，核子科學的進步推動了核能的開發，但現在，科學性研究卻受到放射能汙染干擾，為了去除干擾的影響，必須耗費龐大的時間、勞力。

從土地獲得的收穫，與投入的資本和勞力成比例增加，但增強到某個程度之後，收穫和資本及勞力的增加就變得不成比例，反而會相對地減少——這是農業的「收穫遞減法則」，我看到高木先生舉的這個例子時，忽然在腦中想起這個法則。在談到資源枯竭的問題之前，我們的產業社會全體或許已經開始產生收穫遞減的效應了。也就是說，我們這個文明已經發展到太過龐大、複雜，所以發生故障，為了解決這些故障問題，只能再多耗費一些時間、勞力，讓文明變得更發達，因而陷入一種惡性循環。

想要跳脫這種怎麼算都划不來的無限惡性循環的「成長」模式，我們不僅要對科學的結果（負面效果）批判，也要對科學式思考本身批判。批判科學的思考力可以作為科學式思考的抗衡力量，如果沒有這種思考力，那麼我們好不容易得來的知性訓練的成果，到頭來也會因為為了修復成長帶來的故障而被吸收抵銷了，從結果來看，怎麼算都划不來。

實驗科學的結果造成人工物質增加，連我們眼睛看不見的微觀自然，都因為受到人工汙染產生畸形化，使得高純度的自然逐漸消失，這些事實都催促著我們應該把這些批判性的檢討帶回科學式思考的發源地，也就是伽利略的實驗室。但是伽利略的實驗就如同愛因斯坦所指出的，是一種「純粹的思索」，是一種思考實驗，所以他的實驗室其實就存在於他的大腦之中。伽利略的頭腦可以防止宗教迷信和直觀論混入，就這個意義來看，它確實是一個可以完全自社會隔離的「純粹的」實驗室。

實驗科學的思考方法

後來，隨著實驗科學的發達，科學家開始在與社會隔離的場所，盡可能排除所有攪亂條件，設置實驗室、配置實驗器具來做實驗。為了讓實驗具有普遍性，必須設定脫離現實的條件，實現某個已經純化的狀況，因此科學所處理的自然，當然會和我們周遭的現實自然相差甚遠。畢竟，只有當我們不是使用河川的水或自來水，而是用純水做實驗時，所得出來的結論才能夠找出關於「水」這個物質的普遍性法則。

我們可以透過高木先生的著作了解到，這個純粹的實驗室，怎麼會在我們不知不覺中，連我們周遭的現實自然環境都受到汙染。

比如說，用五百度C讓純物質A與純物質B發生反應後獲得C，這樣的法則即使在實驗室的燒杯中可以獲得確認，但我們很難把這個法則套用在這個未被純化的現實自然中。不過，若透過化學設備做實驗，燒瓶中的反應，相對來說比較容易實現。這麼一來，自然科學如果想要擴大它的有效性範圍，可能連我們周遭的自然環境也要控制成和實驗室一樣的條件才行。會有這樣的想法一點也不奇怪。不僅不奇怪，可以說是唯一可能的「科學性」的做法。

實驗科學最後要走出實驗室，把自然環境實驗室化，也就是自然改造計畫，這並非是科學被「惡用」的問題，而是科學講究「純粹性」的必然結果。

實驗性思考所設想的「純粹性」，是與現實自然相距甚遠的狀況，所以從日常經驗的世界來看，會覺得是「異常」。科學式思考始於伽利略的腦中，之後透過許多科學家在他們實驗室中的純粹實驗，加大了日常（直覺）與異常（純粹）之間的距離。

隨著實驗變得巨大化而且高度複雜，使得可以保證科學式思考的正確性重要裝置無法作用。這個裝置就是「實證性」。

科學式思考的正確性來自於通過實驗的實證，也就是在同樣條件之下出現同樣的現象，所以採用同樣的方法，就能得到同樣的結果。但這樣的實驗並不是每個人都能做。

第一，由於實驗的世界和我們日常的經驗越離越遠，已經逐漸被還原為數學的世界，沒有受過特殊知性訓練的人，無法在那樣的世界中見證實驗。

第二，由於測量裝置變得過於巨大化、複雜化、專門化，使得尖端領域的實驗只有能夠投入鉅額經費的超大國研究機關才能夠重複同樣的實驗。

這兩點如果沒解決——目前看起來應該是沒有解決的希望——就沒辦法實證，科學式思考擁有的客觀性與普遍性就無法獲得保證。科學真理為眾人所擁有的這個表面上的口號，也就變得岌岌可危了。

我們的思考或許和這種巨大科學或微粒子世界的實驗無關，但不管我們喜不喜歡，我們的日常生活仍受到這些實驗的成果滲透。正因為我們在學校上課時被教導，這是唯一正確的思考方式，在文明社會中這種被視為非常理所當然的「科學式思考」才會不斷肥大。因此在本質上我們的思考與這樣的科學式思考是同根相連。

看到不斷消逝的自然或文化、人類面臨的生存危機這些讓人不知所措的悲觀事態時，科學批判的思考能夠做些什麼？難道沒有別條路可以跳脫這種無限惡性循環的成長嗎？

3 另一種科學

思考到這個地步，很自然地就會提出一個問題：我們有可能發展出「另一種科學」嗎？我們有可能透過採取與伽利略、牛頓以來的實驗科學系統不同的方向，重新組織一套新的科學嗎？

回答這個問題之前，首先要問的是，有這個必要嗎？不管從認識層面或應用層面來看，科學已經停滯不前，所以答案很明顯是 Yes。

至於可能嗎？回答這個問題為 Yes 的人，把希望賭在兩股運動，一個是生態學運動，一個是

A・T（alternative technology「替代技術」）運動。

這些運動的共通點就是對於已經脫離人類力量掌控、開始走自己的路的生產系統與政治系統，再一次把它們拉回人類可能駕馭的範圍。因此，考慮到人類對自然造成的影響，他們主張必須捨棄大規模的技術、大規模的生產，而應該採取「相稱的技術」或符合地域特性的生產系統。因此，傳統的手工業技術應該重新受到重視。

接著，從人與人之間的社會關係（生產關係）層面來看，它們否定人類隸屬於生產系統，為了成長而成長的這種產業社會的經濟系統，希望能建構一個擁有自給自足經濟系統的區域社會。因此，對於政治系統，他們也是傾向於打造區域分權的平等社會，而不是中央集權式的官僚制社會。

關於這點，大家可以參考修馬克（E. F. Schumacher）的《小即是美》，或洛文斯（Amory Lovins）的《軟質能源途徑》。

前面我透過了技術、經濟、社會、政治四個層面做簡單的說明，試著整理出「另一種科學性知性」應朝哪個方向前進。

是不是還欠缺什麼呢？

是的，這四個層面的兩端還各欠缺一個層面。技術的下面還要有一個「自然」，政治的上面還

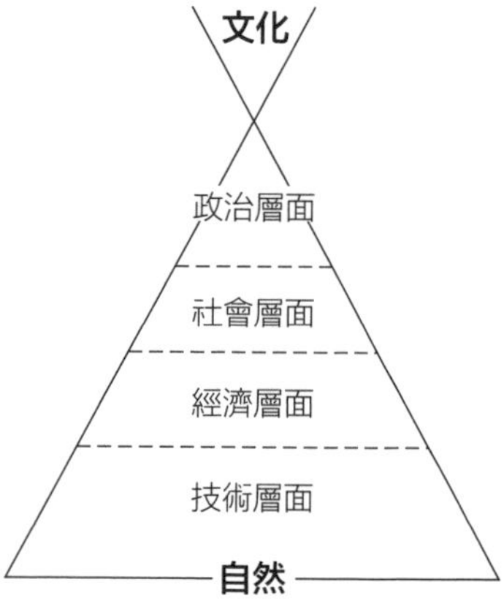

要有一個文化的層面。對另一種科學性知性而言，自然與文化這兩端的層面才是最大的問題、最需要思考的題目。我後面會說明，其實生態學的發想，與這兩端有直接的相連。

前面我在說明技術層面的時候，用的是「人類對自然造成的影響」，而不是說「人類與自然的關係」。其實，在這個領域中，生態學家們已提出一個全新的問題，我為了留待後面說明，所以刻意留了一個伏筆。「人類對自然造成的影響」這是技術論的發想，「人類與自然的關係」這是生態學的發想，這兩種發想是完全不一樣的問題設定。想要理解現代文明危機的核心，這兩個問題設定的對立提供給我們最重要的關鍵。換句話說，這時候我們需要的，是一個劃時代的「自然觀」。試著思考這個問題吧。

「人類對自然造成的影響」這個技術論的發想，還是殘留了自然應該被人類利用、人類對自然的使用價值等人類中心主義的自然觀。這種自然觀的想法自從人類破壞自然是神創造的神聖創造物這個宗教性的觀念，把自然作為科學考察的對象、產業活動的生產對象以來，包括整個近代社會的時期，都保存了這樣的想法。換句話說，這是一種根植於人類優先的思想、人文主義的自然觀。而這種近代的人文主義對於處理神（宗教性自然觀、迷信）的議題很強，但對於自然，只知道用科學的態度把它當作可利用對象來對待。因此，工業革命以來的工業化就是破壞自然、掠奪資源，藉此換取發展。面對資源（石油）枯竭的能源問題，就思考有沒有什麼能源可以代替石油，於是開始尋找替代能源，最後找到了核能發電。

這樣的問題設定就是把自然當作人的利用對象，沒有看見背後的能源危機這個現代文明面臨危機的真相。因此有人開始提出新的問題設定，那就是生態學。

生態學是把人的位置放在地球這個自然系統中，以這樣的態度思考事情。地球在地表所產生的熵（廢棄物）本來就是透過水循環運送到大氣上空，使這個熱能（紅外線）散逸到宇宙，成為物質循環（「耗散系統」〔Dissipative system〕）的一部分。但石油文明明知自己無法解決工業廢棄物的問題，卻仍持續地把地球作為封閉系統使用。結果就是地球的熵不斷擴大，當汙染不斷累積，人類最後就會滅絕，這才是現代文明真正的核心危機。這就是生態學式的問題設定。

只不過，人終究是思考的動物。把文化層面拿掉，就無法定義我們為「人」。人確實是自然的一部分（生態學的命題）。但同時，人在擁有文化這一點，又成為自然的他者（文化人類學的命題）。從自然的邏輯來看人，很清楚可以看見人屬於自然中的一部分。但若沒有從另一個文化上的邏輯來看人，可能就看不見人的本質中與自然相異的本性。我想這就是為什麼生態學式的發想對技術問題的處理能力很強，但對於社會、文化固有的邏輯解析很弱的緣故。「浪費」或許可以成為生態學批判的對象，但無法成為它解析的對象。

這實在是非常棘手的難題。但可以預想的是，這個文化（價值觀）層面，應該就是對於生態學式發想最終的抵抗線。作為知識產出的科學式思考法就是以解答為前提提出正確的問題，但是不是還有別種思考法呢？於是有人就從**科學知識的另一端也就是文化固有的、知性（思考）的人類學層次來構思新的思考法**。

以上，我們以科學式思考為主，看過幾種知識產出的方法。包括到目前為止介紹的訓練法，我覺得都可以稱作「思考術」。

所謂的思考術就是為了達成某種目的的思考法。換言之，我們先建立一個默契，這裡所謂的「思考」，就是為了某個目的思考，把思考當作一種手段。回答當然越快越好，這是思考術的鐵則。所以思考的實驗室和製作工業產品的工廠有些類似。

能夠貫徹知識產出——思考術的原則，依然還是得回到思考的經濟法則。這個法則的支配範圍，甚至包括批判現代大規模科學的生態學思考法。為了讓人類繼續生存（survival）下去，我們該怎麼做才好？關於這個問題的思考，其實就是最廣義的、或說是真正的科學式思考。

下一章，我們要談的是，站在不重視生產原理（經濟法則）的立場「思考」，對效率視而不見的思考法。

專欄❹ 知性好奇心與諾貝爾獎的獎章

推動科學技術的原動力來自於人的知性好奇心（欲望）。一般人提到知性好奇心，大多會給予肯定的評價。關於這一點，諾貝爾物理學獎得主朝永振一郎先生曾注意獎章上的圖案後說：「獎章的其中一面畫著兩名站立的女性。正中央站了一名女性，頭上戴著面紗。上面有刻字，寫著拉丁文 Natura（自然）。旁邊有另一名女性，她掀開面紗，窺看那人的臉。這名女性旁邊寫著 Scientia（科學）。」（《物理學是什麼》，1979 年）

科學女神揭開自然女神的面紗。換句話說，這個畫面也可以解釋為，科學透過實驗揭露自然的本質是對自然的褻瀆。說到這個，這個世界上有很多故事或神話都暗示，人的知性好奇心中潛藏著不吉祥的事物、魔鬼的（devilish）事物。為什麼要限制人們「不准看」？又為什麼人要打破這樣的禁忌？人們受到好奇心、探究心的驅使，使得科學技術帶來危險性，面對這個危險性有兩條路可以走。一種是完全否定人的知性好奇心；一種是肯定這樣的好奇心，並認為應好好地馴養它。因為如果沒有好好控制它，就會像朝永先生提過的狀況，人知道某種東西，就非得把它做出來不可。我們應該怎麼面對自己的知性好奇心？該把這份好奇心運用在何處呢？這個大問題恐怕不是這一個世紀可以解決的。

直觀

思想術

什麼樣的訓練讓人可以在知性遊樂園「盡情遊玩」，達到超越知識產出的知性創造——節約模式的思考與浪費模式的思考。

路易斯・卡洛爾（Lewis Carroll）的《愛麗絲夢遊仙境》中，有一個奇妙的遊戲叫無謂的競賽（caucus-race）。

掉進兔子洞穴的愛麗絲哇哇大哭，一灘淚水變成大海。老鼠、鸚鵡、渡渡鳥和一群渾身溼答答的動物在岸上集合，為了讓身體變乾，渡渡鳥提議大家來玩無謂的競賽。

這個遊戲是先在地上畫一個圓圈，大家隨意沿著圓圈跑，想停隨時可以停。比賽結束之後，大家氣喘吁吁地問渡渡鳥：「誰贏了？」渡渡鳥必須沉思很久才能想出這個答案，他再三苦惱之後回答：「大家都贏了。」相信大家還記得這個《愛麗絲夢遊仙境》中的場景吧。

但是這種比賽實在很愚蠢，我想就連小孩子也不會想玩吧。因為，沒有勝負的比賽，就稱不上比賽。

路易斯・卡洛爾的這個想法違反賽局理論。這個遊戲不存在最短途徑連結問題與答案的解決方法，不能像解謎遊戲可以把步驟還原，所以無法成為科學式思考的訓練方法。

那麼路易斯．卡洛爾究竟為小孩們提供什麼樣的訓練法呢？在充滿語言遊戲的愛麗絲的世界中，我認為作者創造出一個不生產答案的思考——違反知識產出原則的思考遊戲樂園，並希望把這個樂園帶給孩子們。這個遊戲有時會刻意把充滿危險的思考課題端到孩子面前，讓他們感到困惑。比如說，愛麗絲不小心闖進一片森林，裡面所有的事物都失去「名字」，變得無法區別彼此。有一頭小鹿問愛麗絲：「妳叫什麼名字？」愛麗絲只能哀傷回答：「我現在什麼名字也沒有了。」（《愛麗絲鏡中奇遇》）換個角度來看，讓小孩子直接體驗這種事情實在有點殘酷。因為這等於是把喪失名字就連自我同一性也會跟著一併喪失這個真相直接攤在小孩面前。

《愛麗絲夢遊仙境》插畫（譚尼爾〔John Tenniel〕）

近來，大人們也開始感受到路易斯．卡洛爾的魅力，研究風氣非常興盛。這位作者的本名叫查爾斯．路特維奇．道奇森（Charles Lutwidge Dodgson），他本身有少女癖好，是攝影狂、數學家、單身男人，路易斯．卡洛爾的世界確實是一個值得研究的夢幻樂園。若有人想要重讀文庫本的話，我推薦角川的舊版，因為它裡面用的是譚尼爾的插畫。他的插畫呈現出一種精神分析式的詭異世界，甚至讓人擔心孩子們看了之後是否承受得住。裡頭的插畫不管是愛麗絲的臉，或是動物們的表情，都呈現一種難以言喻的陰暗感。

1 從知識的大量生產到知性的夢幻樂園

關於「思考」這件事，我們的訓練也要像愛麗絲穿越她跌落的陰暗洞穴，或是鑽進鏡子的另一面一樣，朝著知性的夢幻樂園前進。

前面我們介紹尼采時曾說過，不用讀多，而是讀少但要思考。他說，很多人記憶力很好，卻無法成為沉思者（《人性的，太人性的》）。甚至，多讀和廣讀反而會妨礙「思考」，這樣的例子不是沒有。

連以博聞強記著名的柳田國男也同樣指出這一點，讓我大感意外。

柳田國男與日本史學家家永三郎先生對談的時候，家永曾發牢騷說，有些人擁有資料，卻不給別人看，很傷腦筋。作為一位研究者，確實會碰到這個問題。

這時柳田用稀鬆平常的語氣回答，其實很多資料沒讀過也無妨，大概只有一小部分的資料是必須要讀的吧。「資料太多，反而要不斷地縮小範圍才行。」接著，柳田用比較刻薄的說法諷刺日本的學術：

「我總覺得我們的資料實在豐富過頭了。日本的學術可以用瑣碎論（trivialism）來形容。我認為，就是因為我們老是喜歡往細節裡頭鑽，所以綜觀全體的能力才會這麼弱吧。」

或許有人會說，家永的專長是以文獻為中心的歷史學，而柳田的專長是大量涉獵文獻以外廣泛的民族資料為主的民俗學，所以在研究方法上有所不同。但我認為柳田強調的，是任何一個學問都通用的更重要的事。

情報太多反而看不見柳田說的「全體」，其實也是受到媒體支配下的我們正面臨的狀況。想要知道重大的新聞消息，我們還得向德國詩人恩岑斯貝格爾（Enzensberger）在《意識產業》書中說的那樣，從新聞報導的結構分析開始做起才行。

分析大量的資訊，不僅耗費時間，連「思考」的時間也被縮短了。這個現狀不僅在學術的世界，連日常生活的世界也時常發生，這一點我們先要了解。這些片段性的情報就算再怎麼被整理歸檔，我們也很難從中看見「全體」。如果你也有過這種體驗，那麼接下來的訓練，也就是與科學式思考法相異的知性探索，應該可以讓你產生成就感。

在我們的時代，提到「思考」，科學式思考法占有最大的絕對優勢，甚至根本沒有其他思考法的容身之處。而我們的思考無法掌握「全體」所帶來的焦慮感，其實和背後科學的支配有很大的關係。

一個人只看片段不看全體，我們會說他「見樹不見林」。處於現代的我們可不能像愛麗絲，闖進一片森林裡，最後卻迷了路走不出來。

我們從小就被教導要「用功讀書」，進社會後也是被灌輸要「努力工作」的觀念，即使受到雇主苛刻也要如此。不管是要求的人或是被要求的人，每個人都一本正經的樣子，確實造就了日本人成為一個好學勤勞的民族。但若你一個一個去問他們，現在地球處於什麼樣的狀態？這個世界的未來會有什麼變化？你每天這麼努力，可以為你自己帶來什麼樣的未來？沒有人回答得出來。這些勤勞的人們明明無時無刻不認真地思考，卻不曾思考過這些重要的事情。就像一群盲目的豬群拚命往懸崖邊衝，沒有誰發現前面就是懸崖峭壁了。

想要看穿人類全體的命運，以及與此密切相關的我們每個人的人生意義，我們必須要進行特別的知性訓練。但是，學校卻不教這件事。不過我想大概學校也沒這個能力教。其實，還不只是學校。自世界市場的動盪以及石油危機以來，經濟學家們對於這個已經進入全新局面的世界動態的解釋，漸漸失去自信，國際政治舞台上換了一批不成熟的素人政治家，像在玩政治扮家家酒一樣，連我們這些「政治門外漢」看了都心驚膽跳的。還有很多文化學者只靠過去的遺產（知性資源）等著坐吃山空。學術與傳媒早就被世界的動態遠遠拋在後頭，根本沒有一位智者能夠肯定地告訴我們「這個世界就是這樣」。沒有一個人對於未來人類的展望有絕對的信心。如果有人可以信誓旦旦說出來，你反而要提高警覺。

在這個缺乏真正知性的時代——現代，確實是人類知性面臨深刻危機的時代。每個人看似匆匆忙忙，慌慌張張地在思考什麼，其實大家根本沒好好想過，什麼才是值得思考的事情。我們在片段性的認識能力有了長足的進步，但伴隨而來的是喪失了認識全體的能力。海德格說，正因為我們處於這樣的時代，才更應該要真正地「思考」。

2 迷失在森林小徑的我們的「知性」該何去何從

只盯著樹木看，看不見森林的全貌。只有樵夫才知道哪條路能夠通往出口。假如有這樣的樵夫，我們就可以跟他請教離開森林的路。

有一位哲學家透過這樣的寓意編了一本論文集《林中路》。他就是德國的馬丁．海德格。他是自始至終批判二十世紀科學技術文明的一位思想家。

海德格對著在森林中迷路的我們這樣說：

「科學是近代的本質性現象，容易被當成我們思考的證據。考察這樣的科學會發現，它被放置在一定的軌道上，拚命朝著完全沒有疑惑的思考方式靠攏，因此，它抹殺了所有的深思熟慮。科學就像計算機一樣，視不思考為最理想的狀態。」（《築．居．思》）

他最後的這句話「科學……視不思考為最理想的狀態。」著實嚇了我一跳。

上一節的訓練法中我們學到，科學式思考是為了某種目的而思考，換句話說，思考是手段。這是一個由問與答，以及連結這兩者最短途徑最有效率的解答方法所構成的解謎世界。毫無疑問地，解答的速度越快越好。這是以思考的節約（經濟）為目標的知識產出原理。一有問題，就斬草除根，用最快的速度解決。有不幸的事物，就一擁而上，讓它變得幸福。要求和機械運作一樣的正確性來解決問題。

如此一來，既然思考只是手段，當目的達成之後，要把思考擺在何處？有人可能會說，沒這回事，問題堆積如山，要多少有多少。就算事實真是如此，但這種思考原理講求效率、節約原則，所以最終它追求的是問題被解決的狀態，換句話說就是不思考的狀態，這一點是確定的。**為了消除思考而思考，科學在本質上就是這樣的思考。**

除此之外，有人反駁說問題要多少有多少，我也想對這點表達反對意見。科學解決一個問題，生產性就會提高。再解決一個問題，生產性又會提高。生產性提高，系統就會巨大化、複雜化，接著系統的故障率也就會提高。甚至，生產性提高的效率到頭來全都耗費在修復系統所帶來的故障問題。這時，為了修復故障，只好再提高生產性，為了提高生產性，只好又把科學是思考的馬達全開，陷入了一個本末倒置的惡性循環之中——我們現在難道不是處於這樣一個時代嗎？不管是公害也好、能源危機也好，無非都是成長系統本身所帶來的故障。如果所謂的問題要多少有多少指的是這個，那麼我們永遠也無法在迷路的森林中找到出口。至於科學知性的成長也是一樣，在科學批判的思考術中提到「收穫遞減法則」將會如影隨形地伴隨著成長出現，我們必須儘早洞察到這個狀況。只要我們思考的模式是根據經濟（節約）原則，這將是無法避免的狀況。

那麼，我們該怎麼做才能跳脫這種惡性循環呢？首先，我們要思考關於思考這件事，也就是站在後設思考的立場。當我們在做科學式思考的時候，同時要加上對思考的反省。這並非為了防止自己成為「只懂自己專業的人」這個消極的理由。而是藉由我們每天不停地思考，反思我們將何去何從，透過問題解決（生產答案），找出用封閉思考迴路的解謎式思考絕對找不出來的答案。總而言之，為了獲得與科學式思考不同、全新層面的提問法，我們需要後設思考。

然後，在這個全新的問題設定的領域中，思索「如何去除科學過度專業分化，變得無法互相理解的弊害？以及如何恢復它們原本統合的狀態？」這個問題並沒有意義。海德格認為，專業分化絕非學術進步時所帶來的致命的伴隨現象，因為「專業化並非結果，而是所有研究進步的原因」。這種去除弊害的局部性手術意義不大。因為問題出在科學式思考的體質身上。而且，科學無法了解自己的體質。這種認為唯有可以對象化的事物才存在的科學式思考法根本沒有辦法了解自己。這就好像當我們用眼睛看東西的時候，看不見自己用來看東西的那雙眼睛一樣。

關於看不見科學本身的科學式思考的結構，海德格在《世界圖像的時代》中，給了我們許多暗示。

比如說，科學並非透過實驗來做研究，相反的，是透過研究的形式來掌握對自然的認識，才有可能去做實驗。而且海德格也認為「數學式的自然研究，並非因為正確的計算所以顯得精密，而是與該對象領域的連結本身就有精密的特性，所以才能被精密計算」等，把我們通常思考的原因—結果的關係完全倒過來。

這和認為科學技術巨大化到人類無法掌控，因此主張「小即是美」的生態學家的發想性質完全不同。對於打算把所有東西都量化的科學的世界圖像變得巨大化這件事，海德格指出問題不在巨大本身，而是它轉化成「無法計量的東西」才是問題所在。

「人成為基底主體（subiectum），世界被化為圖像，無法計量的東西成為看不見的影子，覆蓋地上一切事物。」

這個無法計量的東西、影子——似乎擁有特別的意義。但他同時也說「我們現代人抗拒去了解它」。這意味著我們對於科學式思考的某種抗拒。

我們必須思考這一點。海德格說這些話的意思是，科學讓我們漸漸變得無法思考，正因為處於這樣的時代，我們更需要「思考」。

我覺得，從解謎的科學跳脫出來的問題領域中的「思考」，不應叫做思考術，而應叫它「思想術」。這和提出解答就結束的知識產出不同，而是不斷反省提問題的方式，**永無止境地改良出新的發問裝置，是一種應稱為「知性創造」的東西**。與生產有所區別的創造，理解它獨特的意義就是思想術訓練的目標。

「從真正反省的力量中，形成具創造性的問題」，海德格的這種知性創造風格和詩非常近似。就像前面介紹解讀力訓練法的例文一樣，為了了解無法計量化的影子的領域，他的思考是採取從存在者到存在，也就是存有論的方向。也就是說，人作為一個存有者，應該回歸到存有這個家鄉中。探討歸鄉這個主題，自然就會考察「居住」這件事。「語言是存有的居所」，因此要「像詩人一樣住在這裡」，這個問題領域我建議可以一併閱讀巴舍拉的《空間的詩學》，或是諾伯舒茲（Norberg-Schulz）的《實存．空間．建築》（鹿島出版會），可以獲得進一步的拓展。

3 跳脫科學式思考——掌握完整的全體

可作為跳脫科學式思考的訓練術，不只是海德格提示的存有論的方向，還可以選擇認識論的方向。

比如說，針對科學式思考的支配，柏格森在對比的位置上建構了「直觀」式思考，保衛哲學的堡壘。

他主張人的認識也就是「了解」，有兩種方法可以達到。一個是科學式認識，一個是直觀。科學式認識的方法是觀察想了解的對象的外觀，直觀式認識的方法是掌握對象的內在。他主張，有的領域只能透過直觀才能掌握——比如說意識和時間。有人會說，時間不是可以透過時鐘來掌握嗎？但仔細想想，時鐘的指針只是顯示每一瞬間的空間位置，因此時鐘只顯示空間，並沒有顯示時間。我們透過時鐘的數字盤，記得指針過去的位置，然後藉由指針的移動，知道它移到別的位置——知道指針在移動是透過我們的意識，換言之，時間只有在意識的流動時才成立。

當然，做這種哲學性的議論不是我們訓練的目的。只是希望各位理解，科學只能透過某種方法間接地掌握對象，因此無法讓我們完整地了解對象。

科學掌握對象的方法是把色彩的豐富、音色、溫暖、冰冷等性質還原成波的振動數，或還原成原子、分子的運動。有沒有一個思考法是透過活生生、全體來掌握對象？這時候，就輪到我們的主題登場了。

想要掌握活生生的世界樣貌這個願望，比如說埃德蒙德．胡塞爾的現象學，從頭到尾都在追求這一點。

世界只存在於我們的主觀與客觀的交流之中，所以想要掌握它的真面目，無論是主觀主義的方法或客觀主義的方法都不管用。因此，我們如果想要了解人和世界，必須要對於科學性認識以自明為前提的事物，做出嚴密的批評（停止判斷、超越論的現象學）。另一方面，我們也有必要把我們過去與世界有過的樸實接觸找回來（賦予意義、結構的現象學）。

被稱為錯覺的現象，或者右臂被截斷的人仍記得右臂痛覺這種被稱為「幻肢」的現象——這些都是單從人的主觀（心理學）或是作為物體被觀看的客觀身體（生理學），都無法說明清楚的一種知覺或身體的奇妙現象。現象學家會關注這類的現象，也是因為從這個領域可以解讀透過科學式思考無法察覺的人與世界之謎。

我們不單只是被動地接受這個世界，也不斷賦予它意義，持續建構它。證據就在「賦予意義」之中。關於這個問題的領域，我推薦閱讀後期受胡塞爾影響的梅洛龐蒂（Merleau-Ponty）的各著作（《眼與心》、《知覺的現象學》）。

4 浪費才是太過人性的行為

跳脫科學的思想術訓練最終會將我們帶往何方？

有一個問題我們到現在仍未解決。把這個問題極端單純化的話，就是兩種命題的對立，一種是把人視為自然（生態系）的一部分的生態學式命題，以及把人類視為自然的他者的文化人類學式命題。這兩者我們並非只能選邊站，因為這兩者的關係是辯證法式的一對命題，所以我們無意要和生態運動作對。只是想確認，把「思考」拉近到人類固有文化這個層次中會發生什麼事而已。大家可以把它當作是一種思考實驗的訓練，即使提出來的見解不是那麼正經八百或嚴謹，也請多加包容。畢竟，也有像胡伊青加（Huizinga）這樣的歷史學家提出人類固有的文化本質就是「遊戲」這樣的見解（《遊戲人》），我們沒必要把「思考」這個充滿人性的行為，固定用一個方式把它封閉起來。人的思考是充滿無限可能的夢幻樂園，所以我們應該隨時保持我們頭腦的靈活度。

尼采

關於緊接在科學式思考之後的後設科學，我推薦尼采在《人性的，太人性的》中的考察。

尼采認為，科學的成果與「大海般無窮盡、值得了解的東西」相比，不過是稍縱即逝的小水滴。但是，在科學中，人們可以學習合乎目的性地抵達目的的能力。以這層意義來說，從該目的，即「人在之後所做的一切」（後設科學）來思考的話，人們身處於一個所有人都被科學式思考支配的時代，其實是非常寶貴的一件事。的確，如我們之前討論的，科學不過是一種手段而已。換句話說，科學的目的其實就是後設科學。這麼一來，我們也可以說，科學式思考的目的就是非科學的思考嗎？這才是問題所在。

就節約＝經濟的原則來說，科學最理想的狀態應該是不思考，這一點我們前面在提到海德格的地方確認過了，但在這裡又有不同的意義。以手段、節約的思考為原則的科學，往後將逐漸演變成以目的（為了思考而思考）、浪費的思考為原則嗎？

對尼采而言，所謂的目的就是持續成為比自己更厲害的人，以及成為不斷超越自我的超人或獲得這種力量的意志。

他在《查拉圖斯特拉如是說》中，描繪一件發生在大白天的驚悚事件。一名年輕牧羊人在睡午覺時，一條黑蛇爬進他口中，緊咬著他不放，而查拉圖斯特拉目睹這一切。牧羊人全身顫抖、痙攣，一副快要窒息的樣子。查拉圖斯特拉想把蛇拉出來卻拉不出來。一瞬間，查拉圖斯特拉從喉嚨發出吼叫聲——「咬斷它！咬斷它！」牧羊人心一橫把蛇頭咬斷。接著，這名牧羊人「爆發出這世上前所未有的笑聲。他斬斷了認為做什麼都是徒勞的、孱弱的虛無主義，他成為人上人，從此頂天立地於世間。」

「人就是連接野獸與超人之間的一條繩——被綁在深淵之上的一條繩。」尼采在〈正午的超越〉這則故事中，很鮮明地描寫出他對於追求權力意志的人性觀。

若問人是什麼樣的存在？我們可以說，人總是違反節約原則，常把「自己搞得精疲力盡」，遵循更多、更快、更頻繁的浪費原則而行動。

自從依據新教的節約原則，費盡思量在儲存上的魯賓遜．克魯索出現之後，經濟學家的思考方式就是遵循節約（economy 的原意）原則。比如說，經濟高度成長是根據需要、積蓄、計算等經濟原則而產生，甚至在原始社會中發生「交換」的行為，起因也是因為要處理超過需要的剩餘生產物。

但是，人類學家們經過調查之後，認為交換不一定發生在生產物剩餘（商品化）時（馬塞爾．莫斯〔Marcel Mauss〕《贈與論》）。這是根據特羅布里恩群島的庫拉環（Kula ring）交易，以及北美印第安人的誇富宴（Potlatch）而得知。印第安人無法區別需要與剩餘，所以為了誇耀自己部族的財富與權力，會邀請其他部族的人來，刻意在大家面前毀壞非常珍貴的貴重品，或舉辦非常鋪張浪費的宴會。但被邀請來的部族必須用更多的東西作為回禮才行，在這種交換的連鎖效應過程中，甚至有很多部族因此滅亡。換句話說，他們的經濟並非建構在為了存活的節約原則之上。對他們來說，物品（財產）已不是為了滿足需要（需求）的手段，不具備功能性、功利性的意義，而是用來團結部族組織，帶有象徵意義與價值的東西。**唯有大肆鋪張設宴的這種象徵式的浪費，才能夠真正對於人的人性、真正的富裕、文化的層次做出定義。**

這種帶有象徵性價值的浪費，直到中世或近世時還得見，像是貴族階級大肆揮霍浪費，或是在節慶時闊氣地大筆捐贈金錢的行為。讀《源氏物語》也看得見這樣的情形，光源氏為了討好眾多女性，極盡豪奢地送禮或舉辦派對，這是源氏用來對女性示愛，具有象徵性價值的舉動，和現代的「贈養費、撫恤金」這種冰冷、枯燥無味，只具備功能性的東西不同。在這個故事的世界中，貴族們幾乎把自己醒著的時間、所有的財產和勞力都耗費在以戀愛為主的感情世界。他們又哭又笑，時而觀察季節的推移，換句話說，對他們而言，世界上所有事物的存在都是被奉獻用來增添他們感情生活的豐富。

這些人超越生理需要的層次，完全不用為了謀生而費心。在這樣的遊戲世界中，雖然我們可以嗅到頹廢的味道，但另一方面，我認為沒有比這個更「充滿人性的」理想世界（故事）。

不只是古代，被一些正經八百的文藝評論家們給了毫無思想的白痴作家這個封號的谷崎潤一郎，從他的處女作《刺青》（李維史陀認為，刺青是無著衣狀態的人，是為了把自己與自然區隔所做的文化象徵）開始，他就是一個從文化固有的層次中追求人類存在的稀有大作家，到了晚年，他比波特萊爾還早從人類學角度這個嶄新的立場探討「年老」的問題。小說《瘋癲老人日記》就是這個代表。作為主角的老人在生理上，換言之在自然的層次上喪失了性能力，卻可以透過與媳婦的不倫戀愛遊戲，在觀念的世界中喚醒自己的性慾，並使之持續高漲。超越自然的需要原則，這種欲望上的觀念性浪費，就成了他唯一的生存意義。谷崎在這部作品中，一句思想性的用語也沒說，就清楚地把性、年老其實只是文化層面中的現象這件事描繪得淋漓盡致，我認為是一件純度非常高、非常優秀的作品。當然，也可以把它解釋成一幅與自然切割的文明終極樣貌（人工的頹廢）的諷刺畫，兩者說的是同一件事。

對人類的存在來說，最根源的「欲望」問題，從自然主義的角度看不到它的本質。**生存**

（survival）本身，絕對無法成為活著的目的。

5 浪費循環的思考，可以從答案創造問題

後設科學的問題討論到現在可以歸納成兩種人性觀以及兩種經濟學。

一個是從亞當・史密斯（Adam Smith）到李嘉圖（David Ricardo），包括新古典派、馬克思經濟學、近代經濟學，都是站在生產的視角，採取為了存活的成長原則，從經濟性價值法則的必然，思考「福祉社會」或「自由王國」這樣的立場。

另一個就是發源於尼采，以馬塞爾・莫斯的關於未開化民族的交換系統研究作為立足點，透過喬治・巴塔耶（Georges Bataille）在《消費的概念》、《被詛咒的部分》中提出的，以消費（浪費）與象徵性價值法則為主的「普遍經濟學」的立場。

而把前者的節約經濟學從邏輯上拉到技術論（科技——人與自然之間的關係）的，就是生態學。

針對這一點，我們在本篇文章要展開的思考，是脫離從開頭到前一章為止所探討的科學式思考——思考的自然層次，進入文化人類學的層次（特別是人與人之間的關係），而它的思考原則就是建立在浪費的經濟學上。

我想透過繼承巴塔耶，把浪費的經濟學拉到符號學的尚・布希亞（Jean Baudrillard）的話，把我們的命題（立場）變得更明確。

「過去所有的社會，總是超越絕對需要的界線，做出浪費、濫用、支出、消費的行為，這是源自下面這個單純的理由：無論個人或社會，都不能光是活下去，真正要產生活著的感覺，必須要消費過剩、超出需求的事物。」（《消費社會的神話與結構》）

唯有浪費，才能生產人生的價值與意義。

其實不只是交換，「思考」這個行為的發生也不是根據需要產生，而是來自於浪費原則。這是哲學家康德提出的觀點，很有意思。

簡單來說，亞當和夏娃原本在伊甸園中無憂無慮地生活著，所有需要都被滿足。但兩人卻吃下智慧之果（蘋果）。康德說，這不是自然的本能，而是透過理性所做出的奢侈舉動。

人的理性之中，「……有一種違反自然衝動，援用想像力，自由創造欲望的特性。這些欲望都可以統一歸納在奢侈這個名稱之下」。（〈人類歷史起源臆測〉）

谷崎的《瘋癲老人日記》完全符合這種奢侈浪費的法則。

不是為了需要而思考，而是奢侈浪費地思考，並享受這樣的過程——這種自我目的化的思考並不是新鮮事，而是在我們日常生活心不在焉的思考中，或是在夢中，在幻想、發瘋、藝術、宗教信仰、荒謬、遊戲之中，我們永無止境般不斷重複的事。只是，在科學萬能的現代社會中，賦予這些事情「價值」和「意義」，是默默被禁止的事情。「思考這些事情有什麼用？」對於一邊倒地支持實用主義的人來說，腦袋只要思考有用的事情就好。他們會把思考手段化，節約地使用，大概要等到他們碰到「接下來會發生什麼有趣的事」這樣的問題，才第一次了解到思考的浪費（奢侈）的偉大之處。

節約循環的思考是從問題（需要）開始，結束於回答（滿足），而浪費循環的思考是從答案創造問題。就像《愛麗絲夢遊仙境》中的比賽一樣，比賽結束後問：「那麼，是誰贏了？」這種思考被賦予的任務就是，永遠不滿足、永遠追求自我超越。

為了回答（目的）而創造問題的科學式思考，一開始就會把所有必要的資料全部收集好，為的就是縮短時間，提高效率。相較之下，浪費思考不會為了某個目的收集資料、處理情報。這種思考和李維史陀在《野性的思維》中指出的，未開化的人們的破銅爛鐵式思考，也就是拼裝（bricolage）的方法一樣。他們會利用現有的材料，把一些破銅爛鐵組裝起來，做出需要的成品。組裝之前不會有企劃這種東西，所以他們自己也不知道最後會出現什麼成品。完成的作品可以有無限賦予意義的可能，所以他們的行為絕對不是無意義。或許自己動手做本身就是他們本來的目的。說它是遊戲確實是遊戲沒錯，說它是碰運氣完成的也沒錯。但是，我們實在很難想得出，這世上還有其他事情比得上這種充滿人性的純粹創作帶來的愉悅感。

說不定我們所居住的這個世界，也是透過這種拼裝的方式打造而成。如果否定神根據某種目的（企劃），收集資料創造這個世界，那麼宇宙（世界）不過就是沒有目的的生成過程而已。由於生物沒有擁有現在在地球上的形態與功能的必然性，所以會變成如此，不過是偶然而已。

柏格森在《創造的進化論》中，就是從這樣的想法出發，對於宇宙史、生物史做出超越目的論解釋的演化說明，賦予人「自由」的意義。

接著，現代生物學最先進的分子生物學領域中，有一位叫賈克・莫諾（Jacques Monod）的生物學家出版了一本《偶然與必然》這本衝擊性的著作，概略來說，他認為「宇宙中會出現人，只是突然的事故」，因而引發爭議。

習慣於科學式思考的我們，對於偶然、命運這些命題從未充分思考過。頂多有一些小聰明，認為不幸是惡，應該克服而已。這個部分是我們的盲區。

澈底排斥目的論的賈克．莫諾並不因此而陷入絕望，他把自己發現的偶然的機械論定義導向「創造」，做出有益的提案。換言之，我們必須捨棄認為這個世界和人打從一開始就是以預定調和為目的而組成的這種必然性的觀念，才能夠真正獲得「完全的創造自由」以及「絕對的新奇」。當然，這裡面也包含人類毀滅的自由。沒有任何規定保證人類到最後一定可以獲救。關於創造的這個提案，莫諾受到柏格森的影響很深。

相較於透過節約模式思考的知識產出，我在本章介紹了基於浪費模式的知性創造訓練，讀到這裡，相信大家應該能了解我的用意了吧。若一個思考沒有兼具無上的快樂，以及毀滅危機的思考，就稱不上是真正具有「創造性」的思考。而且，創造的自由與樂趣，如果排除偶然（運）這個契機，就不可能成立。

形成思想中的偶然性契機除了運之外，還有人格（個性）。也就是為什麼那個人可以創造出那樣的思想，以及那樣的思想被創造出來，有可能和那位思想家的人格（個性）完全無關嗎？其實這也是亙古恆新的問題。

本章介紹完思想術，帶大家經歷這麼多思想家們問問題的軌跡之後，現在應該輪到我們自己動動腦，翻轉自己思想的時候了吧。試著問一個從來沒有人問過的問題，把自己的思考帶到前所未有的新奇層次上，大家也一起來試試看吧。

各位大師們的思考術、思想術

發想法目錄

韋格納的地圖、佛洛伊德的痕跡解讀、巴舍拉對於物質的想像力、波赫士的迷宮，看看這些知性遊戲者如何做出搗蛋鬼式的思考……

1 夏目漱石的「自我本位」發想

「日本人發想的基本風格」

——夏目漱石、吉本隆明

在談發想法之初，我想先舉一個特例，那就是夏目漱石的「自我本位」這個方法。這是一種「轉身式」的發想，我覺得它是一個當我們要決定自己的志業時非常好用的方法。

我應該做什麼？該從什麼地方做起？有些人的精神狀態長期維持在這種懸而未決的問題上，一不小心就會深陷在這個狀態，一直找不到目標，直到疲憊不堪，被人生給消磨殆盡為止。

年輕時的夏目漱石也曾經歷過這種焦躁的時期。而漱石的情況是，他找遍了各種方法，不管從書本、從他人身上都沒辦法獲得答案，長期處於這種煩悶的狀態，直到最後他終於想出「自我本位」

夏目漱石

的方法。對於一直沒辦法決定自己志業的人，我建議可以去讀漱石的〈我的個人主義〉這篇文章。這是漱石在大正時代對學習院的學生演講的內容，裡面呈現的煩悶的深度與質量，我覺得直到今天，仍是相當值得一讀的文章。

假設志業是自我存在的證明，那麼擁有志業，就是知道自己是什麼──假如真有答案的話。擁有如此深刻意義的志業或說是自我發現，當然不會那麼簡單就被找到。漱石說了那麼多話，想跟年輕世代傳達的，無非就是他在自我發現的道路上面臨種種困難時，突破難關的體驗及方法。因此，暫且讓我們仔細聽看看漱石說了什麼吧。

就讀英文系的漱石從學生時期就開始思考，什麼是英國文學，或說什麼是文學？但總是無法領會。後來，他成為英文老師，但內心覺得很空虛，希望能夠立刻飛到一個能發揮「自己本領」的地方，但他連自己有沒有本領都不曉得。

「我認為既然出生在這世界上，一定有什麼事情必須做，但要做什麼事，我一點頭緒也沒有。我就像是被鎖在霧中的孤獨的人一樣，站在原地呆立不動。」

漱石在這樣的狀態下去英國留學，他一直想找到突破點，他讀書、在倫敦四處遊蕩，但仍找不到一點線索。後來，他躲在宿舍房間內讀書，讀一讀又放棄，忽然搞不懂自己為什麼要讀書。最後，他終於領悟到，不管他等多久、怎麼找，解救的方法絕對不會從外頭自己跑來。最後漱石終於在這個被逼到極限的狀態中，找到一個結論。

「這時我才領悟到，什麼是文學這個概念只能靠自己從根本創造出來，這是解救我的唯一一條路。過去，我的想法都是透過他人本位，像無根的浮萍，胡說八道，後來才驚覺，這樣下去根本一點用處也沒有。」

對於這樣的立場，漱石自己命名為「自我本位」。在別的地方，他把這時候的精神狀態說明為「神經衰弱與發瘋」，也認為這樣的精神狀態可以驅動自己投入創作，自我本位就是在如此被逼到極限的境界中誕生的概念（也可以說是思想）。在這樣的狀況下，「當下確實掌握住的自己」即使經歷歲月也不會風化變質。把志業與職業合而為一的漱石的生活方式，與他過去的這個體驗互相對照，我們也只能對他說的這段話表示贊同。

「自從我把自我本位這句話握在手中之後，就變得更堅強了。」、「……多年來懊惱的結果，我第一次感覺到自己的十字鎬似乎發出鏘的一聲挖到礦脈了。」

漱石找到的礦脈，後來成為他了不起的上課教材《文學論》，以及讓他可以作為日本人的立場來評論英國文學，而不是像以前一樣對英國學者所言照單全收。漱石把過去自己所學的漢文「文學」，與新學的英語「文學」這兩個完全不同的東西產生的矛盾，透過自我本位的立場，領會突破矛盾的方法。

漱石在倫敦獲得的這個自我本位的思考方法，把它用在文學的領域，但我想用在其他的領域也是可以的。透過自我本位這句話，漱石要教導我們的是自主思考的重要性——用自己的頭腦思考，這才是最確切的東西。擁有這種志業的人就會變得更堅強。

順帶一提，有一段文章與漱石說過的這段話很相似，那就是詩人同時也是思想家的吉本隆明在《對語言來說，美是什麼》這本書的序中所寫的內容，在此介紹給大家。

「我認為除了透過自己建構文學的理論，尤其是表現的理論之外，沒有第二條路可走。」

如前面引用過的漱石則說：

「這時我才領悟到，什麼是文學這個概念只能靠自己從根本創造出來，這是解救我的唯一一條路。」

主張「自主」思想的吉本隆明對於總是喜歡對舶來的新思想照單全收、隨波逐流的日本知識分子提出批判。我認為他的立場與志業，與漱石的「自我本位」是在同一條線上。特別是在十幾歲、二十幾歲時經歷過許多事情，透過雜學與雜讀擴大自己知識關心網絡的人，對這樣的人而言，選擇志業時，總是顯得躊躇不決。好像什麼都做得到，又好像什麼都做不到，這種不安感相信應該很多人都有。他們仍尚未像用十字鎬挖到自己的礦脈一樣，獲得「就是這個」的確定回應。無論是漱石的「自我本位」的思考方式或吉本的「自主」的思想，都是帶給我們方法和勇氣，提醒我們在迷惑的時候，要不斷挖掘自己，讓自己不斷地凝結，靠自己的力量賦予自己關心的事物一個思想性的形式。

「日本人發想的基本風格」

2 在翻譯文化中思考，必須採用多重國籍思考

——境界線上的語言，熟悉日文的陷阱

我們用日文思考事物，但日文自古以來就不斷受到外國文化的影響。因此，我們應該對於作為我們思考基礎的日文，稍微有一點反省。

首先，我們只要翻開日文文章，就能對於我們平時思考的情景一覽無遺。日文文章常被說是「漢字假名混寫文」，但仔細看就會發現它是由漢字—平假名—片假名混寫成的文字（偶爾會夾雜西洋文）。換句話說，我們是透過土生土長的日文以及漢語（中文或梵文）、歐洲語在思考。我很概略地把它稱為「三重國語狀況」。也就是說，基本上日本人（若有語病的話，也可以說是日文人）的語言與思考有具備多重國籍的性質。

有人認為漢語已經落地生根成為日文了。但是，漢字依然有音和訓。而訓就是「日文翻譯」。因此柳田國男才會指出，日本人在使用漢語時，其實正在進行翻譯作業。像把「流水」看作是「流れる水」（流動的水），「遠望」看作是「遠くを望む」（遙望遠方），日本人在使用這些漢語的字彙時，是不斷地透過訓讀把漢語翻譯成日文。而像「不知不識」這類在藤村的日文小說中常常出現的漢語，如果旁邊沒有標注「しらずしらず」（不知不覺）把它翻譯成日文，我們也無法理解它的意思。

像這樣，從漢字被引進的那一刻開始，日文就注定背負著翻譯性、多重國際性語言的宿命，這

個觀念大家要先建立起來。下面我要介紹一個特別的例子，來說明透過歐洲的翻譯語或說是外來語會如何影響我們的思考。這也可以說是用日文思考時特有的陷阱。

國語學者時枝誠記反對「語言學之父」之稱的索緒爾的學說，提倡著名的「語言過程說」。這個學說也帶給三浦勉、吉本隆明影響，成為足以把現今國語學一分為二的有力學說。時枝批判索緒爾把語言（langue）規定為「心理實存體」，認為把語言視為獨立於人之外的自然物（自然有機體）是錯誤的，語言不可能離開人這個主體，他主張語言就是人的行為表現本身、理解行為本身。並且，他把索緒爾等人的主張稱作「語言實體觀」，與自己的「語言過程說」對比。

這個學說本身很有意思，我認為與歐洲語言學停留在「句子」階段的分析相比，它提供了一個處理「文章」這個具體層級時非常有效的手法。但這裡會出現一個問題，那就是時枝的批評方式。

時枝在批評索緒爾時，用的是索緒爾的翻譯書（小林英夫譯《語言學原論》）。在這本翻譯書中，「心理實存體」的「實存體」是翻譯自法文的 entité。關於這一點，語言學家服部四郎是這麼批評時枝的：

「把 entité 這法文翻作『實存體』並沒有什麼問題，但透過『實存體』（実在体）這個日文字詞，一邊用日文來理解，一邊批判索緒爾的學說則有些危險。」

服部指出，我們透過翻譯語做「日文式」思考時，會碰上一個危險的陷阱。翻譯語在形式上是日文沒錯，但它無時無刻不緊咬著原文的文章脈絡。所以我認為可以把它想成是半日文，是一種過渡性的、或者說是位於邊界線上的語言。若對翻譯語擁有的這種雙界性質視若無睹，直接把「實存體」這個詞放在日文的文章脈絡中使用，可以肯定的是，它會被誤認為是某種「實體」。

但是在法和字典中，對 entité 的解釋為「（某存有者的）本質」，法文字典《Le Petit Robert》也把它解釋為事物（chose）的反義語，是一個只能使用於關係（rapport）上才能成立的哲學性用語。換句話說，entité 不是實體性概念，而是關係性概念。關於這一點，丸山圭三郎在《索緒爾的思想》中有詳細的描述。總之，這麼一來，我們不得不說，把索緒爾的語言觀視為「語言實體觀」是一個很大的誤解。既然時枝的語言學說是基於對索緒爾語言學的「語言」產生誤解而建立起來的，該學說的原理當然也會遭受質疑。

我們這些整天浸泡在翻譯語這個邊界語言做思考的日文人，也時常面臨同樣的危險，即使在翻譯沒有誤譯的狀況下，我們也很容易產生誤譯的思考。怎麼樣才能避免陷入這樣的危險呢？雖然很困難也很麻煩，不過我認為身處於翻譯文化中的我們，應該要學會如何做「反譯思考」。所謂的反譯，就是把翻譯好的文句，再逆推回去翻譯成原文。就像把小林英夫翻譯的「實存體」逆推回索緒爾的 entité，檢討它在文章脈絡上的意義一樣，至少碰到重要的用語時，一定要回到原文的文章脈絡上檢視，還有不要忘記翻譯語擁有的雙界性質——當然，最好的方法就是對照著翻譯書一起看，但不是每本翻譯書我們都有能力這麼做。

如果可以請譯者製作一份與原文對照的索引那是再好不過了，或者多花些心思盡可能讓譯語鮮活地表現出原文的文章脈絡。比如說，在語言學或符號學中，經常使用兩個用語，「表現意義的東西」（signifiant），以及被表現意義的東西（signifié）。佐藤信夫在翻譯羅蘭．巴特的《流行體系》時，為了把這兩個用語與「符號」（signe）在文章脈絡中連結意義，所以想出符號（signe）─符號作用部

（signifiant）—符號意義部（signifié）的譯語。小林英夫在翻譯索緒爾的作品時，同樣的用語，他使用漢文調的符號—能指—所指。很多意譯被認為是名譯，但意譯通常會失去追溯回原文的路，一不小心反而會變成「迷譯」（譯註18）。

在日文中，無論是意義或語感都不相同的「社会」（社會）與「会社」（公司）在德文都是 gesellschaft。撰寫《「資本論」的誤譯》展開獨特的馬克思論的廣西元信，把社會、會社順著《資本論》原文的文章脈絡反譯回去，加以檢討之後主張，「株式會社」應該翻成「株式社會」才對，對日本的譯者做出批判。因為，株式會社照馬克思的想法，應該是「（應轉移至共產主義的）最高的完成形態」，如果當初翻譯成「株式社會」，日本的勞工運動或許會大大地改變方向。

最後，關於日文的多重國籍特性，容我再舉一個充滿戲劇性的例子。它出現在森鷗外的小品《番紅花》。

「這是番紅花與我的歷史。讀完這篇，就能知道我對於番紅花的認識有多麼淺薄。但就像再怎麼疏遠的東西，偶爾還是會擦身而過一樣，番紅花與我之間並非沒有接觸點。故事的 moral 就是如此而已。」

問題在於難以意會的最後一句。特別是「故事的 moral」（物語のモラル）似乎話中有話，這句話看起來像日文，又不像日文。如果堅持把 moral 作為外來語的意義，那麼解讀就會出錯。「故事的 moral」這句話反譯回德文的話就是 Und die Moral von der Geschichte，是一句德國諺語。查閱德和辭典，這句諺語的意思是「結果，到頭來」。換句話說，「故事的 moral」這句日文是德文「結果，到頭來」的意思。如此，再往下讀，整個句子就變成「結果，到頭來就是如此而已」，是一句同義反覆的句子，這時才知道原來「moral」這個字並沒有特別深刻的意義。

也就是說，鷗外在寫這個句子時，腦中想的是德文 Und die Moral von der Geschichte，然後逐字翻譯，就像漢字訓讀一樣，把它翻成日文「故事的 moral」。當然，「故事」這個直譯語，會讓人意識到與一開始提到的「歷史」這個詞有所呼應，可以推測這個故事指的應該就是作品的整體。因為故事和歷史在德文中，都是 Geschichte（收錄於大石修平的〈番紅花〉，《感情的歷史》）。

關於鷗外這篇文章的解讀，我曾在當研究所學生時期接受大石老師的指導。記得我聽到老師指出這一點時，感到雙重的震驚。一種是類似恐懼的震驚：身為語學達人的鷗外的文章中，會不會還在其他地方暗藏了這種多重國籍性的陷阱？另一個是對老師解讀文章的能力與想像力驚嘆不已。如果把它當成普通的日文文章閱讀，一不小心就會踏入誤讀的迷宮走不出來。實際上，確實有知名的評論家賦予「moral」這個單字非常深層的意義，甚至寫成論文公開發表，真是令人替他捏把冷汗。

這個例句恰好為我們點出，不只是讀翻譯書，就連讀日本人寫的日文文章時，都要做到「反譯思考」。日文真是可怕。我們的思考行為大半都是透過翻譯語或翻譯作業形成的，這一點千萬別忘了。

「解讀隱藏在背後的意義」

3 韋格納的地圖思考

——阿爾弗雷德．洛塔爾．韋格納（Alfred Lothar Wegener）、小松左京

光是盯著一張地圖看，也可以冒出非常有意思的想法。

德國的氣象學家、地球物理學家韋格納有天盯著世界地圖看時，忽然發現一件奇妙的事。相隔著大西洋的彼岸與此岸的形狀，彼此之間似乎有某種關係。像北美大陸東邊凸出來的地方，和歐洲大陸西邊凹進去的地方、南北美洲之間凹進去的地方和西非海岸凸出來的地方等，換句話說，如果把隔著海洋的兩邊大陸拼在一塊，凹和凸的地方居然可以完美地接合。他從這個地形不可思議的一致，推論這些陸地以前是連在一塊的，經過慢慢地移動之後，後來才分開。這就是著名的韋格納的「大陸漂移說」。換句話說，他把一張世界地圖當作「拼圖」遊戲來玩（下頁列舉的圖是後來的學者做的模型圖）。

韋格納透過這個拼接起來的超大陸（或稱為盤古大陸）的地圖，發現現在的冰河遺跡約在三億年前都來自同一個源頭。現在看似分隔遙遠的各個大陸，其實都可以透過古老的山脈、地質結構、蚯蚓、蝸牛、恐龍、古老植物的分布等全部連結起來。他在《大陸與海洋的起源》這本書中，列舉了數百個例子佐證他所主張的大陸漂移說。

從地圖誕生的大陸漂移說，在韋格納去世的一九三〇年前後仍未獲得很好評價，直到一九五〇

年左右，海底地質學和古地磁學出現新證據後，才又敗部復活。現在幾乎沒有人會懷疑大陸漂移說的正確性。

現在大家的認知則是，不僅是大陸，包括海底，地球所有的表面都在移動，也就是所謂的板塊構造論（plate tectonics，plate 是「板」，tectonics 是「構造地質學」的意思）。地球所有表面可分成十個板塊，各板塊之間獨立運動。比如說，太平洋板塊往西北移動，大西洋西半部與南北美洲的板塊往西移動。這些移動就是造山運動、地震、火山活動的成因。小松左京的《日本沉沒》這本科幻小說就是根據這個理論寫出來的。但事實可能和這本小說提到的剛好相反，日本列島正不斷隆起，原因是鑽入日本列島下方的太平洋板塊正不斷地抬升日本列島。

貝克畫的大陸漂移前的地球圖——
1911 年到 1928 年間，霍華德．貝克（Howard Baker）發表的地圖，顯示所有山脈都源自同一塊大陸。

（摘錄自《移動的大陸》，啓學出版）

地球科學家透過地圖推理的方式，就像在看推理小說一樣，讓我們覺得很刺激。喜馬拉雅山山脈的褶皺可以透過印度大陸乘著太平洋板塊北上撞擊亞洲大陸結合時所受到的衝擊說明。位於克里特島北邊的聖托里尼島有著與圓形相似的地形（破火山口——經過火山爆發後，中間變得空洞化的地形），有人藉此推理出，這就是古希臘柏拉圖提到的失落的亞特蘭提斯大陸的所在，這麼一來這個推理的規模就瞬間擴大到另一個層級。這種推理就像在觀賞艾雪（Escher）巧妙的畫中畫一樣，具有同等的美感。地圖式思考和做科學實驗不同，不會造成汙染或破壞這個地球。

順道一提，關於「地圖」這個紙製品所擁有的不可思議的魅力，我們前面介紹過幾次的小松左京也是一個懂得地圖式思考的人，而且與韋格納相比毫不遜色。

比如說，小松先生曾提到一件很奇妙的經驗，他把地圖沿著淀川水系對摺，結果發現出雲和熊野剛好重疊在一起。出雲和熊野這兩個地方距離雖然很遙遠，但在古代神話中兩者有非常相似的性質。比如說，素盞嗚尊大聲哭鬧地說「我想去媽媽的國度」，甚至把青山哭成枯山，這個媽媽的國度在《古事記》中指的是出雲地方，在《日本書紀》中，指的則是「紀伊國的熊野」。

為什麼出雲和熊野兩者的性質會這麼相似呢——這是古代史的謎團之一。

沿著淀川水系把地圖對摺，出雲和熊野剛好重疊的這個發現，提供我們一個可以解開這個謎團的啟發。這兩個地名的意義原本就帶有方向指示的意思，熊野（アズマ）代表日出東昇，出雲（イズモ）代表日落西沉。這麼一來，這兩者中間勢必有一個中心點的存在，而這個中心點當然就是天皇的住處（皇居）大和。

從這個發現就可以「推理」出一個可能，對大和這個權力中心來說，出雲和熊野剛好是權力範圍所及最遠的兩端。從這個推理再往下延伸，戶井田道三在《歷史與風土之旅》（每日新聞社）中繼續「推論」下去：這就是為什麼，出雲和熊野都有一樣的傳說，比如說，為了前往位於大海彼方的樂土（媽媽的國度）搭乘方舟出海的補陀落渡海（譯註19）的習俗，以及蛭子神（譯註20）放水流（水葬）。

很多時候，古代史的「謎團」被解開，都是透過這種地圖研究的手法。

有時不光是盯著地圖看，可能還要畫線、塗塗抹抹、對摺，把它當作一種畫中畫（視覺陷阱的畫）來領略。韋格納或小松左京的地圖思考教導我們，如何把「形狀」這個沒有意義的東西，變成有意義的東西。我們也可以試著攤開我們居住城市的地圖或世界地圖，展開異想天開的推理。

4 佛洛伊德的「痕跡解讀」的手法

「解讀隱藏在背後的意義」

——佛洛伊德、瑪爾特・羅貝爾（Marthe Robert）、J・拉岡（Jacques Lacan）

閱讀——解釋的行為，自從佛洛伊德出現之後，發生重大的變革。與閱讀相關的「佛洛伊德革命」現在正在各種領域中發生。佛洛伊德是很典型的那種很少人讀過他的著作，但大家卻對他的思想有著通俗理解的思想家。在思考二十世紀（即使到二十一世紀也是如此）的思考法時，他的存在比大家想像的還重要得多。

佛洛伊德的方法核心在於「解釋」。「從平時不受重視，或不受矚目的各種特徵以及觀察的殘渣中，辨識出被隱藏的祕密」（《藝術論》），關於他的這種澈底解釋的手法，應該有許多值得我們學習的地方。想要了解佛洛伊德的手法，最好的下手處，就是關注他對於夢的理論。

「一個人如果無法解釋夢象是怎麼發生的，大概也無法理解什麼是恐慌症、強迫症狀、妄想症吧。」如同佛洛伊德在《夢的解析》的序文中說的，他的夢的理論提供我們在分析精神官能症時非常確切的依據，也是精神療法（技術）飛躍成為深層心理學（理論）的轉捩點。更進一步地說，他對於夢的解釋技法，已經超越了精神分析的領域，把我們對於解讀的視野帶到一個意想不到的境界。

閒話少說，就讓我們馬上實際練習解析一個夢境吧。某位年輕的已婚女性做了下面這樣的夢。

「我和丈夫一起坐在劇場的座位上。一樓的座位有半邊全部都是空位。丈夫對我說：『艾莉絲．L本來想和她的未婚夫一起來，但只剩下三張票賣一弗羅林五十克羅伊茨的那種座位，他們不喜歡。』我認為，這並不是什麼不幸的事。」

從這個夢可以分析出什麼呢？夢不是社會性的發言，也沒有特定溝通的對象，所以時常帶有奇妙的性質，這一點我們一定要先有心理準備。而且我們還必須排除兩種立場，一是認為夢是不合理、沒有意義、沒有學術價值的東西；二是完全相反，認為夢帶有預言未來的神祕力量（夢占卜）。那麼，我們要如何了解夢的意義？首先，以佛洛伊德的立場來說，他認為夢是有意義的，而且是可以解釋的。因此，應該讓做夢的那人回想那個夢會讓他想起什麼，再試著去解釋（這個方法又稱作「自由聯想法」）。當然，有很多時候光靠當事人也無法解釋，這時分析者就扮演很重要的角色了。以前面所舉的夢為例，當事人的說明如下：

(1) 這名婦人前陣子認識了艾莉絲．L這名和她同年紀（比她小三個月）的女性，她聽丈夫說，艾莉絲已經訂婚了。

(2) 這名婦人在上個禮拜很早就買了戲劇的預約票，進到戲院一看，一樓座位居然有半邊全部都是空位，被丈夫嘲笑她太急躁。

(3) 前幾天，丈夫的妹妹從丈夫那裡拿了一百五十弗羅林後，立刻趕去寶石店買了裝飾品，把錢花光。

佛洛伊德以當事人的描述作為線索，用下面這段話分析她的夢：

「從她對於夢的報告中，處處可見時間順序的規定。這暗示我們，時間是貫穿這些各種不同素材的共通部分。她自己太早買戲院的票，急著買票，勢必要花費較高的金額。她的小姑也一樣太過急躁，匆匆忙忙地拿錢去寶石店，好像一刻也不能等似的，立刻把錢花在買裝飾品上。從她描述的『太早』、『太急躁』，再加上她形容比自己年輕三個月的朋友剛嫁給一位好丈夫的語氣，以及她對小姑的批判內容中曾說到『根本用不著那麼急啊，真笨』，這些素材自然構成夢的潛在思想。在這樣的構成中，顯夢只是嚴重被扭曲的替代物而已。」（作者註，佛洛伊德把我們平常做的夢稱作「夢的內容」或「顯夢」，而隱藏在背後意義者稱為「潛在思想」或「潛在內容」）。

——「換句話說，當事人真正的想法是『早知道就不用那麼早結婚啊，我真笨。艾莉絲就是一個很好的例子，晚一點結婚還是可以找到好老公啊』。（太著急的態度出現在兩個地方，一個是她買票的時候，一個是小姑買裝飾品的時候。去戲院就成了結婚的替代物。）」

西格蒙德・佛洛伊德

表面上看起來沒什麼意義的夢，透過佛洛伊德的解釋後搖身一變，成為可以讓人窺見內心深層想法的東西。從這個例子來看，我們可以了解，比起夢的內容，佛洛伊德透過他那敏銳的觀察力，更關注當事人描述夢境的用字遣詞。一般容易被當無關緊要的瑣事而漏看的細節（「老早」、「急著」……），正是發現被隱藏的意義或說潛意識「痕跡」的重要線索，就像諺語說的，「上帝藏在細節中」。觸碰到禁忌時，當事人一定會「抗拒」、扭曲、說謊、恣意刪減，或者說不出話來，陷入沉默。分析者如果不能察覺當事人正在抗拒，就無法接近夢的潛在內容。病患沒說的事，才是真正的意義所在——精神分析的解讀也可以說是一種閱讀字裡行間「弦外之音」的手法。解析時，重點不是擺在夢的整體，而是部分，注意當事人敘述的前後脈絡、語氣的抑揚頓挫、話語的中斷等。

解釋夢的時候，還有一種自由聯想的輔助技法，那就是象徵解釋。「牆壁平整的家」的夢表示男子，「出發去旅行」的夢象徵死亡，與「水」相關的夢意味著生產，「帽子」代表男性的性器，「拔牙的夢」象徵作為自慰懲罰的閹割，「船」、「桶」象徵女性（船＝Schiff與桶＝Schaff的語源相同）等，佛洛伊德製作了一份象徵的目錄說明各種事物代表的象徵。現在，透過神話學、文化人類學研究的進步，證明了夢的象徵表現是超越國境，在各民族的風俗、神話、諺語、民謠、俚語、藝術等廣泛的領域，都有互相重疊之處。

對崩壞的人類精神的合理性產生信賴

佛洛伊德的夢的分析，闡明了在背後支配著人的「潛意識」這個具普遍性的領域，為我們開創出一條新的路。潛意識不是只有在我們眼睛睜開的時候才活動，而是不分晝夜，持續賦予我們行動和思考意義。解釋夢的方法也適用於白天的意識，這一點佛洛伊德在《日常生活精神病理學》中，為我們解釋了為什麼人會說錯話，或一時之間想不起某事、失策的行為等這些日常生活現象背後的意義。以及以正常人做的夢（異常的心理現象）作為範例，來理解恐慌症、強迫症、妄想等精神官能症的症狀。這兩者的共通之處就是，它們都是來自人的潛意識這個結構。

但是這樣的潛意識，若沒有透過精神分析這種獨特的解讀操作，就無法顯現出它的「痕跡」。接下來讓我們再一次確認佛洛伊德發明的獨特「閱讀」手法吧。

佛洛伊德說，夢是潛意識欲望的滿足，但夢並不能直接成為欲望滿足的表現。在此之前，還必須接受「檢查」才行。透過檢查，重要的事仍然未見明朗，所以還需要「解釋」這個行為。所謂的解釋，就是病患透過自由聯想，一一擊退所有的抗拒（來自超我的批判），不斷把壓抑的鎖鍊抽回來，把夢這個異常的心理形成物帶回產生它的場所。解釋就是解放（消除不安），這原本就是精神分析的立場，因此解讀是非常具戰鬥性的行為。受到十九世紀自然科學的影響，佛洛伊德的理論，某些部分開始讓人覺得有些陳腐，但相較之下，他透過醫生與病患之間對話交流的實踐所開發出的解讀技巧，依然具有劃時代的價值，我個人對於這樣的評價非常贊同。畢竟，佛洛伊德把過去被大家認為「無法解讀」的東西，變成「可以解讀」的東西。

託佛洛伊德的福，我們的閱讀視野變得更開闊了。比如說，我們現在看丹尼爾・笛福的《魯賓遜漂流記》會認為是一個精神衰弱患者所寫的關於被遺棄小孩的故事（瑪爾特・羅貝爾《起源的小說與小說的起源》）；杜斯妥也夫斯基的《卡拉馬助夫兄弟們》可以用來當作後設心理學的研究書；愛倫・坡的《失竊的信》被用來當成練習解釋學的教材（J・拉岡《文選》）等，拓展了我們閱讀的可能性。更重要的是，佛洛伊德在解讀上所做的革命，改變了我們對於「人」的閱讀方式。當潛意識這個內心深層的想法被攤在陽光底下，讓我們對於一直以來支撐著近代思想的人的精神合理性的信賴感產生崩壞。人又再次成為深奧（未知）的存在。

小孩在性觀念上是潔白無瑕的神話，透過幼兒性慾被發現而澈底翻轉。家庭這個自明且平凡的社會性細胞，自從他的戀母情結理論問世之後，家庭的意義就改變了。父親不再是一介平凡的上班族，兒子不再是繼承人。因為父親是母親的愛人，兒子是他的情敵。佛洛伊德的解讀賦予陳腐化、無意義的日常生活局面新的意義，可以說和藝術上能帶來「異化」效果的手法有共通之處。

「解讀隱藏在背後的意義」

5 巴舍拉的物質想像力

——波特萊爾、梶井基次郎、榮格、巴舍拉、沙特、歌德

大家有過這樣的經驗嗎？盯著碎裂的玻璃看，看著它呈現不可思議的紋路看得入迷。如果你對於碎裂的鏡子碎片或在水面上漾開的波紋感覺到某種美感與誘惑的話，那麼你就已經完全具備成為幻視者的資格。

這一天，波特萊爾一如往常地坐在位於巴黎街道三樓的書房，陷入ennui（倦怠）。他往窗外看，發現一個賣玻璃的人經過。他把賣玻璃的人叫上樓，看了許多玻璃後，說不需要，便打發對方走。他爬上窗戶，把墨水瓶對準正從門口走出的賣玻璃的人丟下。墨水瓶砸中賣玻璃的人的背上，玻璃碎落一地。這時，他終於從倦怠感中獲得解放（波特萊爾《巴黎的憂鬱》）。

這種波特萊爾的美麗幻想，透過日本作家梶井基次郎翻譯之後，四散的碎玻璃並非無色，而是變成了紅、藍、黃的彩色玻璃（伊藤整《年輕詩人的肖像》），這也是一種充滿美與危險衝動的幻想。梶井很喜歡用玻璃做的傳統琉璃工藝品和南京玉，並把它們含在嘴巴中，透過這種帶點冰冰涼涼的感覺，回憶幼年時期的記憶（《有城樓的小鎮》）。

水、玻璃、鏡子——這些看起來透明、會反射的東西帶有一種魅力，會誘發人的想像力，讓人以為裡面暗藏另一個世界。就像浦島太郎產生幻覺，以為水裡面有龍宮城這個烏托邦一樣，現在街道上展示櫥窗的玻璃，也正訴說著文明的豐饒。自納西瑟斯的水鏡以來，鏡子讓路易斯·卡洛爾、尚·考克多（Jean Cocteau）等眾多的詩人們耽溺其中不可自拔。

「思考」這個行為的根源，就像這樣，是對一種超越知識的、無法體驗的東西——「生」、「死」、「宇宙」、「極大」、「極小」、「無限」、「空中飛行」、「烏托邦」——產生類似憧憬、鄉愁的強烈衝動。

可以幫助我們挖掘位於想像力底層這種超越時間的思考形式的，就是榮格的心理學。

比如說，引起榮格興趣的「曼陀羅」（mandala，意思是擁有真實manda的la。）可以說是一種宇宙之鏡，屬於人類知識基層的一種「分類原理」。看到以大日如來為中心，周圍圍繞著諸佛的曼陀羅圖像，以及柬埔寨、爪哇、馬雅的建築物等，就好像讓我們窺見，夢見宇宙這個人類最古老的思考形式。

科學思想家加斯東．巴舍拉原本專精於對科學家思考中還殘存的前科學性的東西做精神分析，最後轉向研究帶有詩意的幻想。他說，幻想是我們對世界所採取的最具網羅性以及根源性的態度。換句話說，幻想才是最高境界的思考。

無論是盯著蠟燭搖晃的火焰沉浸在冥想中（《蠟燭的火焰》），或是感受被天空的湛藍吸進去的感覺（《天空與夢》），在森林中迷路，感受被大樹包圍那種毛骨悚然的感覺（《大地與休息的夢想》）、想像鏡中有水在流動（《水與夢》）、從手搓揉泥土的觸感，感受到無上的喜悅（《大地與意志的幻想》）……我們每個人都曾在某處某時經驗過類似的現象，如果沒有這種思考的原始類型（archetype）的想像力，我們將無法描述這種現象。

與如同「用肥料來說明花」的精神分析學劃清界線的巴舍拉認為，若想像力衰退，知覺能力也會跟著下降，所以他主張想像力的獨立。剛好替主張想像就是否定的沙特的哲學預先鋪好路。（沙特〈想像力的問題〉）

古代哲學有四元素說、五行說，認為宇宙是由火、土、空氣、水、金等物質形成。另外，像古希臘人，有人認為從水，有人認為從土，有人認為從火就能形成宇宙。

對門得列夫（Dmitri Mendeleev）的元素週期表也很關注的巴舍拉，提醒我們多元思考的可能性

（〈唯物論式的多元論〉）。換句話說，他希望在面對大家認為起源只有一個，事物由單純往複雜發展這種一元論乃至辯證法式的二元論所面臨的靜態、預定調和的極限時，可以透過多元論想出一條超越的路。從認識論的切入點來看，起源有可能一開始就是複數且多樣。作為思考的原始類型的想像力，正好可以暗示我們未來的各種可能性。

「在火焰促使賢者們思考的遙遠古老時代，隱喻就是思想。」巴舍拉說。

關注形態學的歌德、提出突變理論（catastrophe theory）的勒內・托姆（René Thom）等人使用的直觀本質的方法，也可說是一種幻想。關注形態的類似（植物的葉——刺、蔓、花瓣），或是從拓樸的角度看事件的發生——這些都是把世界當作一種比喻來看。歌德在《浮士德》的結尾說：「一切隨時間流逝的事物都不過是比喻。」

巴舍拉的這種幻想著像螺旋形狀一樣的辯證法的「物質想像力」（《空間的詩學》），我建議大家一定要學起來。

6 波赫士的迷宮思考

「解讀隱藏在背後的意義」

——穆阿台綏姆（al-Mu'tasim）、奧比斯・特蒂烏斯（Orbis Tertius），一個問題的多個問題、誇飾主義的羅盤針

接下來，我們試著從暗示的角度，來追尋這位被稱為迷宮作家的阿根廷小說家豪爾赫·路易斯·波赫士的思考吧。用迷宮式的思考，當然不可避免地會寫出迷宮式的文章。不要老是看清晰的文章，偶爾冒險閱讀一些會讓我們思考迷路，或深陷在陷阱中的作品，也是一種樂趣。

波赫士的作品總是在開頭的時候出現痕跡。像是一些故弄玄虛的專有名詞（人名、書名——穆阿台綏姆、奧比斯·特蒂烏斯、「一個問題的多個問題」、「誇飾主義的羅盤針」等，還有一些會讓人聯想到閃族的神祕主義、波斯占星術的人物或標題）等，由這些元素構成作品。而這些痕跡總是指向一些謎題。

謎題中使用的言語，不可以包含謎底，這是規則。假如「時間」是謎底的話，那謎題的禁句就是——「時間」。

謎題的答案，或說是謎題的起源必須被隱藏起來。我們無法知道開頭。天地創造或幾何學，都不存在開頭——只能假設一個神或一個點。

誤入其中回過神來才發現自己掉入陷阱，身處於一個沒有出口的幽閉場所——迷宮（labyrinth）之中。開頭已被遺忘，結束一直不來，一切都是懸在半空中。沒有謎底的謎題，就是世界本身。

反映出存在著宇宙一切事物的小球體阿萊夫（希伯來文字的第一個字母，形狀就像指著天與地）——極大的極小化。十四面體無限延伸的巴別塔圖書館——無限。

他的書中，交錯著古今中外世界各地的各種知識、書名、人名、地名。波赫士就住在圖書館中，因為他大量閱讀全世界的書，導致最後雙眼失明。

這個彷彿把謎底設定為「宇宙」的謎題，除了「宇宙」這個詞以外，可以包含一切事物。換句話說，就是無限地接近宇宙。就像聖經在本質上是一個謎題，所以可以有無限多種的閱讀方式。

但是，謎底一旦揭曉，隨之而來的就是悲慘的結局。凶手最後不是殺人，就是自殺，只能選一種。匯集過去與未來的謎題——比如說伊底帕斯的神話，或是哈姆雷特的悲劇。

關於某個敘事者與背叛者的故事中，謎題為「誰殺死了知更鳥」，結果敘事者自己就是背叛者。圓環關閉之時就是最後的審判。推理小說真正的殺人者，就是小說本身。

悲慘的結局使得謎題的闡述變得無效，謎題就換個場所繼續重複。謎題和謎底經常是互為表裡的存在。「鏡子和性交都會增加人的數量，都是令人作嘔的事物。」

無限地被持續閱讀的謎題，無止境地接近謎底的謎題，換句話說謎題本身就是一種近似於謎底的東西。「皮膚上的皺紋是清廉的星座地圖。」

在這裡，謎題封閉了自身的圓環。謎題的對立項並非謎底，而是謎題的結構本身。「祕密很神聖，但也有滑稽的一面。」

我們該尋覓的不是迷宮的出口，而是迷宮的結構。

「由一條直線打造而成的迷宮」……

7　羅傑．凱窪（Roger Caillois）的對角線科學

——凱窪、布勒東、巴塔耶、涂爾幹、莫斯

「與遙遠另一端的事物對話」

位於遙遠另一端的事物，用對角線與之相連，讓它們對話，這是法國的社會學家羅傑．凱窪所提倡的「對角線的科學」。

比如說，薄翅螳螂在交配時有一個習性，就是母螳螂會吃掉公螳螂。在人的神話中也有「長牙齒的陰道」的女人的故事，在交配的時候，男人會被女人吃掉。凱窪在二十四歲的時候，就注意到這兩者的相似之處，試著為兩者建立一定的關係。用對角線把昆蟲學與民族學、神話學連結起來，讓它們直接對話，這就是「對角線的科學」的起點。這種長牙陰道（vagina）、吃人等異常的神話是怎麼被建立的呢？李維史陀在《野性的思維》中指出，這種神話是為了保持集團平衡所製造出來的婚姻禁忌、食物禁忌。但與人類學家這種冷靜的解釋不同，凱窪的關心更有溫度，他更想知道人是受到什麼樣的內在性衝動驅使，非得創造出這種神話不可。人和螳螂都受到同一種自然的力量、本能支配。只是，螳螂將本能直接用行動表現出來，而人則是把吃人的本能用異常的神話形式做間接的表現。這是第一次有人用這樣的方式證明神話的起源。

同樣的，凱窪在昆蟲的擬態與人類的變裝、變身、面具、流行，蝴蝶翅膀的紋路、大理石（畫像石）的紋路、畫家的繪畫之間，以及未開化社會的祭典與現代的戰爭，都以對角線的方式連結，解析這裡面共通運作的「遊戲」與「神聖」的力量。蝴蝶的翅膀擁有那麼精緻與華麗的幾何學紋路，我們很難想像要如何只從生存上的理由完整地說明。若是作為防衛用的殘像顏色，那麼只要有極為鮮豔的顏色即可，不需要這些紋路不是嗎？要解釋這個現象，透過有用性的原則是行不通的，只能透過自然的「浪費」原則才能說明。有一種叫廢墟大理石（ruin marble）的自然石，它的紋路看起來簡直和高塔或建築櫛比鱗次的傾頹廢墟都市全景圖一模一樣，可以說直接拿去美術館陳列也不為過。事實上在十九世紀，中國的建築師們會在這樣的石頭刻上標題和署名，當作一個作品。也就是說，在馬塞爾・杜象（Marcel Duchamp）在便器上簽名直接作為作品之前，早已有這樣的前例。

羅傑・凱窪會主張自然和人類的畫家一樣，或說比人類更擅長製作精緻巧妙的畫作，是源自於他根本性的看法，即人是自然的一部分。從這個立場來看，無論是自然科學或人文科學，把學問用各種框架去分類，其實是一件很死板的事情。把蝙蝠和小鳥視為同一類的做法，從現在的動物分類學觀點來看，會笑掉人家的大牙。但若從別的基準，比如說研究翅膀的功能時，同樣都為「羽族」的蝙蝠與小鳥，就非得放在一起研究不可了。想要把兩者放在一起，必須要超越鄰近的各科學領域的分類方式，與另一個相距甚遠的分類互相對話，這時候就必須靠「對角線的科學」才能辦到這件事。「diagonal」（對角線）這個法文單字有斜向穿越的意思，也可以解釋為「跳著讀」，也就是快速瀏覽的意思。

巴塔耶的「至高者」（le souverain）與凱窪的暈眩

凱窪的發想，與透過不同性質的東西做出出乎意料的組合，創造出藝術效果的超現實主義手法，在某些地方非常類似。他對於人的本能、遊戲、超現實的事物有著濃厚的興趣，而這三者確實有共通之處。事實上，凱窪在十九歲時就曾經參加超現實主義的團體。但是，即使經歷了超現實的體驗，凱窪並不僅僅停留於神祕所帶來的感動，基於他喜歡追根究柢找出合理解釋的性格，他最後仍選擇退出這個團體。在這時候，從他寫給安德烈．布勒東（André Breton）的信可非常明顯看出，他之後思考的方向：

「小時候，我並不是什麼玩具都能玩得到。因為，我為了知道『這裡面長什麼樣子、怎麼運作的』，總是把新到手的玩具全部拆解開來，看看裡面長什麼樣子。」

之後，凱窪和同樣脫離超現實主義的喬治．巴塔耶以及米歇爾．勒西斯（Michel Leiris）等人組織「社會學研究會」，專門研究有法國社會學之祖之稱的艾彌爾．涂爾幹（Émile Durkheim），以及馬塞爾．莫斯。凱窪的《人與神聖事物》、《遊戲與人》、《戰爭論》、《章魚》等這些涉及豐富多彩主題的作品群，都被認為是他在研究會這段時間所展現的成果。在這個研究會中，喬治．巴塔耶最有興趣研究的是死亡、慶典、情色、戰爭等異常的主題，和凱窪一樣，他最後也提出了自然的「浪費（消耗殆盡）」原則的觀點，但他們兩人有一個地方的看法完全不一樣。這些主題有一個共通之處，那就是都涉及到「神聖的事物」。兩人都了解神聖的事物擁有十分吸引人、讓人難以抵抗的魅力，同時又能讓人陷入恐怖，成為令人敬畏的對象。巴塔耶投身在對神聖事物產生的強烈陶醉中，希望這種感覺能不斷高漲，直到在某個瞬間消失自我成為「至高者」。

凱窪把類似這種異常的體驗用「暈眩」來表示。但是，這對他來說，就是飛蛾依照本能投身於燃燒的火焰中一樣，他不打算這麼做，他寧可一邊體驗一瞬間的暈眩，一邊保持一段理性的距離。與對象保持距離，同時也代表自己能夠不失去自由。對角線的思考就是，無論面對多麼異常、難以理解的現象，仍要緊抓著理性不放，努力找出隱藏在其中那段與自然連結的合理路徑。

作為宇宙基本原理的「反對稱」

接下來我要介紹一個透過這種對角線的科學所產生最大規模的成果。那就是被稱作「反對稱」的宇宙基本原理。這個反對稱的原理，從人腦兩半球運作的差異，到極微小的基本粒子世界中反物質的存在，它都能夠解釋，是一種能夠填補熱力學法則不足的一種原理，也是一個能同時說明宇宙演化，以及人的自由的基本原理。

這個地球是一座以太陽作為熱源，以大氣外的宇宙空間作為冷卻器的巨大火力發動機，各種大氣現象幾乎都是在這座發動機的汽缸中發生。因此，假使太陽這個熱源冷卻，降至與宇宙同樣溫度的話，地球也將毀滅——「宇宙的熵不斷朝極大化邁進」，這是根據湯姆森公式化的熱力學第二定律，它還有另一個名稱叫熵增原理。這是一個非常著名的原理，因為它預告地球的終結。

熱力學的第二法則只有在封閉的系統中才能發揮作用，但演化的法則只有在擁有生命的開放系統中才有效。因此這時出現一個難題，我們無法同時認同這個物理學法則與生物學法則，因為生物只有在太陽系這個物理性世界中才能存在。

為了解決這個矛盾，凱窪用對角線把物理的世界與生物的世界連結，讓它們互相對話，發現了一個可以讓兩方平等運作的共通原理。從沒有生命的未分化物質開始，越是擁有高度生命的生物，其對稱性越容易被打破。而反對稱每出現一次，就能使物質獲得新的特性，凱窪把這樣的原理稱作「對稱・反對稱的辯證法」。

在基本粒子的世界中，反對稱的存在也已獲得確認。粒子被製造出來的時候，一定會出現與它成對的反粒子。粒子與反粒子質量相同，但特性相反。除此之外，在物理學的世界還有許多領域都有發現反對稱的存在，不斷拋出新的問題。

在較低等的生物中（比如說放射蟲類、太陽蟲類）擁有類似球形的對稱結構。換句話說，牠們在理論上擁有無限個對稱面。但像是海膽的殼，水母的傘型軀體、花的花萼或花冠，就失去了上下的對稱。這是為了因應重力或營養攝取而產生的改變。但是這些東西在平面上（二次元空間），仍維持星形的對稱。最後是脊椎動物、節足動物，以及蘭科植物的花，它們都失去前後對稱，只剩下左右對稱。而且它們的左右對稱還是特殊的對稱。這種特殊的對稱不是透過旋轉的對稱，而是像反射一樣的對稱，因此無法在同一個空間內重疊，必須照鏡子才能找到對稱。

從極細微的物質到高等生物，都是透過對稱建立秩序，然後反對稱再破壞秩序，建立新的特性、秩序，因此我們可以從這樣的過程中，確認辯證法的進行。凱窪認為我們可以把對稱—反對稱這種辯證法式的組合沿著每個階段不斷重複、出現直到高等生物出現的全部過程，製作出一份週期表。這份週期表和用格子狀排列的元素週期表不一樣的是，凱窪的週期表長得像螺貝，呈現螺旋狀。這樣的形狀很適合用在他思考的辯證法，從單純的物質作為出發點，逐漸沿著螺旋慢慢擴大，形成一張螺旋狀的週期表。

從這一點來看，凱窪的演化論是一種「反對稱的演化論」，也就是高等生物必須從對稱的束縛中解脫，才能獲得自由。在高等生物的左右對稱的內部，也可以看到演化，在較先進的動物中，左右對稱的部位只有外側的輪廓與骨骼，內臟的位置已經慢慢開始跳脫對稱性。人也一樣是跳脫左右對稱界線的生物。所有的猴子都是雙手並用，而人類絕大多數是右撇子，右手和左手的對稱性大概只剩外觀可見。像這樣的反對稱在其他動物身上看不到。

對稱─反對稱的辯證法也適用於人的社會與文化，秩序─破壞、禁止─違反、日常生活─慶典、藝術的規則性─意外性等，可以從共通的視角來理解出現在各種領域的問題。凱窪過去針對夢、神話、慶典、戰爭等超越日常秩序的事物所做的研究，其實就是人類界的反對稱研究。經過前面的解讀，我想這樣的定位應該是沒問題的。由於人太過傾向於反對稱，所以有時必然會經驗到平衡感覺失調、「暈眩」。精神異常和戰爭就是最好的例子。反對稱雖然能帶來革新的活力，但同時也伴隨著危險。凱窪最注意人固有的反對稱，就是想像力的世界。想像力是相對於現實世界的反對稱。面對這種辯證法所帶來的固有的危險，凱窪是抱持非常理智、慎重的態度來因應，這點大家只要細讀他社會學方面的研究就可發現。

為什麼人大多是右撇子？即使是這麼單純的疑問，只要放在凱窪的思考對角線上，就可以連結到非常遙遠的領域，成為找到不可思議發現的關鍵。若要從凱窪眾多著作中找出一本推薦給想要學習「對角線科學」發想的人，我認為《反對稱》是最合適不過了，給各位參考。

8 知性遊戲者如何做出搗蛋鬼式的思考

「與遙遠另一端的事物對話」

──巴赫金、寺山修司、卓別林、基頓、山口昌男

把板擦夾在教室門上，讓不知情的老師走進門後，被沾滿粉筆灰的板擦打到，滿頭灰白，驚慌失措——這是小學生時常會做的惡作劇。但大部分的結尾都是失敗收場，而且少不了一頓痛打，即使如此，學生還是學不乖，而且惡作劇的程度越來越過火。

像這樣的搗蛋鬼在文化上變得十分活躍時，彷彿整個世界都變成他的劇場。在神話中，擔綱這個角色的就是「搗蛋鬼」（trickster）。他是共同體的局外人，當共同體顯得不活潑，沉悶停滯、衰弱、陷入危機時，他就會大鬧一番，引起騷動，讓大家哄堂大笑，使共同體獲得重生。

日本的民俗中還保有這樣的信仰，從冬天變成春天的時候，就會讓一些奇形怪狀的角色現身，來迎接下一個季節。說到這裡，我忽然想到我們的太陽神天照大神躲在天岩戶裡面使世界變得黑暗無光時，天宇受賣命在木桶上跳脫衣舞，惹得眾神哈哈大笑，讓太陽再度復活（《古事記》）的故事，天宇受賣命可說是日本的搗蛋鬼的鼻祖。

在希臘神話中，有普羅米修斯從神的世界偷火，為人類世界帶來文明。而這個神話也出現許多變化版，像是童話世界中，「傑克與魔豆」的傑克從天上世界偷來會下金蛋的雞，這類在文化上扮演英雄的角色變得越來越多。換言之，搗蛋鬼是扮演連結神的世界（彼方世界）與人的世界（此方世界），天上與地上、聖與俗的「媒介角色」。

我們常可以在時代劇中看見「關鍵的伴次」這種奇妙的人物出場。他一出現，就表示有某個事件發生，引發大騷動。他是賦予故事進行關鍵發展的推動者，也就是「推動劇情的人物」。

文學或戲劇登場的丑角，也是屬於搗蛋鬼這個類型。他們經常為兩個不同的世界（虛偽與正義、光明與黑暗、生與死、日常與非日常、中心與邊緣等）帶來連結。然後，為惰性化、變得盲目的日常生活者們帶來衝擊、歡喜和覺醒。在莎士比亞的《李爾王》中，由於國王的偏執造成小女兒遭遇不幸後，小丑便唱著極盡諷刺嘲笑國王愚蠢的歌，讓國王醒悟過來，察覺自己精神上的盲目。寺山修司的戲劇活動也常出現對走在街上的路人或家人突然告知某件事，帶給他們衝擊，目的是在告訴觀眾，這個世界本來就是一座劇場。

人類學家山口昌男使用俄羅斯形式主義的「異化」（ostranenie）這個用語，來說明這些文化上的搗蛋鬼們（哈爾利奎小丑、荷米斯、海克力斯、黑天、埃舒〔Exu〕——非洲的神、搗蛋鬼）。簡單來說，這是一種透過把事物與印象從日常的脈絡切割開來，轉換它們的意義，讓讀者（觀眾）大吃一驚的藝術手法。

山口教授所列舉的丑角們雖然都是一些在性道德、經濟道德、社會道德上做出侵犯行為、擾亂秩序的人，但他們同時也是帶來財富與知識的英雄。由於這些丑角位於世界邊界，當社會因為出現新的要素產生危機時，他能夠幫助社會去適應新的狀況。

除此之外，節慶（嘉年華）與鬧劇中也少不了丑角。俄羅斯評論家巴赫金，用「非公式語言」這個用語來解釋丑角的嘉年華式表現。簡單來說，就是把平時潛藏在內心的力量（欲望、權力意志、平等……）變成眼睛可見的惡搞表現——「屎與糞把宇宙般大的恐怖，變成一隻朝氣蓬勃的嘉年華式怪物」（巴赫金）。

關於著名的羅馬謝肉祭（carnival），歌德的《義大利遊記》或安徒生的《即興詩人》都替我們做了詳細的報告。比如說大家都戴上面具、變裝之後，已經分不清楚誰是演員誰是觀眾，所有人在科爾索大道上沉迷於演戲中的光景；每個人不分你我地對人投擲他們稱作 confetti 的砂糖粒和紙屑的遊戲；互相吹熄對方手上拿的蠟燭上的火；小孩對著父親說：「爸爸，去死吧！」大人對好朋友說：「你去死吧！」對公爵夫人和僧侶說：「公爵夫人，去死吧！」、「愛欺負女人的僧侶，去死吧！」大家興奮地互相叫罵等，平常的秩序澈底崩壞，混亂喧囂，這就是嘉年華的主軸，這兩本書中對此都有很生動的描述。誕生與死亡、上與下、勝利與失敗、光明與黑暗、青年與老年、讚賞與痛罵、意義與無意義、男與女……當這些對立全部被撤除後，出現的是一個兩面價值並存的世界。讓共同體暫時死亡，再讓它活活潑潑地重生，這稱作「死亡與再生」的儀式。因此，大眾文化擁有的這種猥褻雜亂的能量，其實背後還蘊含了許多意義。

小丑倒立也是透過上下顛倒的相反行為，澈底地嘲笑正式的事物。這也是為什麼，我們看巴斯特．基頓（Buster Keaton）、卓別林，在電影中做出滑稽的失敗行為、雜耍、吵鬧誇張樣子的時候，會看得那麼津津有味。

山口教授的搗蛋鬼論，是以俄羅斯形式主義者的維克托．什克洛夫斯基（Viktor Shklovsky）理論化後的「異化」概念為基礎，設定出「慶典」、「中心與邊緣」、「轉換．交換」等關鍵詞，為日本的思想界注入一股活水。我們可以從山口教授的文章，確認異化的概念不只可以用在詩、小說、怪誕劇、蒙太奇電影等藝術或其他令人嘆為觀止的領域，它也是一種知性手法，可以賦予複雜的現實狀況新的解釋（〈文化符號學研究中「異化」的概念〉）。山口教授透過這種搗蛋鬼式的知性拓展方法，整理出一張從語言學、文化人類學、社會學到現象學等各領域都通用的表，給各位參考：

索緒爾	語言（langue）	言語（parole）
象徵主義者（馬拉美）	傳達性	詩性
博杜恩・德・庫爾德內（Baudouin de Courtenay）	語言中的意識	語言中的潛意識
雅各布森（Jakobson）	傳達的語言	詩性語言

阿爾弗雷德・舒茨（Alfred Schütz）用「衝擊」（shock）、「飛躍」（leap）來說明從某個「現實」的領域過渡到其他領域的過程，而形式主義者把同樣的事情用「異化」的效果來說明。

機械化，可以用舒茨現象學中的「沉澱化」概念說明。但是，舒茨並非對於至高（優勢地位）的現實視而不見。他關注「已知的事物」與「未知的事物」之間相互作用所產生的感染力，主張把未知的事物稱作「邊緣性」的領域。在彼得・柏格（Peter Berger）與湯瑪斯・盧克曼（Thomas Luckmann）共著的《社會實體的建構》中，對於這個主題有更詳細的闡述。他們著重在邊緣性的思考，認為透過邊緣性的現實與中心性的現實不斷地對立，讓這種包含現實卻又能充滿活力的緊張關係得以維持。這個「中心性」與「邊緣性」的對立關係，從符號學中二元對立的出發點「沒有記號」、「有記號」這樣的對立關係開始，演變出我們前面提到的一連串緊張關係。

什克洛夫斯基	自動化	異化
穆卡羅夫斯基（Jan Mukařovský）	自動化	活性化
李維史陀	文化	自然（拼裝、中介）
巴斯蒂德（Roger Bastide）	—	武斷思考
特魯別茨科伊（Nikolai Trubetzkoy）、雅各布森	無記號	有記號
維克多・特納（Victor Turner）	結構（規範的共同體）	共同體（過渡性）
艾德蒙・李區（Edmund Leach）	X（法律上的強制）	Y（神祕的影響力）
肯尼斯・柏克（Kenneth Burke）	效率	非效率（繞道）
肯尼斯・柏克	評論（statement）	反評（counter-statement）
彼得・柏格、湯瑪斯・盧克曼	中心	邊緣

社會通常會讓這種潛在的對立項浮出檯面。這種二元對立關係的適用範圍，從基本概念到社會區分都能涵蓋，最顯著的例子就是「社會中的內團體（in-group）」以及陌生人（stranger）乃至潛在的敵人出現。「陌生人」時常被視為「自然＝反秩序」，屬於「有記號」的領域，並不間斷地為「秩序」帶來威脅。「中心」的秩序是透過「歧視」、「排除」的方法，思考如何把人編排進秩序中而決定。拒絕秩序的人，就會停留在邊緣，成為否定項，不斷帶給文化中心生

氣。只要邊緣這個否定項持續扮演給文化「賦予生氣」的這個任務，它就能讓社會中的各種要素浮現，為美感功能提供非常豐富的意象。

山口教授的搗蛋鬼思考擁有自在無礙的普遍性。用這個方法可以統一整理出許多手法，例如透過理論上的秩序與無秩序、中心與邊緣等二元對立來論述對象的二元辯證法；藝術上異化的手法；學術論上的典範轉移；在修辭學上，讓風馬牛不相干的事物碰撞在一起產生隱喻的手法。山口教授自身的示範帶給我們一個啟發，那就是隱喻必定是科學式思考中的一種「模型」（《現代思想》一九八一年五月號）。

我們透過知性訓練希望達到的目標之一，可以說就是學會這種搗蛋鬼式的知性風格。它可以為陷入危機的文化，或僵化、無回旋餘地的思考，帶來衝擊，翻轉價值觀；可以透過調皮搗蛋，重新喚起文化或思考的活性——搗蛋鬼思考正是文化的活性劑。狡詐、偽造、謊言、失敗、語言遊戲，這些都是被正經八百的學者教授嗤之以鼻的事物。但這些「惡作劇」的行為，對我們的文化或思考來說，絕對是無可取代、非常重要的再生裝置（《題材與裝置》），這一點希望大家能夠了解。

對於搗蛋鬼思考想要了解更多、更詳細的人，我推薦大家可以去讀山口昌男教授的《丑角的民俗學》（新潮社）、《歷史、慶典、神話》（中公文庫）、《文化與雙義性》（岩波書店）〔上述三書，現都收錄於岩波現代文庫〕。我一直認為山口教授的主張是一種「知識分子論」，也就是說，他認為搗蛋鬼式的知性形態，才是「知識分子」本來應有的狀態。

至於嘉年華的形式對於文化或思考所扮演的角色，我推薦大家可以參考米哈伊爾·巴赫金（Mikhail Bakhtin）的《杜斯妥也夫斯基論》與《弗朗索瓦·拉伯雷的作品與中世文藝復興的庶民文化》。

譯註18：在日文中，「名譯」是指出色的翻譯，「迷譯」原指不精準的翻譯，這裡指無法追溯回原文的翻譯，兩者日文讀音相同。

譯註19：日本中世結合佛教與日本當地信仰發展出來的捨身行之一，行者必須搭乘沒有動力的船出海隨波逐流，象徵透過捨身引導民眾前往南方淨土。

譯註20：蛭子神是傳說日本開天闢地的兩位神祇伊邪那岐命、伊邪那美命所生下的第一個小孩，但因為是畸形，所以被放置在蘆葦船上放水流。

專欄❺ 人是文學性動物嗎？

提到傅柯就讓人想到權力，提到權力就讓人想到傅柯，傅柯的權力論就是如此著名。但我認為傅柯透過「權力」這個名詞想要表達的東西，並沒有完全被理解。根據廣瀨浩司的定義，權力是限定人可動範圍的自由。換句話說，人擁有各種自由，但現實上有「這不能做」、「這最好做」等各種制約，縮小了我們行為的可能性，讓我們不得不朝著某個特定的方向前進，這就是權力（《後期傅柯》）。這樣的看法，是希望我們能夠刷新，權力＝類似惡，這種單純的理解。

不僅如此，和傅柯同是法國思想家的賈克·洪席耶（Jacques Rancière）在某次的訪談中曾評論說，人是「文學性動物」（《感性事物的分享》）。「文學性動物」簡單來說就是，人是一種即使被強迫要朝著某個目的筆直前進時，也會不斷想辦法脫逃的生物。大家只要回想自己小時候的回憶，應該就能理解這個意思吧。說不能做的就偏要做，說該要做的就偏不做，這就是人。對洪席耶來說，文學就是脫離目的，因為唯有這麼做才能產生文學的創造性。想辦法從被視為前提、加諸在我們身上的框架（＝權力），找到漏洞鑽出來，這才是人的本性，也是創造性的來源。

文庫版後記

首先，先從本書的來歷說起。

本書的前身是刊載於一九七九年月刊雜誌《寶島》七月號（JICC出版局）特刊「思維訓練與求知技術」（二百頁特刊——企劃・執筆＝花村太郎）。

隔年一九八〇年四月，我做了一些修改，再加入其他作者寫的專欄，最後發行了增刊號，別冊寶島《思維訓練與求知技術（決定版）》

後來，我又修改本文，在一九八二年三月，由同出版社發行單行本《思維訓練與求知技術》，因此增刊號上的專欄只好割愛了。

這次的文庫化雖然依照上述的單行本編排，由於總頁數的關係，有些章節是經過割愛、合併，並加上文獻出處的補充與修正（增添的部分用括弧表示），但在內容上我幾乎沒有變更（應該說沒有辦法增加），不過，我增加了幾篇新專欄，希望透過它們連結過去與現在的觀點。

三十歲左右青澀時期寫的作品，再加上受到時代的制約，過了三十年之後是否還有成為一本書的價值，這已經超越我的判斷了，不過這卻讓我再度想起「自學」這個名詞。因為，我認為過去在某個時期幾乎成為死語的自學，現在已經獲得新的意義再度重生了。
特別是我在增刊號別冊版的「後記」中所吐露的心情，至今仍未改變，容我直接引用。

記得我剛踏入高中時，看到那麼多科目在眼前，心想，非得要讀這麼多東西才能變成大人嗎？那時，我心中產生一股很深的絕望感，那就是與應了解的世界相比，當時的我這個個人看起來是多麼渺小。

但同時，我的內心仍有一個悲觀的預感，即使每天認真聽課，每一個科目都學得很好，這個世界終究無法掌握在自己手中吧？會不會如同《車輪下》的少年漢斯一樣，最終被學校體制扼殺？「我一定要在某個地方把這條鋪好的軌道截斷」，受到這份焦慮感驅使，我在高二時，為自己建立了一個簡單的課程，希望用自己的方式追求關於這個世界的知識，然後配合這個課程制定讀書計畫，進入自學的體制。我的學校生活既悲慘又孤獨，曾因為出席天數不足，在升級會議以及畢業會議中受到阻礙，即使如此，包含後來的大學生活，我仍未改變自學的態度。

下定決心自學之後，發生了很多不可思議的改變，我可以分辨得出學校的授課中哪些是重要的、哪些是不重要的。我可以廣泛地雜學，也可以鑽研有興趣的領域。

但自學也有陷阱。零星式的讀書態度以及隨心所欲的專業領域學習，很可能會讓人忍不住避開那些需要比較澈底、按部就班、較辛苦、路途遙遠的訓練。換言之，我們很難抵擋得了自己的任性，也很容易受到喜歡追求華麗知性流行的庸俗媒體性格感染。

在這麼危險的學習方式中，多虧有一位老師教導我如何在自學的前提下進行嚴格的、嚴謹的訓練——O老師。透過O老師的啟蒙，我學會了閱讀書本、世界與人生的方法。O老師就像漱石尊敬的柯伯（Raphael Von Koeber）老師一樣，他不喜歡受到世人關注。而不肖弟子我，仍希望藉這個場合，偷偷向老師致上謝詞。

最後，我要對石井總編輯和一路被我麻煩到底的編輯部的綾尾編輯，以及幫忙我整理「發想法目錄」的舍弟，由衷地說聲感謝。（花村太郎）

在「中輟生」這個名詞還沒出現的時候，同時也是高中剛開始被稱作「準義務教育」的時代，義務教育被認為是一種「接受教育的權利」。但這個觀念同時讓父母背負了一項義務，就是即使小孩不想去上學，父母也非得要讓他上學不可。最不合理之處似乎就在這裡。

這種不合理會產生許多病理現象。相反的，它也可以成為富含創意的運動。比如說，不依附學校制度的學校，似乎隨著時代的轉換期應運而生。本書出版之後開始有學生發起學生選老師的「看不見的大學本舖」這個自主旁聽的運動。一向認為訓練是自己的事的我，看這種組織性的運動誕生，心裡感到十分敬佩。主持這項運動的淺羽通明，後來在《思想的科學》（譯註21）上，展開他個人的自學論。而現在，像以「把城市變校園」為口號，讓想教課、想聽課或是想開討論會、參加討論會的人們，各自透過自主性的企劃，在城市各處實現這個願望的「澀谷大學」這樣的學習組織已經在日本遍地開花。無論透過什麼樣的做法，知性絕對不是一句口號，而是要以「自學」的態度作為前提，把它主體化為「自己的事」。

本書的原稿完成於一九八〇年前後仍用手寫兩百字稿紙的時代，類似今天的這種「個人電腦」尚未問世。電腦與網路的普及從一九九五年的 Windows 95 發行之後獲得快速的發展，再加上記憶體裝置的容量獲得飛躍性的成長，從技術上完全解決了本書討論的筆記和卡片的問題。因為高速運轉的硬碟，可以同時滿足筆記的系統性、建構性，以及卡片的片段性、即興性兩種極端的需求。

而且，現在的資訊環境反而更容易具備「自學」的條件。圖書館或博物館的資料正快速地被數位化，透過網路就可以讀取保存資料。即使是借書，現在的圖書館大多都有互相流通的合作機制，區域型圖書館在使用上變得更加便利了。如同過去的抄本時代一樣，不用出門移動到資料所在的現場，而是把資料拿到自己的眼前，還可以透過高倍數放大的功能觀看影像資料。許多大學的授課或資料，都已經透過各種管道公開。新書、新雜誌的電子書版，或學會雜誌的學術論文都可以透過網路取得，而古典讀物可以在「青空文庫」或「古騰堡計畫」（Project Gutenberg）中讀到，對於新舊資訊的取得，現在比以前容易多了。透過現在的搜尋和連結的智慧操作技術，過去在圖書館或研究室中，把想要找的資料一本本攤開，堆疊得像小山一樣高的光景，大概不復見。

當然，這種技術性條件的成熟，必須要搭配使用者的思想，才能發揮作用。比如說，網路搜尋的便利性，必須要配合使用者的智慧想出關鍵字，以及提出根本問題的能力，才能發揮它的威力。慢慢地，等你多次嘗到找不到答案，甚至找不到問題的滋味後，就能體會到網路宇宙也有其極限——一旦有過這樣的經驗，應該就能體會古代聖賢說的，知道得越多，未知（無知）的部分就會更加擴大。而讀取以及評價經由搜尋獲得資料的能力，依然是屬於意義世界的讀寫能力（literacy），而非用位元計算的世界。要小心，不要埋頭從一個網站瀏覽到另一個網站，最後忘記回家的路，迷失了自我。

單行本出版之後，我就著手準備一場邀請法國的社會學家尚．布希亞來日的座談會。其間，突然有一位工作夥伴告訴我「你那本書，山口昌男教授很讚賞喔」。於是我去找了月刊《言語》雜誌來看，看到山口教授用對話風的方式評論時事。當他被問到未來的符號論呢？他回答，他對大學的符號論不抱任何希望，「但讀者把符號論用來作為擴大想像力的知識技術使用，這樣的傾向則越來越顯著。日本的符號論未來的希望大概就在這裡吧。」

他接著說：「有一位叫花村太郎的人，他寫的《思維訓練與求知技術》，可以說就是從讀者的角度，密集地表現出對符號論的關心的代言人。也就是說，他們已經不對研究者所介紹的符號論照單全收，而是不斷地發展出他們自己的符號論，我在這本書中不斷感受到這樣的態度，覺得挺清新的。」（收錄於〈笑與跳脫〉）

我後來重讀這段文字才發現，這確實是時常表明應與學術保持距離和違和感的山口教授會做的評論。其實不只是符號論，包括本書所尋求的各種主題，比如說不要停留於既有的思考方式、生活方式，尋找是否有其他的思考方式、生活方式的可能性，都是為了確保選擇的自由，這樣的想法和山口教授說的「跳脫」式的知性形態是相通的。畢竟，光是講求適應的人生論太無趣了。

這本書的起頭要從石井愼二（已故）總編的委託談起，他希望在《寶島》刊出一本以「自我教育」為主題的特刊，因此跑來找我商量。在討論的時候，石井總編對他出版這本特刊的構想侃侃而談，除了要把學術世界的蓬勃發展介紹給一般的民眾，同時又提示大家另一種可以不依附學校教育的知識樣貌。關於本書的風格，也是仰賴石井總編像個親切的前輩一樣，給我許多有益的建議，像是「大概是像大學通識課程的程度」、「不要想往前跨一步，先往前跨半步就好」、「不要用教師或父母的語氣，像個前輩或大哥在對後生晚輩說話那樣」等。

到了這個世紀，我們正迎接一個大學文學院一個接著一個被消滅的時代，也是一個大學以販售「資格」作為賣點的時代。感受到「人文知性退潮」的我，卻聽到石井總編說了「沒有比現在的人文科學更有趣的知識了吧，尤其是歷史學，真的非常有趣」這樣的話，和往常一樣滿腔熱忱地說著企劃的內容。對於對人文知性應有的樣貌充滿確信和期待的我而言，獲得了很大的鼓勵。石井總編是在二〇〇六年生病的，那一次也是我最後一次和他見面。

我從數年前開始，就開始兼做NPO的活動，和地方的人們一同辦了一些「源氏物語咖啡館」、「佛經咖啡館」這類長期的輪讀會。參加者的年齡層都很大。大概因為如此，所以我時常在學校的教室中，聽到令人意外的提問、回答和感想。我們想出許多與一、兩千年前的文本交流的方法，非常有意思。此外，我也參加了「高架橋下學會」、「南信州論壇」等不定期舉辦活動的團體，持續走在這個不斷改變的都市，持續與人口瀕臨「滅村邊緣」的地方民眾交流。超越時間和空間的「知性交流」，是我接下來要面對的課題。

去年，筑摩書房的筑摩文藝文庫編輯部的田所健太郎先生寫信給我，談到要把本書文庫化的事。他把這本書定位在近年盛行的自我開發書類的另一端，並且把本書精緻地「瘦身化」到連作者本人也自嘆不如的程度，在此對他表達我由衷的謝意。

二〇一五年七月

花村太郎

譯註21：《思想の科学》以思想為主題的月刊雜誌，刊行時間為一九四六年到一九九六年。

思維訓練與求知技術（完全自學版）

作者　花村太郎
譯者　鄭舜瓏
主編　蔡曉玲
封面設計　兒日設計
內頁設計　賴姵伶
校對　黃薇霓

發行人　王榮文
出版發行　遠流出版事業股份有限公司
地址　臺北市中山北路一段 11 號 13 樓
客服電話　02-2571-0297
傳真　02-2571-0197
郵撥　0189456-1
著作權顧問　蕭雄淋律師

2024 年 1 月 1 日　二版一刷
定價新台幣 380 元
（如有缺頁或破損，請寄回更換）

Printed in Taiwan
ISBN：978-626-361-419-2
遠流博識網 http://www.ylib.com
E-mail: ylib@ylib.com

國家圖書館出版品預行編目 (CIP) 資料

思維訓練與求知技術（完全自學版）/ 花村太郎著 ; 鄭舜瓏譯 . -- 初版 . -- 臺北市 : 遠流出版事業股份有限公司,
2024.01
面； 公分
譯自 : 知的トレーニングの技術 （完全独習版）
ISBN 978-626-361-419-2(平裝)
1.CST: 成功法
177.2　　112020546